Im Rahmen der Schriftenfolge des
Europa Zentrums Tübingen

Der Jakobsweg

Mit einem
mittelalterlichen Pilgerführer
unterwegs nach
Santiago de Compostela

Ausgewählt, eingeleitet,
übersetzt und
kommentiert von
Klaus Herbers

gnⱴ Gunter Narr Verlag Tübingen

CIP-Kurztitelaufnahme der Deutschen Bibliothek

Herbers, Klaus:
Der Jakobsweg : mit e. mittelalterl. Pilgerführer unterwegs nach
Santiago de Compostela / ausgew., eingeleitet, übers. u. kommentiert
von Klaus Herbers. – Tübingen : Narr, 1986.
    ISBN 3–87808–312–2

NE: Der Jakobsweg; Liber sancti Jacobi <dt.>

© 1986 · Gunter Narr Verlag Tübingen
Alle Rechte vorbehalten. Nachdruck oder Vervielfältigung, auch
auszugsweise, in allen Formen wie Mikrofilm, Xerographie, Mikrofiche,
Mikrocard, Offset verboten.

Typographie und Einband: Horst Schmid
Druck: Müller + Bass, Tübingen
Verarbeitung: Braun + Lamparter, Reutlingen
Printed in Germany

ISBN 3–87808–312–2

Inhalt

Vorbemerkung

Als im Jahr 1982 am 31. Dezember die hl. Pforte, die *Puerta Santa*, wieder geschlossen wurde, um das Heilige Jahr zu beenden, konnte man in der Stadt Santiago de Compostela im äußersten Nordwesten Spaniens auf den Besuch von etwa sechs Millionen Pilgern in diesem Jahr zurückblicken[1]. Gemäß einem päpstlichen Privileg gilt nämlich jedes Jahr, in dem der Festtag des hl. Jakobus des Älteren (25. Juli) auf einen Sonntag fällt, als sogenanntes *Año Santo*[2]. Die Pforte wurde in Anwesenheit des spanischen Justizministers Fernando Ledesma und des spanischen Königs Juan Carlos wieder verriegelt. Diese Repräsentation der staatlichen Gewalt geht auf General Francisco Franco zurück, der den Jakobuskult im Jahre 1937 neu belebte[3]. Der 25. Juli wurde Nationalfeiertag und Jakobus galt wieder offiziell als Landespatron, dem die ganze Nation durch eine jährliche Spende für das Kapitel der Kathedrale in Santiago de Compostela ihre Verehrung erweisen sollte.

Damit gab Franco dem „neuen", noch zu schaffenden frankistischen Spanien eine Identifikationsfigur. Er knüpfte dabei an eine alte Tradition an, die im hl. Jakobus einen Landespatron und vor allem den Schlachtenhelfer bei der Wiedereroberung *(Reconquista)* der islamisch besetzten Iberischen Halbinsel gesehen hatte. Jedoch blieb die Verehrung des hl. Jakobus und seiner vermeintlichen Grabesstätte in Santiago de

---

1 Vgl. El País, 2. Januar 1983, S. 26.
2 Das Privileg stammt wohl erst aus dem 15. Jh. und wurde auf das 12. Jh. hin gefälscht, vgl. Schimmelpfennig, Anfänge des Heiligen Jahres.
3 Vgl. I. Mieck, Kontinuität im Wandel. Politische und soziale Aspekte der Santiago-Wallfahrt vom 18. Jahrhundert bis zur Gegenwart (Geschichte und Gesellschaft 3/1977, S. 299-328) S. 301 ff.

Compostela seit ihren Anfängen im 9. Jahrhundert niemals eine ausschließlich spanische Angelegenheit, sondern wirkte darüber hinaus auf die weiteren europäischen Länder.

Wie auch im Jahr 1982 viele der sechs Millionen Pilger aus dem Ausland in das Wallfahrtszentrum Santiago gekommen sein dürften, galt die „Apostelstadt" Santiago seit dem Hochmittelalter neben Jerusalem und Rom als eines der bedeutendsten Fernwallfahrtsziele[4].

Worin lag diese besondere Anziehungskraft der Stadt begründet?
Wer folgte dem Ruf in das Pilgerzentrum?
Wie gestaltete sich der Weg von Mitteleuropa in den äußersten Nordwesten der Pyrenäenhalbinsel?
Mit welchen Gefahren mußte der Pilger rechnen, und wie konnte er sich vor ihnen schützen?

Dank einem im 12. Jahrhundert entstandenen Sammelwerk können wir auf viele dieser Fragen Antworten suchen und finden. Die Autoren dieses Buches führen uns entlang des Jakobsweges, schildern Bewohner und deren Bräuche, warnen vor Gefahren an vergifteten Flüssen und in schlechten Gasthäusern, empfehlen den Besuch bestimmter Kunstwerke und Reliquien; kurzum: sie erläutern einem Jakobspilger des 12. Jahrhunderts, wie er eine Wallfahrt nach Santiago de Compostela spirituell und materiell vorbereiten und durchführen soll.

Vor allem der fünfte Teil dieses Buches, das als Ganzes seit langem die Bezeichnung *Liber Sancti Jacobi* trägt[5], gilt der praktischen Anleitung und wird deshalb nicht zu Unrecht als „Pilgerführer"[6] bezeichnet. Die anderen Teile enthalten Pre-

---

4 Vgl. z.B. Labande, Recherches, S. 167. Verzichtet wird hier auf die in der Volkskunde diskutierte Unterscheidung zwischen „Pilgerfahrt" und „Wallfahrt" (als prozessionsartiger Besuch eines Heiligtums durch eine Gruppe), vgl. dazu programmatisch W. Brückner, Zur Phänomenologie und Nomenklatur des Wallfahrtswesens und seiner Erforschung. Wörter und Sachen in systematisch-semantischem Zusammenhang (Volkskultur und Geschichte. Festschrift für J. Dünninger, Berlin 1970, S. 384-424, besonders S. 417-424). Bei einer solchen begrifflichen Trennung wäre im folgenden allein der Begriff „Pilgerfahrt" für die mittelalterlichen Fahrten nach Compostela angebracht.
5 Die Bezeichnung geht zurück auf Bédier, Légendes, III, S. 73.

digten, eine Sammlung von Wundergeschichten, die Jakobuslegende, schließlich einen Bericht über den Zug Karls des Großen nach Spanien. Wenn auch der gesamte *Liber Sancti Jacobi* als Quelle für ein eingehendes Verständnis des Jakobuskultes unentbehrlich ist, so stehen doch in diesem Buch die auch kulturgeschichtlich bedeutsamen Pilgerfahrten als konkrete Ausdrucksformen des Kultes im Vordergrund.

Die Idee zu diesem Buch geht nicht nur auf eine lange, eingehende Beschäftigung mit dem Jakobuskult zurück, sondern schöpft auch aus den eigenen Erfahrungen auf dem Weg nach Compostela. Wie leicht aus Zeitungsartikeln oder Reiseprospekten zu ersehen ist, nimmt inzwischen auch in Deutschland das allgemeine Interesse an den Pilgerfahrten nach Compostela stetig zu. Allen, die meinen Plänen Interesse entgegenbrachten und sie mit Ermutigung und Kritik begleiteten, gilt mein aufrichtiger Dank. Gedacht ist das vorliegende Bändchen nicht nur für den heutigen Pilger oder Touristen, der den Spuren seiner Vorfahren folgen will, sondern auch für jeden, der bereit ist, sich durch einen kurzweiligen, aber trotzdem ernstzunehmenden Quellentext in die „große Wallfahrt des Mittelalters" (Hell) einführen zu lassen[7].

Monika Wipper (Düsseldorf) stellte mir ihre Übersetzung der Kapitel 9-11 des Pilgerführers (Kapitel 4.3.9.-4.3.11.) zur Verfügung, die dem Stil der übrigen übersetzten Passagen ange-

---

6 Vor allem seit der Edition und französischen Übersetzung von Vielliard, Guide, die 1981 bereits in fünfter Auflage erschien!
7 Nicht gedacht ist das Buch als Ersatz für einen Reiseführer, sondern als „quellennahe" Ergänzung. Ohne Anspruch auf Vollständigkeit seien hier als gut lesbare Einführungen neben den allgemeinen Reiseführern folgende Bücher erwähnt: H. Domke, Spaniens Norden. Der Weg nach Santiago (München 1973); ders., Frankreichs Süden; vor allem wegen der Abbildungen sind empfehlenswert: Hell, Wallfahrt; Pilgerwege nach Compostela und A. Bonet Correa, Santiago de Compostela. Die Wege der Pilger (Freiburg—Basel—Wien 1981). Seine tagebuchartigen Notizen veröffentlichte R. Gruber, Tagebuch eines Pilgers nach Santiago de Compostela (Linz 1976). Vergnüglich ist schließlich die Lektüre von P. Barret/J.-N. Gurgand, Unterwegs nach Santiago. Auf den Spuren der Jakobspilger (Freiburg—Basel—Wien 1982), die eine Mischung von eigenem Erlebnisbericht und langen Zitaten aus mittelalterlichen und frühneuzeitlichen Quellen bieten. Allerdings sind die bereits in der 1978 erschienenen französischen Ausgabe übersetzten Quellenstellen ein weiteres Mal übertragen worden und nicht immer frei von Fehlern.

glichen wurde. Wenn das Buch doch noch relativ zügig fertiggestellt wurde, so verdankt der Verfasser dies nicht zuletzt
dem stetigen Interesse des Gunter Narr Verlages, insbesondere der guten Zusammenarbeit mit Frau Hagemann und
Herrn Kloepfer.

Bevor wir aber jetzt mit dem Pilgerführer unsere Reise an-
treten, sind zunächst einige Bemerkungen zur Jakobuslegende, zum Jakobsbuch und zur Entwicklung der christlichen
Pilgerfahrten unentbehrlich.

1. Im Anfang war nicht nur die Grabentdeckung. Die Entwicklung des Jakobuskultes bis zum 12. Jahrhundert

Nach legendären Berichten, die sich unter anderem im soeben erwähnten Jakobsbuch finden[1], soll der hl. Jakobus nach der Himmelfahrt Jesu in Spanien gepredigt haben, dann mit einigen Jüngern nach Jerusalem zurückgekehrt sein und als erster Apostel durch den König Herodes das Martyrium erlitten haben. Seine Jünger brachten dann, wie es weiter heißt, seinen Leichnam zu Schiff in sieben Tagen nach Iria Flavia an der spanischen Westküste[2] zurück und begruben diesen anschließend bei Compostela. Da jedoch die Bewohner Nordspaniens, die Galicier, wieder heidnisch geworden seien, habe man auch das Grab vergessen. Erst Karl der Große (768-814) habe vom hl. Jakobus im Traum den Auftrag erhalten, das Grab wiederzuentdecken und die Sarazenen aus Spanien zu vertreiben, um den Weg zum hl. Jakobus zu „befreien"[3].

Schon Martin Luther zweifelte an dieser Legende, besonders weil es an Belegstellen aus der hl. Schrift hierzu mangelt, und äußerte sich folgendermaßen: *Wie er in Hispaniam kommen ist gen Compostel, da die groß walfahrt hin ist, da haben wir nu nichts gewiß von dem: etlich sagen, er lig in Frankreich zů Thalosa, aber sy seind jrer sach auch nit gewiß. Darumb laß man sy ligen und lauff nit dahin, dann man waißt nit*

---

1 Zum Jakobsbuch selbst vgl. Kapitel 2. Die folgende kurze Zusammenfassung basiert auf Whitehill, Liber, S. 50 ff., 94 ff., 294 ff. sowie auf Hämel, Pseudo-Turpin, S. 41. Vgl. auch Anm. 3.

2 Das römische Iria Flavia heißt heute El Padrón.

3 Eine ähnliche Zusammenfassung gibt auch die Hist. Comp. aus dem 12. Jh.: vgl. Hist. Comp. I 1-2 (ES XX S. 5 f.). Zur Entstehung der Legende vgl. zuletzt Engels, Anfänge; Herwaarden, Origins; Plötz, Apostel Jacobus; Herbers, Jakobuskult, S. 1-12; Herwaarden, Saint James; Fletcher, St. James's Catapult, S. 53-77.

ob sant Jacob oder ain todter hund oder ein todts roß da liegt, ... laß raisen wer da wil, bleib du dahaim[4]. Soviel Richtiges auch bereits in dieser Einschätzung enthalten sein mag, eine historisch-kritische Aufarbeitung der Traditionen kann bei diesem Verdikt nicht stehenbleiben. Vielmehr geht es darum, den historischen Kern der Legende zu ermitteln und zu bestimmen, zu welcher Zeit und unter welchen Umständen sie Gestalt annahm.

Gegen die Predigt des Apostels Jakobus in Spanien spricht nicht nur die Bibelstelle Römer 15,24, die − wenn überhaupt − eher eine Mission durch den Apostel Paulus vermuten läßt, sondern vor allem die Tatsache, daß eine erste Nachricht über die Verkündigung des hl. Jakobus in Spanien erst aus dem 6. Jahrhundert stammt. Noch im 10. Jahrhundert ist der Bericht über die Predigt nicht von allen Geschichtsschreibern übernommen worden[5].

Die Überführung der Gebeine des hl. Jakobus nach Spanien, die Voraussetzung für die spätere Grabentdeckung, bietet ähnliche interpretatorische Schwierigkeiten, denn die *translatio* ist erstmals im 6. Jahrhundert durch schriftliche Quellen belegt. In den letzten drei Jahrzehnten haben jedoch einige Wissenschaftler versucht − vielleicht mit der Absicht, den Kern der Compostelaner Tradition zu „retten" −, die Translation auf das 4. oder gar das 8./9. Jahrhundert zu datieren, ohne jedoch letztlich hierfür ein stichhaltiges Argument anzuführen[6]. Auch die Erklärung des spanischen Kirchen-

---

4 M. Luther, Kritische Gesamtausgabe X (Weimar 1905) S. 235. Vgl. zu Luthers Kritik an der Heiligenverehrung den knappen Abriß bei Schreiner, Discrimen veri ac falsi, S. 44-47. Luther ist nicht der erste Kritiker der Jakobustradition, vgl. Hüffer, Sant' Jago, S. 69-70.

5 Vgl. die einzelnen Nachweise in den in Anm. 3 genannten Abhandlungen; am ausführlichsten bei Plötz, Apostel Jacobus, S. 58-76 auch mit Diskussion der inzwischen fast unübersehbar gewordenen spanischen Literatur. Stellvertretend sei hier das noch immer unentbehrliche dreibändige spanische Werk zum Jakobuskult genannt: Vázquez/Lacarra/Uría, Peregrinaciones, I S. 9-36 zur Entstehung der Legende.

6 Vgl. zusammenfassend Kirschbaum, Grab, S. 360; H.J. Hüffer in Hell, Wallfahrt, S. 35-38, Herwaarden, Origins, S. 23 ff. Die Zurückweisung dieser Erklärungen (denen noch zahlreiche spanische Titel zuzufügen wären) bei Plötz, Apostel Jacobus, S. 104 f.

historikers Perez de Urbel, der auf eine mögliche Übertragung von Reliquien aus einer Kirche in Mérida in die Nähe von Santiago de Compostela verweist und in diesem Akt die eigentliche Translation sieht, bleibt unbefriedigend[7]. Denn sowohl die Übereinstimmung der auf einer Inschrift in Mérida genannten Reliquien mit denen von Compostela — von 11 Reliquien aus Mérida sind in Santiago nur 8 unter 32 nachweisbar — als auch der Zusammenhang mit der Grabentdeckung und den legendären Translationsberichten können nur vermutet werden.

Um den Nachweis des Jakobusgrabes und der Grabentdeckung haben sich schließlich Archäologen mit zwei großangelegten Grabungen in den Jahren 1879 und 1946-1959 bemüht[8]. Hierbei wurde ein römisches Mausoleum aus dem 1./2. Jahrhundert in unmittelbarer Nachbarschaft zum Grab des Bischofs Theodomir (ca. 800-843) entdeckt. Demnach könnte man nach dem Tod dieses Bischofs anläßlich seiner Beisetzung durchaus ein Grab aus dem 1./2. Jahrhundert gefunden haben. Offen muß jedoch bleiben, ob es sich hierbei um die Ruhestätte des hl. Jakobus handelte. Eher muß man annehmen, daß bei der „Grabentdeckung" sicherlich die schon teilweise bekannten Berichte über die angebliche Mission und Translation des Apostels mitgewirkt haben. Möglicherweise suchte man gezielt nach dem Jakobusgrab, weil man diese Berichte kannte, und setzte dann die Knochenreste einer römischen Begräbnisstätte mit den Reliquien des Apostels gleich, wie auch Yves Bottineau vermutet[9].

Mag auch der „aufgeklärte" moderne Wissenschaftler in den Hauptelementen der Jakobustraditon jeglichen histori-

---

7 F.J. Perez de Urbel, Orígenes del culto de Santiago en España (Hispania Sacra 5/1952, S. 1-31) besonders S. 4-24, vom Verfasser vielfach wiederholt, vgl. zuletzt ders., Santiago y Compostela en la Historia (con amor y con verdad) (Madrid 1977) S. 93-99. Vgl. auch die deutschsprachige Ablehnung bei Kirschbaum, Grab, S. 360.

8 Vgl. neben den ausführlichen spanischen Grabungsberichten zusammenfassend E. Kirschbaum, Die Grabungen unter der Kathedrale von Santiago de Compostela (Römische Quartalschrift 56/1961, S. 234-354) sowie knapper ders., Grab, S. 355-358.

9 Bottineau, Chemins, S. 21. Dieses vor allem kunsthistorisch ausgerichtete Buch soll 1986 in einer Übersetzung des Lübbe-Verlages erscheinen.

schen Kern vermissen, so hat wohl gerade auch diese „unglaubliche" Legende und die Kenntnis der vom hl. Jakobus gewirkten Wunder zahlreiche mittelalterliche Menschen besonders angezogen. Der Ruhm des Heiligen und die Allmacht Gottes erschienen dadurch nur um so größer.

Auch für den modernen Pilger verliert Santiago de Compostela hierdurch nichts von seiner Bedeutung, denn die vielen Millionen Menschen, die den Apostel an dieser Stelle verehrten, kennzeichnen diesen Ort eindrucksvoll als Zentrum einer ganz spezifischen christlichen Frömmigkeit. Trotzdem bleiben zwei Fragen: Warum gewann die Jakobuslegende im 9. Jahrhundert und nicht zu einer anderen Zeit Gestalt? Warum fand sie innerhalb relativ kurzer Zeit einen solchen Anklang, daß man im 12. Jahrhundert eine überfüllte Kathedrale und verstopfte Pilgerwege beklagte[10]?

Zur Beantwortung gilt es einen kurzen Blick auf die Geschichte Spaniens im 8./9. Jahrhundert zu werfen. Im Jahre 711 setzte die Eroberung des christlichen Westgotenreiches durch islamische Heereszüge ein. Nur das nördliche Gebiet der asturischen Berge blieb christlich und wurde zum Hort der hispanischen Tradition. Damit übernahm Asturien mit seiner späteren Hauptstadt Oviedo diejenigen Aufgaben, die bisher vor allem von dem geistigen Zentrum Toledo wahrgenommen wurden. Man wollte zwar die Ordnung der Westgotenzeit erneuern, gleichzeitig jedoch dem geistigen Leben Toledos etwas Neues entgegensetzen. So verwundert es nicht, daß die Nachricht von einer Predigt des hl. Jakobus auf der Iberischen Halbinsel in Spanien erstmals in Asturien auftauchte, und zwar im Kommentar zur Apokalypse des Mönches Beatus von Liébana, der sich wohl der im Osten entstandenen Schriften bediente[11].

---

10 Vgl. z.B. Hist. Comp. II 50 (ES XX S. 350), vgl. dazu Vázquez/Lacarra/Uría, Peregrinaciones, I S. 55; Schmugge, Kirche und Gesellschaft, S. 69 f.; ders., Pilgerfahrt macht frei, S. 24.
11 Beatus von Liébana, In Apocalipsin libri duodecim (ed. H.A. Sanders, Rom 1930, S. 116). Zu den Einflüssen auf den Text des Beatus vgl. Plötz, Apostel Jacobus, S. 89-94 sowie die bei Herbers, Jakobuskult, S. 3 f. Anm. 14 zitierte Literatur.

Ob er damit bewußt neue geistige Waffen für einen Identifikationsprozeß des spanischen Volkes schuf, sei dahingestellt. Jedenfalls wirkte sein Werk zusammen mit der wohl auch mündlich verbreiteten Jakobuslegende so nach, daß man einen Schlachtensieg gegen den islamischen Gegner in der Mitte des 9. Jahrhunderts der Hilfe des hl. Jakobus zuschrieb[12]. Das Bedürfnis des nordischen Küstenstaates nach einer neuen Identität hat wohl als entscheidend für den Erfolg des Kultes in dieser Zeit zu gelten. Karl der Große bzw. sein Berater Alkuin haben diese ersten Orientierungsversuche Asturiens durch Kontakte sicherlich mitgestaltet[13]. Die Beteiligung des karolingischen Königs bot einen Ausgangspunkt, um in späterer Zeit — wie im Jakobsbuch dokumentiert — in Karl dem Großen den Entdecker des Jakobusgrabes zu sehen. Es genügte hierfür, die spanische Expedition Karls, die mit der Niederlage in Roncesvalles (778) endete, ein wenig auszugestalten und umzudeuten.

Bis diese Deutung jedoch zum literarischen Gemeingut seit dem 12. Jahrhundert wurde, galt Santiago de Compostela längst als wichtiges Pilgerzentrum; zunächst noch als eine nur aus der näheren Umgebung besuchte Verehrungsstätte. Aber bereits im 10. Jahrhundert verbreitete sich die Kunde von der Entdeckung des Jakobusgrabes so sehr, daß erste Pilger von jenseits der Pyrenäen die Mühen einer Fernwallfahrt auf sich nahmen[14].

Im 12. Jahrhundert hatte Compostela den Rang der bisherigen Ziele für eine Fernwallfahrt, Rom und Jerusalem, er-

---

12 Es handelt sich um die Schlacht von Clavijo (844), vgl. hierzu C. Sánchez Albornoz, La auténtica batalla de Clavijo (Cuadernos de historia de España 9/1948, S. 94-139). Jakobus als Schlachtenhelfer hat in der Kunst vielfältig nachgewirkt, vgl. z.B. die wohl von M. Schongauer stammende, bei Hell, Wallfahrt, Abb. 18 reproduzierte Darstellung.

13 Vgl. M. Defourneaux, Charlemagne et la monarchie asturienne (Mélanges d'histoire du Moyen Age, dédiés à la mémoire de L. Halphen, Paris 1951, S. 177-184) sowie W. Heil, Der Adoptianismus, Alkuin und Spanien (Karl der Große, Lebenswerk und Nachleben, hg. von W. Braunfels, Düsseldorf 1965, II S. 95 155).

14 Als erster nichtspanischer, namentlich bekannter Pilger gilt Bischof Godeschalk von Le Puy (936-962) der 951 eine Pilgerfahrt unternahm, vgl. Vázquez/Lacarra/Uría, Peregrinaciones, I S. 41 ff. mit Verzeichnis weiterer (späterer) Pilger.

reicht. So verzeichnet die Inschrift eines dänischen Grabsteines aus dem ausgehenden 12. Jahrhundert über einen sonst nicht näher bekannten Jonas, er habe zweimal Jerusalem, dreimal Rom und einmal Santiago besucht[15]. Die Kunde von der in Compostela entdeckten Grabesstätte und von den durch den hl. Jakobus gewirkten Wundern verfehlte ihre Wirkung nicht. Im westlichen Abendland gab es außer den Gräbern von Petrus und Paulus in Rom nur noch in Compostela ein weiteres Apostelgrab. Blickt man zudem nach Rom, so war die politische und kirchenpolitische Situation dieser Stadt in nachkarolingischer Zeit der Entwicklung von Pilgerfahrten nicht gerade förderlich, denkt man zum Beispiel nur an die langatmigen Auseinandersetzungen zwischen Papsttum und Kaisertum im 11. und 12. Jahrhundert. Der Besuch der römischen Apostelgräber verband sich ferner meistens mit der Reverenz gegenüber dem in Rom residierenden Nachfolger Petri, dem Papst. Ganz anders in Compostela: hier schien man frei von hierarchischen Verkrustungen in unmittelbaren Kontakt mit dem Apostel Jakobus treten zu können.

Wahrscheinlich erlangten diese Aspekte jedoch erst durch die allgemeine Zunahme von Pilgerfahrten zu entfernteren Zielen seit dem 11./12. Jahrhundert Bedeutung. Die häufig als ,,Strukturwandel" bezeichneten Umformungen der *peregrinatio* im 11./12. Jahrhundert[16] wirkten sich für das Kultzentrum Compostela sicherlich in ganz besonderem Maße förderlich aus.

Auch die Kreuzzugsbewegung war für die Entwicklung der Wallfahrt nach Compostela — so paradox es klingen mag — durchaus günstig. In den Kreuzpredigten warb man unter anderem Teilnehmer mit dem Argument, der Pilgerweg nach Jerusalem solle wieder sicher gemacht werden[17]. Was lag

15 Lateinischer Text bei Labande, Recherches, S. 167, Abbildung bei T. und B. Gad, Rejsen til Jakobsland (Højbjerg 1975) S. 62, vgl. auch Köster, Pilgerzeichen und Pilgermuscheln, S. 149. Zur Gleichstellung aller drei Stätten gibt es keine ,,offizielle" Bestätigung, jedoch weisen verschiedene Quellen darauf hin, daß sie seit dem 11./12. Jh. als gleichrangig angesehen wurden, vgl. auch Sigal, Marcheurs, S. 93-120; Oursel, Pèlerins, S. 30-38 und Plötz, Santiago-peregrinatio, S. 38 f.
16 Vgl. zuletzt Plötz, Strukturwandel, insbesondere S. 130 f.

näher, als auch Spanien von der moslemischen „Besatzung" zu „befreien", um mögliche Vorstöße gegen den christlichen Norden grundsätzlich zu unterbinden? Besonders französische Ritter beteiligten sich an der Wiedereroberung (*Reconquista*) der vom „islamischen Gegner" beherrschten Teile der Iberischen Halbinsel[18]; laut päpstlichen Versprechen wurden diese Kampfesleistungen mit gleichem Bußstrafennachlaß „wie bei einer Jerusalemwallfahrt" belohnt[19]. In den Kämpfen unterstützte Jakobus als „Schlachtenhelfer" die christlichen Truppen, so heißt es im „Cantar de mio Cid": *Die Mauren rufen „Mohammed", die Christen „Santiago"*[20]. Noch im 16. Jahrhundert „beflügelte" dieser Schlachtruf die spanischen Eroberer Lateinamerikas, wie auch die Stadtnamen Santiago de Chile, Santiago de Cuba, Santiago de Guatemala noch heute erkennen lassen.

Die französischen Ritter riefen nicht nur „Jakobus", sondern besuchten auch durchaus dessen Grabesstätte; rheinische Kreuzritter verbanden ihre Hilfe bei der Eroberung von Lissabon mit einem Besuch in Compostela[21], und Kreuzfahrer von England oder Deutschland, die per Schiff ins Hl. Land unterwegs waren, unterbrachen ihre Fahrt selbstverständlich an der Nordwestspitze Spaniens, um dem hl. Jakobus ihre Reverenz zu erweisen[22].

Aber nicht nur Krieger zogen ins „Land des hl. Jakobus", sondern auch Angehörige der verschiedensten sozialen Grup-

---

17 Zu diesem besonders in der Kreuzzugswerbung benutzten Motiv vgl. grundlegend Erdmann, Entstehung des Kreuzzugsgedankens, S. 30 f. und Mayer, Geschichte der Kreuzzüge, S. 20 und 37 f., allerdings mit unterschiedlicher Akzentuierung.

18 Grundlegend, wenn auch vielleicht mit Überbetonung der französischen Beteiligung Defourneaux, Français, S. 125-193.

19 So zuerst Papst Urban II. (1088-1099) mit einer Urkunde von 1089 (Jaffé-Löwenfeld n. 5401), vgl. hierzu und zu weiteren päpstlichen Lohnversprechungen Herbers, Jakobuskult, S. 130 mit Anm. 143-145.

20 El cantar de mio Cid, zweisprachig von H.-J. Neuschäfer (Klassische Texte des romanischen Mittelalters 4, München 1964) Vers 730 (S. 74 f.), vgl. auch Vers 1138 und 1690.

21 Kölner Königschronik zum Jahr 1147/1148 (MG SS rerum Germanicarum in usum scholarum 18/1880, Nachdruck 1978, S. 84 f.).

22 Vgl. die im Wortlaut abgedruckten Quellennachweise bei Vázquez/Lacarra/Uría, Peregrinaciones, I S. 73 f.; ferner Schmugge, Pilgerfahrt macht frei, S. 26.

pen. Ihre Motivationen lassen sich nicht verallgemeinern; soweit erkennbar spielten neben der Erfüllung von Gelübden, dem Wunsch nach Heilung und Heiligung oft auch Fernweh, Neugierde oder wirtschaftliche Interessen eine Rolle.

Eine verstärkte Pilgerbewegung setzte jedoch auch eine verbesserte Organisation am Pilgerweg voraus, die vor allem die drohenden Gefahren während der Fahrt auf ein erträgliches Maß verminderte. In dieser Hinsicht haben verschiedene Personen und Institutionen im 11./12. Jahrhundert viel geleistet, denkt man an den Bau von Brücken oder Herbergen und an die Vorschriften für die unterschiedlichsten gewerblichen Händler[23].

Trotzdem trennten den Pilger des 12. Jahrhunderts noch Welten von dem heute nach Compostela wallfahrenden Gläubigen. Zu groß blieben die Ungewißheit und die Bedrückung in der Fremde, zu weit erschien die Entfernung, zu ungewiß war die Rückkehr. An diese Ängste knüpft das nun vorzustellende Jakobsbuch an, es berichtet nicht nur von der Größe und den wunderbaren Taten des Apostels, sondern will auch die Angst vor einer Pilgerfahrt nehmen. Dabei verfallen die Autoren nicht in Schönfärberei, sondern geben ihr Wissen und ihre (Vor-)Urteile offen weiter, damit der gebildete Leser die Gefahren und Schwierigkeiten zunächst einmal kennenlernen und sich auf diese einstellen kann.

---

23 Vgl. Sigal, Marcheurs, S. 114 f., ferner unten S. 91.

2. Das Jakobsbuch *(Liber Sancti Jacobi)* – zwischen gelehrter Theologie und Volksfrömmigkeit

Will man im Kathedralarchiv von Santiago de Compostela Einblick in das Jakobsbuch erhalten, so sollte man tunlichst nach dem „Códice Calixtino" fragen; denn so wird die wichtigste Handschrift dieses Sammelwerkes besonders in Spanien oft bezeichnet. Zu diesem Titel gelangte das Buch, weil Papst Calixt II. (1119-1124) angeblich der Autor des ganzen Werkes sein soll, sicherlich eine – wenn auch klug gewählte – Erfindung. Joseph Bédier reservierte diesen Namen für die Compostelaner Handschrift und nannte das Werk *Liber Sancti Jacobi*[1], das Buch des hl. Jakobus. Der lateinische Text selbst bezeichnet das Gesamtwerk in der Überschrift schlicht und einfach als *Iacobus,* jedoch hat sich die Bezeichnung Bédiers inzwischen in der Forschung eingebürgert.

Sollte man im Compostelaner Kathedralarchiv das Glück haben, den *Codex Calixtinus* gezeigt zu bekommen, so sieht man wohl die älteste und wichtigste Handschrift, obwohl das Sammelwerk teils auf älteren Vorlagen basiert und nicht in einem Guß entstanden ist[2]. Bis ins 13. Jahrhundert hat man noch am *Codex Calixtinus* Änderungen vorgenommen, wie z.B. später zugefügte Randnotizen oder einige nachträglich ersetzte Blätter beweisen. Gleich auf der ersten Seite sieht man eine Miniatur, die Papst Calixt vor einem Buch abbildet und so die päpstliche Autorschaft verdeutlichen soll[3]. Mit dieser

---

1 Bédier, Légendes, III S. 75 f. Anm. 1.
2 Vgl. zusammenfassend Herbers, Jakobuskult, S. 21-32. Zu einzelnen Randnotizen vgl. Kapitel 4.2., S. 78 und S. 80; Kapitel 4.3., S. 94, 97, 104, 139. Zum Schreiberwechsel vgl. Kapitel 4.3., S. 98, 103, 124, 127, 150, 155.
3. Vgl. Abb. 2.

Miniatur wird ein Papstbrief eingeleitet, der unter anderem die Vorgeschichte des Sammelwerkes wiedergibt.

Schon die Entstehung des Buches soll von Wundern begleitet gewesen sein. Der angeblich päpstliche Schreiber liebte den hl. Jakobus bereits als Schüler, wie er uns verrät, und nahm deshalb mühevolle Reisen auf sich, um Texte über „seinen" Heiligen zu sammeln. Er fiel unter Räuber, wurde in Gefangenschaft geführt, erlitt Schiffbruch und wurde sogar von einer Feuersbrunst in seinem Haus überrascht, aber jedesmal konnte er sich mit dem wichtigen Buch retten. Diesem Codex galt die besondere göttliche Vorsehung, wie dem Verfasser auch in mehreren Visionen kundgetan wurde. Natürlich empfiehlt der Schreiber des Briefes die geflissentliche Lektüre aller folgenden Texte, besonders jedoch die Teile I und II, die für den liturgischen Gebrauch bestimmt seien. Die übrigen Texte solle man hingegen als Tischlesung vortragen[4].

Von den unmittelbar anschließenden fünf Büchern[5] muß auch dem Inhalt nach das dritte als Mittelpunkt gelten. Es ist zwar mit knapp sieben von insgesamt 225 Blättern das kürzeste, jedoch dient es ausschließlich dazu, die Translation des apostolischen Leichnams nach Santiago de Compostela zu berichten und zu „belegen". Um diesen Kern der Compostelaner Tradition gruppieren sich die weiteren Teile. Vorangestellt ist das umfangreiche Buch I mit Predigten, liturgischen Texten und Meßformularen; es folgt eine Sammlung von 22 ausgewählten Wundern, die der hl. Jakobus bewirkt haben soll.

Bereits diese ersten drei Bücher verdeutlichen, wie der Zusammensteller mit seinem Sammelwerk die herausragende Rolle des hl. Jakobus unterstrich. Neben dem Translationsbericht, der die leibliche Präsenz des Heiligen in Compostela „beweisen" sollte, forderte er im liturgischen Teil die herausragende Stellung „seines" Heiligen unter dessen Mitaposteln. Hierfür ist ihm jede Gelegenheit willkommen, immer wieder werden einschlägige Bibelstellen in Predigten und liturgischen

---

4 Whitehill, Liber, S. 2.
5 Vgl. für das Folgende die Inhaltsanalysen bei David, Etudes, I S. 11-25 und Herbers, Jakobskult, S. 16-21.

Formularen zitiert. Sie belegen vor allem, daß Jakobus zusammen mit Petrus und Johannes zum engeren Apostelkreis, zum „harten Kern", gehörte. Zudem erlitt er als erster Apostel das Martyrium und dürfe — so heißt es jedoch nur an einigen wenigen, wohl später zugefügten Stellen — neben Petrus in Rom und Johannes in Ephesus den dritten apostolischen Sitz der Christenheit in Compostela beanspruchen[6]. Das liturgische Buch läßt den Apostel als biblisches Vorbild und Leitfigur überhaupt in hellem Glanz erstrahlen, jedoch wird dies immer wieder mit der Bedeutung seiner Grabesstätte in Compostela verknüpft.

Besonders deutlich wird der Bezug zu der im 12. Jahrhundert bereits ausgeprägten Pilgerverehrung in einer Predigt des I. Buches, die mit den Worten *Veneranda dies* (der ehrwürdige Tag) beginnt und zur Feier des Translationsfestes am 30. Dezember vorgesehen war[7].

Offensichtlich war sich der Zusammensteller bewußt, damit den Rahmen einer Predigt gewissermaßen zu sprengen, sonst hätte er nicht gleichsam entschuldigend im Einleitungsbrief vermerkt: *Während ich die für das Translationsfest des Apostels bestimmte Predigt „Veneranda dies" überdachte und das Heft mit den Aufzeichnungen in Händen hielt, erschien ER mir zusammen mit dem hl. Jakobus in einer Vision und sagte: "... Schreib weiter, was du begonnen hast, und benenne die Missetaten der schlechten Gastgeber, die sich auf dem Weg meines Apostels aufhalten"*[8].

Noch deutlicher wird der Zusammenhang mit der Pilgerfahrt im Buch II, der Mirakelsammlung. Hier wird das Gebiet

---

6 Diese von mir als „Theorie der drei Sitze" bezeichnete Konzeption findet sich auch in abgeschwächter Form in der Hist. Comp. II 3 (ES XX S. 256 f.); hierzu Vones, Hist. Comp., S. 394 f. und S. 520.

7 In Compostela feierte man im 12. Jh. das Jakobusfest zweimal, wobei der 25. Juli auf die römische Tradition zurückging, der 30. Dezember auf die alte spanische (mozarabische) Liturgie. Im *Liber Sancti Jacobi* gedenkt der erste Festtag der Passion, der zweite der Elektion und Translation des Apostels, stellt also wohl ein Zugeständnis an die alte Compostelaner Tradition dar; vgl. unten Kapitel 4.2., S. 57 sowie zusammenfassend zur Liturgie im Jakobsbuch Herbers, Jakobuskult, S. 102-105.

8 Whitehill, Liber, S. 2, vgl. auch die spanische Übersetzung von Moralejo/Torres/Feo, Liber, S. 3.

gelehrter Theologie verlassen und der Volksfrömmigkeit, zu der die Wundergläubigkeit in ganz besonderem Maße zählt, ausführlich Raum gewidmet. Wie der Zusammensteller in einem gesonderten Vorwort zu diesem Buch hervorhebt, habe er nur die schönsten und „wahrsten" Wunder ausgewählt. Für einige Motive sind zwar frühere Vorlagen auszumachen, doch ist dem Schreiber des Prologs durchaus zu glauben, er habe zwar einige Wunder gesehen, andere jedoch auch in fremden Ländern gehört oder gar selbst erlebt[9]. Somit zeichnet der Verfasser für die Auswahl der 22 Wunder verantwortlich; doch läßt sich auch aus den genannten Ländern die Verbreitung von Kult und Pilgerverehrung erkennen. Im Prolog werden Galicien, Deutschland, Italien, Ungarn und Dazien als Fundorte für die aufgezeichneten Wunder erwähnt; aus den Geschichten selbst ergeben sich freilich Italien, Deutschland und Frankreich, insbesondere Südfrankreich als Zentren der Jakobusverehrung[10]. Zweifellos kann der Jakobuskult auch schon für diese Zeit ansatzweise als ein europäisches Phänomen apostrophiert werden. Auch läßt sich feststellen, welche sozialen Gruppen besonders angesprochen werden: vor allem erfahren Ritter und Angehörige des niederen Adels die Wunderkraft des Heiligen. Hier fanden gewiß die Erfahrungen, Vorstellungen und Ziele des Aufzeichners der Wundergeschichten in der Vorstellung vom hl. Jakobus als Schlachtenhelfer ihren geeigneten Anknüpfungspunkt. Von Klerikern, Kaufleuten, Handwerkern und Bauern wird hingegen kaum berichtet[11].

Mit einer solchen Mirakelsammlung beabsichtigte man nicht nur, die Ehre und das Lob des Heiligen allgemein zu mehren, sondern auch zum Besuch seines Heiligtums anzuregen. Zwar gibt es für das 12. Jahrhundert noch vergleichsweise wenig Belege für einzelne Pilger[12], jedoch dürfen wir durchaus anneh-

---

9 Whitehill, Liber, S. 259, vgl. Herbers, Jakobuskult, S. 61 und S. 110 f. Die Aufzählung der Länder ist fast identisch mit den am Ende des Pilgerführers genannten Gegenden, vgl. Kapitel 4.3.11., S. 162, Anm. 387.
10 Vgl. die Tabelle bei Herbers, Jakobuskult, S. 116.
11 Ebenda.
12 Vgl. Vázquez/Lacarra/Uría, Peregrinaciones, I S. 55-69, deren Angaben zwar teilweise inzwischen ergänzt werden können, ohne jedoch damit den generel-

men, daß nicht ausschließlich Ritter und Adlige dem Ruf des hl. Jakobus folgten. Diese soziale Gruppe konnte zwar am ehesten eine solch beschwerliche und lange Reise (allein schon wegen der leichteren Abkömmlichkeit zu Hause) auf sich nehmen, aber Hinweise aus der zeitgleichen Bistumsgeschichte Compostelas, der „Historia Compostelana", lassen bereits für das 12. Jahrhundert größere Pilgerscharen aus den unterschiedlichsten sozialen Klassen vermuten. So heißt es dort, vermutlich jenseits aller Bescheidenheit: *Die Menge der christlichen Pilger, die nach Compostela gehen und wieder von dort zurückkehren, ist so groß, daß sie kaum den Weg nach Westen offenlassen*[13].

Der Anregung zum Besuch Compostelas und des Apostelgrabes gilt das letzte Buch des *Liber Sancti Jacobi,* das man als einen Ratgeber für Pilgerwillige bezeichnen kann. Um diesen V. Teil soll es uns vor allem gehen. Mit diesem — nennen wir ihn ruhig „Pilgerführer"[14] — haben wir die früheste und wohl auch interessanteste Anleitung für eine Wallfahrt nach Santiago de Compostela vor uns; spätere Reiseberichte sind meist knapper und schematischer verfaßt[15]. Als Vorbild konnten allenfalls die spätantiken und frühmittelalterlichen Führer dienen, die zum Besuch Roms und der Stätten im Heiligen Land Hilfe boten[16].

Der in den *Liber Sancti Jacobi* aufgenommene Pilgerführer wechselt zwischen Beschreibung, Ratschlägen, moralischen

---

len Eindruck zu verändern. Die Art der Überlieferung bedingt zudem, daß Adlige und Geistliche in den schriftlichen Quellen überrepräsentiert sind.

13 Vgl. Kapitel 1, Anm. 10.

14 Diese Bezeichnung ist vor allem seit der lateinisch-französischen Ausgabe von Vielliard, Guide, geläufig, wurde jedoch gelegentlich auch schon vorher verwendet.

15 Grundsätzlich ist zwischen Reiseführern und -berichten zu scheiden, vgl. die Einführung von Richard, Récits, und knapper ders., Relations, der in Récits, S. 16 unser Buch als einen Klassiker des Genres „Pilgerführer" bezeichnet. Wir haben hiermit auch den ersten „Pilgerführer" nach Compostela vor uns; die späteren Führer oder Berichte (insgesamt 74 bis ins 18. Jh.) findet man verzeichnet bei Mieck, Témoignages oculaires. Vgl. zum Genre allgemein die systematischen Überlegungen von D.R. Howard, Writers and Pilgrims (Berkeley-Los Angeles-London 1980). — Zu einigen frühmittelalterlichen Berichten vgl. auch Löwe, Peregrinatio, S. 332 (besonders im Hinblick auf Auswahl und Darstellungsweise).

16 Richard, Récits, besonders S. 16 f. und ders., Relations, S. 143.

Appellen und Vorschriften. Dabei bedeuteten dem Verfasser wohl die Vorschriften am meisten; ihm lag daran, den Vollzug künftiger Pilgerfahrten in angemessene Formen zu lenken. Wenn wir gleichwohl wissen möchten, wie die gängige Praxis einer Pilgerfahrt nach Santiago de Compostela im 12. Jahrhundert aussah, müssen wir den zahlreichen „nebenbei" gemachten Äußerungen besondere Aufmerksamkeit widmen; so wird z.B. über viele Gebräuche oder Mißstände mit dem erhobenen moralischen Zeigefinger berichtet, woraus sich übliche Gewohnheiten erschließen lassen. Manche Riten, wie das Aufstellen eines Kreuzes in Roncesvalles, werden mitunter eigens erwähnt[17]. Zuweilen hilft es, zwischen den Zeilen zu lesen; wenn z.B. der Besuch mancher Verehrungsstätten unterwegs besonders nachdrücklich empfohlen wird, erscheint die frühere Vernachlässigung zumindest als Deutungsmöglichkeit[18]. Aber nicht nur für die Kenntnis der mittelalterlichen Menschen auf ihrer Pilgerfahrt ist dieses Büchlein wertvoll, sondern auch als Beschreibung der zahlreichen Kirchen am Weg und ihrer künstlerischen Gestaltung. Wenn wir heute den Spuren mittelalterlicher Pilger folgen, so finden wir zumeist nur noch bescheidene Reste der sie ehemals umgebenden Wirklichkeit. Manche Ortsbeschreibungen im Pilgerführer sind genau genug, um immer wieder schlaglichtartig die Rahmenbedingungen zu verdeutlichen, die den Ablauf einer Pilgerreise nach Santiago de Compostela im 12. Jahrhundert bestimmten. Dazu gehörten nicht nur die künstlerischen Leckerbissen, sondern auch die Mühen und Gefahren auf dem Weg, wie Fluß- und Bergüberquerungen, die Auseinandersetzungen mit fremden Völkern oder Räubern und Wegelagerern.

Kurz vorzustellen ist noch der IV. Teil des Jakobsbuches, der auch den Namen *Pseudo-Turpin* erhalten hat. Schon diese Bezeichnung deutet die Sonderstellung innerhalb des Sammelwerkes an. Als einziges Buch wird es nämlich nicht Papst Calixt II., sondern dem Erzbischof Turpin (oder Tilpin) von

---

17 Vgl. Kapitel 4.3.7., S. 98.
18 Möglicherweise ist dies jedoch auch ein Hinweis auf die besondere Verbundenheit des Verfassers mit diesen Stätten.

24

Reims (748/49-794), einem Zeitgenossen Karls des Großen, als Autor zugeschrieben. Es berichtet, wie Karl der Große bei seinem Feldzug nach Spanien (778) angeblich den Weg nach Santiago de Compostela von den moslemischen Sarazenen „befreit" habe. Hauptsächlich geht es um die Schlachten Karls gegen die Moslems auf der Iberischen Halbinsel, die auch in den altfranzösischen „Chansons de geste", insbesondere im Rolandslied, weiter wirkten[19]. Hierbei spielte der hl. Jakobus nur noch eine untergeordnete Rolle, gleichwohl ist er als Schlachtenhelfer gegenwärtig, und insgesamt scheint es so, daß die in den *Liber Sancti Jacobi* aufgenommene Fassung wohl zumindest dem Generalthema „Jakobus" „angepaßt" wurde und wahrscheinlich auch die älteste Form des auch außerhalb des Jakobsbuches weit verbreiteten *Pseudo-Turpin* darstellt[20].

Welchem Milieu ist nun dieses Sammelwerk zuzuschreiben; wen interessierte es, die verschiedenen Teile zu einem Buch zusammenzustellen?

Lange dachte man an einen Endredaktor aus dem burgundischen Reformkloster Cluny, weil man auch in diesem Klosterverband den großen Organisator der Jakobswallfahrten seit dem 11. Jahrhundert vermutete[21]. Das äußerst ausgedehnte Netz der Tochterklöster, das bis nach Südfrankreich und bis nach Spanien hineinreichte[22], habe überhaupt erst den Pilgerbetrieb ermöglicht. Da außerdem im Jakobsbuch selbst einige Indizien auf ein besonderes Verhältnis zu Cluny

---

19 Klassisch hierzu Bédier, Légendes, III passim. Die noch heute anhaltende Diskussion dokumentiert eindrucksvoll die Festschrift für R. Louis: La Chanson de geste et le mythe carolingien, 2 Bände (Saint-Père-sous-Vézelay 1982), besonders Band I S. 363-561.
20 Dies gilt für die heute erhaltenen Textzeugen; eine hypothetische (?) Urfassung ist damit nicht auszuschließen, vgl. David, Etudes, III S. 170-174 sowie die bei Herbers, Jakobuskult, S. 31 f. zitierte Literatur.
21 So vor allem Bédier, Légendes, III S. 52-113, besonders 88-91; die Nachweise zu dessen wissenschaftlicher Gefolgschaft bei Herbers, Jakobuskult, S. 34 Anm. 135.
22 P. Segl, Königtum und Klosterreform in Spanien. Untersuchungen über die Cluniacenserklöster in Kastilien und León vom Beginn des 11. bis zur Mitte des 12. Jahrhunderts (Kallmünz 1974), hat jedoch nachgewiesen, daß der Einfluß Clunys in Spanien bisher eher ein wenig überschätzt wurde.

hindeuten[23], glaubte man, das Jakobsbuch sei auch dort zusammengestellt worden. Dem ist jedoch entgegenzuhalten: Die Leistungen des Klosterverbandes von Cluny bei der Organisation der Pilgerfahrten wurden im 12. Jahrhundert zunehmend von anderen Institutionen übernommen, so von Bischofskirchen oder von Kanonikergemeinschaften, später auch durch die Ritterorden.

Liest man den Pilgerführer aufmerksam, so findet sich kaum ein Kloster der Kongregation von Cluny erwähnt. Besonders auffällig ist beispielsweise: für das Limousin wird der Besuch von St -Léonard, wo eine Kanonikergemeinschaft bestand, nachdrücklich empfohlen, die Cluniazenserkirche St-Martial in Limoges hingegen erwähnt der Autor mit keinem Wort[24]. Die Regel der reformierten Kanoniker gab im übrigen auch vielfach die Grundlage für die Statuten der Ritterorden ab[25]. Bedenkt man, wie das Ritterpatronat des hl. Jakobus insbesondere in der Wundersammlung und im Pseudo-Turpin greifbar wird, so erscheint es gerechtfertigt, einen Zusammensteller eher im Milieu der Regularkanoniker zu vermuten. Diese religiösen Gemeinschaften orientierten sich in ihren Reformbestrebungen besonders am Vorbild des apostolischen Lebens; die Rückbesinnung auf den ersten Märtyrer unter den Aposteln lag nahe. Jakobus erschien jedoch zugleich als Missionar, wenn nötig als kriegerischer Glaubensbote, so daß auch die besonders im IV. Buch (Pseudo-Turpin) angeschlagene Thematik eines Kreuzuges gegen die ,,heidnischen" Moslems mit Fug und Recht Bezugspunkte zu Jakobus aufweist.

Mehrere Indizien verweisen somit bei der Suche nach dem Standort des Zusammenstellers am ehesten auf das Milieu der reformierten Kanoniker. Letzte Sicherheit ließe sich in diesem Punkt vielleicht gewinnen, wenn der Überbringer des

---

23 Insbesondere sind der Eingangsbrief (Whitehill, Liber, S. 1) und das Schlußkolophon (vgl. S. 162 mit Anm. 387) zu erwähnen.

24 Vgl. Kapitel 4.3., S. 117 ff. und S. 120, dazu auch David, Etudes, III S. 189. Die These, daß ein Kanoniker (allerdings nur für Buch IV und V des *Liber Sancti Jacobi*) als Autor verantwortlich zeichne, vertrat früher bereits Lambert, Pèlerinage, S. 22-24.

25 Vgl. M. Cocheril, Essai sur l'origine des ordres militaires dans la Péninsule Ibérique (Collectanea ordinis Cisterciensium reformatorum 20/1958, S. 346-361; 21/1959, S. 302-329) S. 310.

Codex Calixtinus nach Compostela, den ein abschließender Brief — angeblich von Papst Innozenz II. (1130-1143) — *Aimericus Picaudus*[26] nennt, genauer bekannt wäre. Wir erfahren jedoch nur, der Priester *Aimericus* aus Parthenay (im Poitou) sei wohl auch in Vézelay (als Kaplan) tätig gewesen und habe mit seiner Begleiterin Gerberga den *Codex Calixtinus* nach Compostela gebracht[27]. Sehr oft wird er als Zusammensteller des Jakobsbuches bezeichnet, was möglich, sogar wahrscheinlich, jedoch nicht sicher ist[28].

Aus den in Kapitel 4.2. und 4.3. in Übersetzung gebotenen Textauszügen, die wohl allesamt vom Schlußredaktor stammen (habe er nun *Aimericus* geheißen oder nicht), lassen sich dennoch weitere Gesichtspunkte sammeln, um die Absicht und das Ziel des Zusammenstellers noch genauer zu charakterisieren.

Besonders in der Predigt *Veneranda dies* tritt uns der Verfasser als kritischer Aufzeichner von Legenden und Traditionen entgegen. Begann ein zumindest halbwegs gebildeter mittelalterlicher Kleriker — und das war der Kompilator des *Liber Sancti Jacobi* zweifellos — auch über die konkreten Ausdrucksformen eines Heiligenkultes zu schreiben, so schwebte er ständig in der Gefahr, theologisch ungenau zu formulieren oder gar von seinen Kritikern der Häresie bezichtigt zu werden. Wie unter anderem die Anfangspassagen der Predigt[29] zeigen, versuchte der Hagiograph des *Liber Sancti Jacobi* dieser mißlichen Ausgangslage dadurch zu entgehen, daß er die verschiedensten Legenden im Hinblick auf die Translation erwähnt, um dann die ,,wahren" von den ,,Lügen-

---

26 Jaffé-Löwenfeld n. † 8286, Whitehill, Liber, S. 399.
27 Ebenda. Ob dieser *Aimericus* mit dem 1131 in Compostela weilenden gleichnamigen Jerusalemer Kleriker (Hist. Comp. III 26 [ES XX S. 523 f.]) identisch ist, wie jüngst erneut Herwaarden, Saint James, S. 245 annimmt, bleibt möglich, ist jedoch durchaus nicht sicher.
28 Im Jakobsbuch selbst ist er nur als Autor einer Hymne im Anhang ein zweites Mal erwähnt (Whitehill, Liber, S. 398), setzt man jedoch die Überbringung des Buches als nicht erfunden voraus, so könnte er auch wahrscheinlich letzte Hand an den Text gelegt haben. Darüber hinaus wird er oft als Autor der in Kapitel 4.2. und 4.3. übersetzten Texte angesehen, vgl. die Nachweise über bisherige Forschungsmeinungen in dieser Hinsicht bei Herbers, Jakobuskult, S. 37 Anm. 145.
29 Vgl. Kapitel 4.2., S. 58 ff.

märchen" zu unterscheiden. Der Text läßt sehr eindrucksvoll erkennen, wie ein hochmittelalterlicher Theologe das wohl vor allem in mündlichen Berichten lebendige Rankenwerk wunderbarer Geschichten beschnitt. Wenn auch die meisten dieser Fabeln pauschal verworfen werden, so versucht der Verfasser zuweilen, seine Ablehnung zu begründen. Insgesamt bezweckte er hiermit, wie er im weiteren offen verrät, eine von allem falschen Beiwerk gereinigte Konzeption des Jakobuskultes verbindlich vorzuschreiben, ohne die Heiligenverehrung und den Wunderglauben jedoch grundsätzlich anzutasten[30]. So werden nach seinen Worten auch die Wunder, wie es einem exakten theologischen Verständnis entspricht, immer von Gott selbst, nur durch die Mittlerschaft des Heiligen, gewirkt[31]. Dieses Ziel, die Jakobusverehrung in Gehalt und Gestalt verbindlich festzusetzen, verfolgt der Verfasser auch mit dem Pilgerführer; es wurde bereits darauf hingewiesen, inwieweit er den Besuch bestimmter Orte oder den Vollzug der Pilgerfahrt in festgelegten Formen eher vorschriftsartig denn beschreibend empfiehlt.

Allerdings spricht er nicht nur als Theoretiker, denn er weiß genau, welche Riten und Gebräuche praktiziert werden, und gerade das macht den *Liber Sancti Jacobi* für uns so interessant. Recht aufschlußreich ist dabei, daß er mit Vorurteilen und Ressentiments nicht spart; sie erlauben, seine Person genauer zu charakterisieren. So beschreibt er die Leute aus dem Poitou positiv, die aus Navarra negativ; seine Abneigung gegen die Navarreser geht sogar so weit — wie bisher kaum bemerkt worden ist —, daß die Flüsse Navarras fast alle als todbringend bezeichnet werden[32]. Darüber hinaus ist er belesen und viel gereist; er kennt den Handel auf verschiedenen Pilgerstraßen, nicht nur auf derjenigen nach Compostela[33].

---

30 Hiermit stand der Autor durchaus in einer gängigen mittelalterlichen Tradition, wenn auch sein Vorgehen als besonders scharf bezeichnet werden kann. Vgl. zur mittelalterlichen Kritik an der Heiligenverehrung Schreiner, Wahrheitsverständnis; ders., Discrimen veri ac falsi sowie Constable, Opposition.
31 So in allen Mirakeln des II. Buches, vgl. auch Kapitel 4.2., S. 60.
32 Vgl. zu den Navarresern unten S. 100 ff., zu den Flüssen in Navarra S. 92 f. Den Aspekt des „antinavarrismo" hat besonders L. Vázquez de Parga, Aymeric Picaud y Navarra (Correo erudito 4/1947, S. 113 f.) hervorgehoben.
33 Vgl. insbesondere Kapitel 4.2.

Auch die von ihm verwendeten volkssprachlichen Ausdrücke charakterisieren seinen Erfahrungshorizont: zumeist sind sie der italienischen, (nord)französischen, spanischen oder provenzalischen Volkssprache entnommen[34]. Weil der Kompilator den Apostel Jakobus in den Mittelpunkt seines Werkes stellt, bringt er natürlich auch der Stadt und dem Bischofssitz Compostela größte Verehrung entgegen. In die Abfassungszeit des Jakobsbuches fällt auch ein Höhepunkt der Bistumsgeschichte unter Bischof Diego II. Gelmírez (1098-1140), der die Erhebung Compostelas zum Erzbischofssitz durch Papst Calixt II. erreichte. Diegos Name ist auch mit einem deutlichen Aufschwung der Pilgerfahrten zum hl. Jakobus verbunden[35]. Trotzdem scheint der *Liber Sancti Jacobi* nicht in Compostela selbst, sondern in Frankreich verfaßt worden zu sein; insbesondere spricht gegen die erste Annahme, daß die bereits zitierte, in Compostela verfaßte „Historia Compostelana" keinen Einfluß des Jakobsbuches aufweist, sieht man von einigen wenigen — vielleicht nachträglich geänderten — Stellen ab[36].

Aus dem bereits genannten Brief am Schluß des *Codex Calixtinus* ergibt sich die Entstehungszeit des *Liber Sancti Jacobi*, wie er in der Compostelaner Fassung vorliegt; er muß etwa zwischen 1140 und 1150 abgeschlossen gewesen sein, denn die Autorität des Papstes Innozenz II. sollte den Beleg der „Echtheit" und die päpstliche Autorität, für die ansonsten Papst Calixt II. bürgt, wohl aktualisieren. Mit Sicherheit lag der *Codex Calixtinus* vor 1173 in Compostela, weil in diesem Jahr ein Mönch aus dem katalanischen Kloster Ripoll große Teile des Buches abschrieb[37].

---

34 Vgl. z.B. unten Kapitel 4.2., S. 65, 66, 72, 75, 77, 79 sowie Kapitel 4.3., S. 93, 95, 101.
35 Zu Diego II. Gelmírez (1098-1140) vgl. besonders Biggs, Diego; Servatius, Paschalis, S. 131-134; Vones, Hist. Comp.; Fletcher, St. James's Catapult. — Zur Erhebung Compostelas zur Metropole vgl. unten S. 159 Anm. 374.
36 Vgl. Herbers, Jakobuskult, S. 35 Anm. 136; zu bisher nicht beachteten Bezugspunkten vgl. ebenda S. 67 f., 80, 83 und 146 f. Zur Hist. Comp. jetzt grundlegend Vones, Hist. Comp. Vgl. ferner M.C. Díaz y Díaz, Problemas de la cultura, der S. 199 f. auf eine in Compostela bekannte Vorform des Mirakelbuches (Buch II des *Liber Sancti Jacobi*) hinweist.
37 Vgl. den Text des dieser Abschrift vorgeschalteten Briefes bei Vielliard, Guide,

Ihm sollten noch weitere Abschreiber folgen, jedoch lehrt die Verbreitungsgeschichte des *Liber Sancti Jacobi,* daß man vornehmlich den IV. Teil, den *Pseudo-Turpin* (teils auch aus anderen Fassungen als derjenigen von Compostela), kopierte. Die Handschriften dieses Buchs sind in ganz West- und Mitteleuropa verstreut. Größere Teile des gesamten Sammelwerks liegen in einer Handschrift des 12. Jahrhunderts in Lissabon vor[38]. Danach sind erst wieder vor allem in Spanien seit dem 14. Jahrhundert bedeutendere Auszüge aus dem Jakobsbuch nachweisbar[39]. Neben den zahlreichen Abschriften des *Pseudo-Turpin* haben vor allem die Wunder bei Kopisten Interesse gefunden; der liturgische Teil ist hingegen nur wenig kopiert worden. Das erklärte Ziel des Kompilators, mit seinem Buch die Jakobsliturgie neu zu gestalten[40], wurde − zumal auch der *Codex Calixtinus* in Compostela nur geringe Gebrauchsspuren aufweist − wohl nicht erreicht. Man muß auch gestehen, daß sich manche Predigt zur Verwendung im Gottesdienst nur wenig eignete, schon eher zur erbaulichen Lektüre. Ebenso darf man wohl kaum davon ausgehen, mittelalterliche Jakobspilger hätten einen Reiseführer wie das V. Buch des *Liber Sancti Jacobi* im Reisegepäck mit sich geführt. Nur die des Lesens kundigen Kleriker konnten diese Erfahrungen und Empfehlungen aufnehmen und ihrerseits wiederum mündlich weitergeben[41].

S. 126-131; eine Liste der kopierten Passagen gibt Hämel, Überlieferung, S. 66.

38 Vgl. David, Etudes, I S. 32-36 und Hämel, Überlieferung, S. 70-72.

39 Hämel, Überlieferung, S. 72 f., vgl. ebenda S. 67-70 zu weiteren, kürzeren Auszügen, insbesondere auch über Abschriften des Pseudo-Turpin (IV. Buch), zu dessen Überlieferung auch A. de Mandach, Naissance et développement de la chanson de geste (Genf-Paris 1961) S. 364-399 zu vergleichen ist.

40 So im Einleitungsbrief, Whitehill, Liber, S. 1-4, vgl. auch Kapitel 4.2., S. 60.

41 Im ersten Satz wird der „gebildete Leser" angesprochen, vgl. Kapitel 4.3., S. 85. Zur mündlichen Weitergabe von Kenntnissen über Völker und Länder vgl. Löwe, Peregrinatio, S. 372.

3. Die mittelalterliche Pilgerfahrt
– ein religiöses, touristisches
und wirtschaftliches Unternehmen

Wenn auch der Pilgerführer aus dem *Liber Sancti Jacobi* in Compostela nicht gerade übermäßig kopiert wurde, so schmälert dies seine Bedeutung als Quelle keinesfalls; immerhin bietet er die früheste ausführliche Beschreibung der Pilgerfahrt nach Santiago de Compostela. Er gehört nicht zum Genre der Pilgerberichte, die wir vor allem aus dem Spätmittelalter kennen[1], sondern der Verfasser beschreibt die Wege und empfiehlt, wie eine Pilgerfahrt durchzuführen sei. Nur ,,en passant" hebt er übliche Gebräuche hervor oder läßt durch Nebenbemerkungen geläufige Formen der Pilgerpraxis erkennen. Jedoch wird soviel deutlich: Alle im Titel dieses Kapitels genannten Dimensionen mittelalterlicher Pilgerfahrten werden angesprochen, ja sie lassen sich nicht strikt voneinander trennen. Beispielhaft sei nur verwiesen auf die zahlreichen Beschreibungen von Kunstwerken[2] und von den Sitten und Gebräuchen ,,fremder" Völker[3], die sicherlich an Neugier und Fernweh einzelner innerhalb der insgesamt noch weitgehend bodenständig ausgerichteten Gesellschaft des 12. Jahrhunderts[4] appellierten.

Die Passagen über den Betrug der Händler und Gewerbetreibenden am Pilgerweg in der einzigartigen Predigt Pseudo-Calixts[5] sowie die Verdammung der ungerecht verlangten Zollabgabe diesseits der Pyrenäen[6] verdeutlichen, wie eng

---

1 Vgl. Kapitel 2., Anm. 15.
2 Vgl. insbesondere Kapitel 4.3.8., S. 110 ff. sowie Kapitel 4.3.9., S. 143-156.
3 Vgl. besonders Kapitel 4.3.7., S. 94-105.
4 Vgl. hierzu Bosl, Mobilität, insbesondere S. 50 f.; Schmugge, Pilgerfahrt macht frei, S. 17 f. und Plötz, Strukturwandel.
5 Kapitel 4.2., besonders S. 71-81.
6 Kapitel 4.3.7., S. 96 f.

Pilgerfahrt und Wirtschaftsleben, ja sogar Gaunerei miteinander verknüpft waren. Natürlich, bei oberflächlicher Lektüre dominiert die religiöse Dimension der Pilgerfahrten, aber gerade die Erforschung des mittelalterlichen Pilgerwesens erlaubt es, die Verschränkung von Religion und sozialer Wirklichkeit, wie sie besonders im Mittelalter bestand, deutlich werden zu lassen.

Deshalb mag es gerechtfertigt sein, auch zum besseren Verständnis und zur angemessenen Wertung der im folgenden Kapitel gebotenen Texte aus dem Jakobsbuch, kurz zu den mittelalterlichen Pilgerfahrten generell Stellung zu nehmen. Einen Vergleich mit ähnlichen Phänomenen anderer Religionsgemeinschaften müssen wir uns hier versagen, zumal bei noch unzureichendem Forschungsstand die Gefahr flacher und oberflächlicher Verallgemeinerungen besteht[7].

Ein Blick in das Lexikon lehrt: unter dem Wort *peregrinus* ist zunächst einmal „der Fremde" zu verstehen, es meint denjenigen, der sein Heil in der Fremde sucht. Von diesem lateinischen Wort leiten sich nicht nur die entsprechenden Begriffe in den romanischen Sprachen ab (z.B. italienisch *pellegrino*, spanisch *peregrino*, französisch *pèlerin*), sondern auch das englische *pilgrim* oder das deutsche „Pilger" sind aus dem Lateinischen übernommene Lehnwörter[8]. Alle diese Bezeichnungen schließen bis heute noch neben der engeren religiösen Bedeutung den ursprünglichen Sinngehalt mit ein.

In der biblischen Tradition gilt Abraham als erster Pilger, der sich zur Suche des verheißenen Landes auf den Weg machte. Auch der Auszug des Volkes Israel aus Ägypten läßt sich so deuten[9]. Im Neuen Testament kann der Weg der Jün-

---

7 Vgl. als einen der ersten Versuche vergleichender religionsgeschichtlicher Betrachtung: M. Simon (Hg.), Les pèlerinages. De l'antiquité biblique et classique à l'occident médiéval (Paris 1973) mit Beiträgen zum Pilgerwesen im antiken Griechenland, zur Mekka-Wallfahrt und zur christlichen Tradition.

8 Vgl. auch zur Entwicklung des deutschen Wortes von *pilikrîn* über *pilgerîn* zu Pilger: J. u. W. Grimm. Deutsches Wörterbuch (Leipzig 1889, Nachdruck München 1984) s.v. Pilger.

9 Gn 12 und Ex 12,37 ff. Hierzu Sigal, Marcheurs, S. 5; Plötz, Peregrini, S. 107-109; Baumer, Wallfahrt als Metapher, S. 55. Vgl. auch Kapitel 4.2. S. 67, wo die Vertreibung Adams aus dem Paradies der „Pilgerschaft" Abrahams vorgeschaltet wird.

ger nach Emmaus als Weg der Heilssuche aufgefaßt werden[10].
Ähnlich gilt das Leben der Juden oder der Christen als
„Pilgerfahrt": der Einzelne als Fremder auf Erden in steter
Suche nach Erlösung. Folglich treffen wir das Wort häufig als
Bezeichnung für das mönchisch-asketische Leben, insbesondere in der Form des im 3. und 4. Jahrhundert verbreiteten Ere-
mitentums[11]. Wenn auch im Mittelalter die ursprüngliche Bedeutung des Wortes zurücktrat, so dürfte sie doch auch noch
im Hochmittelalter lebendig geblieben sein; jedenfalls belegen
dies einige Passagen aus der Predigt *Veneranda dies* im Jakobsbuch, und nicht nur Dante verstand noch unter dem
Pilger ganz allgemein den „Fremden"[12].

Stärker verband sich mit dem Begriff Pilger jedoch die Vorstellung, gleichsam wie Mönche und andere Heilssucher freiwillig ins Exil aufzubrechen oder geschickt zu werden[13]. Dabei konnte sich auch das Ziel konkretisieren, um dem plan-
losen Umherirren entgegenzutreten. Aus dem Wunsch, Christus nachzufolgen, entsprang gleichzeitig das Bedürfnis, auf
den Spuren des Herrn zu wandeln und alle Orte zu besuchen,
an denen der Erlöser leibhaftig zugegen gewesen war. Zudem
suchte man nach Möglichkeiten, um durch einen Akt der
Buße sein Seelenheil trotz der begangenen Sünden zu sichern.
Seit dem Ende des 11. Jahrhunderts wurde solchen Pilgern
auch der Erfolg ihrer Bemühungen vielfach bestätigt; sie
konnten für ihre religiösen Übungen Ablässe erwerben[14].

Schließlich kann noch ein drittes gewichtiges Moment benannt werden, das zur Ausbildung der Pilgerfahrt als Besuch

---

10 Vgl. unten Kapitel 4.2., S. 68 f. mit weiteren neutestamentlichen Passagen und
   Beispielen aus der frühen Kirchengeschichte.
11 Vgl. hierzu Kötting, Peregrinatio religiosa, S. 302-307 und vor allem Leclercq,
   Mönchtum und Peregrinatio; knapper Plötz, Peregrini, S. 109 ff. Allerdings hat
   die Vorstellung vom Leben als Pilgerfahrt noch über diese Zeit bis heute nachgewirkt, wie auch Constable, Monachisme et pèlerinage, für den Zeitraum bis
   ins 12. Jh. nachgewiesen hat. — Zu den Fahrten irischer Mönche auf der Suche
   nach dem verheißenen Land vgl. Löwe, Peregrinatio, S. 328 ff., dort auch
   S. 337 f. zu den Missionaren als *peregrini*.
12 Vgl. Plötz, Peregrini S. 103-107 und Baumer, Wallfahrt als Metapher, S. 56-59.
13 Vgl. unten Kapitel 4.2., S. 67.
14 Noch immer grundlegend N. Paulus, Geschichte des Ablasses im Mittelalter,
   2 Bände (Paderborn 1922-1923) I S. 22 ff. und 132 ff.; knappe Einführung bei
   L. Hödl, Ablaß (Lex. Mittelalter, I Sp. 43-46).

einer bestimmten heiligen Stätte entscheidend beitrug. Seit dem 4. Jahrhundert wurden den Überresten oder Reliquien von Heiligen übernatürliche Kräfte beigemessen[15], was später dann der siebente Kanon des zweiten Konzils von Nizäa (787) indirekt bestätigte[16]. Während man im kirchlichen Westen zur Zeit der Spätantike die Gräber zumeist als unverletzlich respektierte, verbreitete sich im Orient die Sitte, die Leichname zu übertragen oder gar in einzelne Partikel aufzuteilen[17]. Im Okzident führten vor allem die Plünderung der römischen Friedhöfe durch die Ostgoten (537) und die Normanneneinfälle im karolingischen Frankenreich dazu, diese Entwicklung nachzuvollziehen. Auf der Flucht nahm man die Reliquien mit und ließ dem Kloster, das Schutz gewährt hatte, einen Teil des hl. Leichnams zurück[18]. Die Weihe zahlreicher neuer Kirchen vornehmlich in karolingischer Zeit führte zusätzlich zu einem großen Bedarf an Reliquien, um die Altäre mit den Überresten der Heiligen zu versehen. Viele Romreisen hatten den Erwerb von Reliquien zum Ziel[19].

---

15 Zum frühen Reliquienwesen ist trotz der Arbeit von Brown, Cult of Saints, immer noch grundlegend H. Delehaye, Les origines des cultes des martyrs (Brüssel [2]1933); knapper: Kötting, Reliquienverehrung, S. 321-327; Sigal, Marcheurs, S. 25; Herrmann-Mascard, Reliques, S. 26-48; Heinzelmann, Translationsberichte, S. 17-20 und Geary, Saint and Shrine, S. 265-267. Es kann hier nicht auf die umstrittene Frage eingegangen werden, inwieweit Heiligen- und Reliquienverehrung auf den antiken Heroenkult zurückgehen.

16 C.J. Hefele/H. Leclercq, Histoire des Conciles III/2 (Paris 1910) S. 781 f. (mit der Vorschrift des Reliquienbesitzes für jede Kirche). Zur Sache vgl. Fichtenau, Reliquienwesen, S. 66, Nachdruck S. 115. — Für die päpstliche Haltung zum Reliquienwesen spielt wohl der Pontifikat Gregors des Großen (590-604) eine größere Rolle, vgl. Herrmann-Mascard, Reliques, S. 36 ff. sowie eingehender M. McCulloh, From Antiquity to the Middle Ages: Continuity and Change in Papal Relic Policy from the 6th to the 8th Century (Pietas, Festschrift für B. Kötting, 1980, S. 313-324).

17 Vgl. Fichtenau, Reliquienwesen, S. 67, Nachdruck S. 116; Kötting, Reliquienverehrung, S. 324-327; Sigal, Marcheurs, S. 26 f. und Heinzelmann, Translationsberichte, S. 20-22.

18 Vgl. Sigal, Marcheurs, S. 27; Herrmann-Mascard, Reliques, S. 49-70.

19 Vgl. zu den Altarreliquien Heinzelmann, Translationsberichte, S. 25-31 und S. 34 f. — Zu den Romreisen, um römische Reliquien zu erwerben, vgl. z.B.: W. Hotzelt, Translationen von Märtyrerreliquien von Rom nach Bayern (Studien und Mitteilungen des Benediktinerordens 53/1935, S. 286-343) und ders., Translationen römischer Reliquien ins Elsaß (Archiv für elsässische

Manchmal zeigte auch der Heilige selbst den Weg zur Auffindung seiner Gebeine; so erschien laut dem Bericht des *Pseudo-Turpin* Jakobus dem König Karl dem Großen und wies ihn an, dem Sternenweg zu folgen. An dessen Ende werde er dann das bisher nicht entdeckte Jakobsgrab finden[20]. Da jedoch nicht immer Reliquien als Geschenk zu erhalten oder selbst zu finden waren und es zudem an besonders „wirksamen" Reliquien stets mangelte, entwickelte sich ein eigener Handelszweig für den Kauf und Vertrieb von Reliquien[21], gegen den schließlich das Laterankonzil von 1215 einzuschreiten versuchte[22].

Zuweilen konnte auch der Handel nicht die gewünschten Leichname oder Teile davon beschaffen; so blieb manchmal nur der Weg des Diebstahles, den viele Zeitgenossen entschuldigend als „frommes Vergehen" bezeichneten[23]. Man rechtfertigte diese Vorgehensweise z.B. mit Hinweisen wie: der Heilige selbst habe um Ortswechsel gebeten, oder: er hätte sich ja gegen seinen Abtransport wehren können[24]. Als ein solches Selbstbestimmungsrecht des Heiligen ist auch die Bemerkung im Pilgerführer zu verstehen, König Philipp I. von Frankreich (1060-1108) habe vergeblich versucht, hl. Leichname nach Nordfrankreich zu überführen[25].

Kirchengeschichte 16/1943, S. 1-18); knapper und nicht immer ganz exakt Herrmann-Mascard, Reliques, S. 58-61.

20 Hämel, Pseudo-Turpin, S. 41 f. Vgl. auch Kapitel 4.3.8., S. 98, allgemein zur Sache: Fichtenau, Reliquienwesen, S. 65, Nachdruck S. 113 f. und Geary, Saint and Shrine, S. 268.

21 Vgl. hierzu Silvestre, Commerce et vol, S. 722-731 (mit Betonung des Aspektes, inwieweit die Kirche Reliquienhandel erlaubte); Fichtenau, Reliquienwesen, S. 76 f., Nachdruck S. 128 f.; Herrmann-Mascard, Reliques, S. 339-363.

22 Canon 62 (Conciliorum oecumenicorum decreta, 1962, S. 239 f.), deutsch bei R. Foreville, Lateran I-IV (Mainz 1970) S. 439 f. Hierzu: Herrmann-Mascard, Reliques, S. 348 mit Korrektur der Deutung von Silvestre, Commerce et vol, S. 727-731, der die Passage so interpretiert hatte, als werde die Ausstellung der zum Verkauf angebotenen Reliquien verboten.

23 Vgl. Silvestre, Commerce et vol, S. 731-739; Herrmann-Mascard, Reliques, S. 364-402 und Geary, Thefts of Relics, mit instruktiven Beispielen. Vgl. auch Kapitel 4.3., S. 115 mit Anm. 157.

24 Vgl. zu solcher Wehr des Heiligen Kapitel 4.3.8., S. 113 und S. 150. Einige gängige theologische Begründungen für fromme Vergehen gibt Schreiner, Wahrheitsverständnis, S. 166-168. — Umgekehrt zeigte z.B. der hl. Adalbert sein Einverständnis zu einer Translation dadurch an, daß sich sein Sarg leicht anheben ließ, vgl. Fichtenau, Reliquienwesen, S. 73, Nachruck S. 123.

25 Vgl. Kapitel 4.3.8., S. 113.

Wie auch das 8. Kapitel des Pilgerführers dokumentiert, läßt sich bei den Streitigkeiten zwischen zwei Kultstätten nicht immer entscheiden, ob ein Diebstahl die konkurrierenden Ansprüche verschiedener Zentren begründete[26], jedoch ließ oftmals der bloße (wenn auch teilweise erfundene) Bericht vom unrechtmäßigen Reliquienerwerb die Echtheit glaubwürdiger erscheinen[27]. Manchmal mag auch der Name eines unbedeutenden Heiligen in denjenigen eines größeren — wissentlich oder unwissentlich — umgedeutet worden sein. So wird z.B. im Pilgerführer kritisch vermerkt, in Corbigny verehre man die Reliquien des hl. Leotard widerrechtlich unter dem Namen des hl. Leonhard. Interessant bleibt bei der Lektüre dieser Passage: Die größere Kraft besitzt nach Ansicht des Verfassers der hl. Leonhard, denn er bewirkt auch am „falschen Ort", nämlich in Corbigny, die zahlreichen Wunder[28].

Bereits aus diesen Streitigkeiten ist zu ersehen, welch großen Wert man den heiligen Leichnamen beimaß. Sie verschafften Schutz, Hilfe, Ansehen, Macht; ja mit dem Besitz von Reliquien wurden mehr als einmal politische Ansprüche legitimiert und durchgesetzt[29]. Auch die kirchenpolitisch und politisch folgenreiche Erhebung Compostelas zum Erzbistum zählt hierzu[30]. Zudem brachten sie ihrem Besitzer oft wirtschaftliche Vorteile. Hierin sah bereits der Verfasser des Pilgerführers den Grund für die erwähnte, angeblich widerrecht-

---

26 Vgl. ebenda.
27 Dieser Aspekt wurde besonders von Silvestre, Commerce et vol, S. 235-238 hervorgehoben, vgl. ferner Fichtenau, Reliquienwesen, S. 77, Nachdruck S. 129 f. und Geary, Thefts of Relics, S. XI.
28 Vgl. Kapitel 4.3.8., S. 118 f.
29 Vgl. einige Beispiele bei Fichtenau, Reliquienwesen, S. 71 f., Nachdruck S. 121 f. und bei Heinzelmann, Translationsberichte, S. 31-39, besonders S. 35 ff. — Wie sehr man die Hilfe der Heiligen einplante, erwartete, ja sogar erzwang, beweisen Berichte darüber, wie man Reliquien erniedrigte oder gar gewaltsam gegen sie vorging, weil sie die erbetene Hilfe verweigert hatten, vgl. Geary, Humiliation, und ders., Coercition.
30 Die spannende Vorgeschichte berichtet vor allem Hist. Comp. II 1-3 (ES XX S. 251-259) und II 15-19 (ES XX S. 285-297), wo die Hinweise auf die Apostelreliquien neben den begleitenden Geldgeschenken an Kurie und Papst eine zentrale Rolle spielen. Vgl. zur Sache zuletzt Vones, Hist. Comp., S. 271-473 sowie Kapitel 4.3.9. mit Anm. 374.

liche Namensänderung von Leotard in Leonhard in Corbigny[31].

Der Bedeutung entsprechend wurden auch die Behältnisse, die Reliquien aufnahmen, immer aufwendiger ausgestattet. Nicht nur aus künstlerischem Interesse wird der Aegidius-Schrein so ausführlich im V. Buch des *Liber Sancti Jacobi* hervorgehoben[32]. Die Behältnisse selbst erreichten im Laufe der Zeit den Charakter von Reliquien; so schreckte man vor der Zerstörung eines alten Schreins zurück[33].

Weil es an Reliquien stets mangelte und selbst die Teilung der Gebeine nicht unbegrenzt Abhilfe schaffen konnte, suchte man nach neuen Möglichkeiten und erfand die zahlreichen indirekten Reliquien, die ununterbrochen geschaffen werden konnten, indem man z.B. das Heiligtum mit Tüchern berührte. Aber nicht nur diese „Berührungsreliquien", sondern auch Erde aus dem Heiligen Land, Holz vom Kreuzesstamm oder von den Ölbergbäumen, das heruntergetropfte Wachs der am Heiligtum brennenden Kerzen waren als Verehrungsobjekte äußerst beliebt[34]. Eine Mittelstellung zwischen diesen indirekten und den eigentlichen Reliquien nahmen z.B. Blut oder andere Flüssigkeiten ein, die zeitweise aus einem hl. Leichnam oder dessen Grab heraustraten und den Gläubigen in Flaschen verkauft wurden[35]. Auch das heute noch in Lourdes in den verschiedensten Behältnissen verkaufte Grottenwasser steht in dieser Tradition[36]. Vor allem die indirekten Reliquien

---

31 Vgl. Kapitel 4.3.8., S. 118. Allgemein zur wirtschaftlichen Bedeutung Heinzelmann, Translationsberichte, S. 39-41.
32 Vgl. Kapitel 4.3.8., S. 110-112.
33 Vgl. Sigal, Marcheurs, S. 29.
34 In engem Zusammenhang mit der Entstehung dieser Art von Reliquien steht auch die ältere päpstliche Haltung, keine römischen Reliquien weiterzugeben. Gregor der Große unterschied dann zwischen den *corpora* selbst und Berührungsreliquien, für die er andere Bezeichnungen, insbesondere *benedictiones*, verwendete, vgl. J.M. McCulloh, The Cult of Relics in the Letters of Pope Gregory the Great. A Lexicographical Study (Traditio 32/1976, S. 145-184) und allgemein Kötting, Reliquienverehrung, S. 327-334; Herrmann-Mascard, Reliques, S. 42-48 sowie Heinzelmann, Translationsberichte, S. 22 f.
35 Vgl. Sigal, Marcheurs, S. 32 und Herrmann-Mascard, Reliques, S. 48 f. Ähnlich sind wohl auch die im Pilgerführer erwähnten Blutspuren des hl. Honorat einzuordnen, Kapitel 4.3.8., S. 106.
36 Vgl. die 1984 in München ausgestellten Behältnisse, die im Katalog: Wallfahrt kennt keine Grenzen (München 1984) mit n. 449-451 verzeichnet sind.

boten denn auch Kritikern des Reliquienwesens einen will-kommenen Anlaß, nicht nur theoretisch, sondern auch mit konkreten Beispielen gegen Betrug und Geschäftemacherei im Reliquienhandel zu Felde zu ziehen. So bemerkte der franziskanische Wanderprediger Bernhardin von Siena: *So zeigt man auch viele Stücke vom Holz des Kreuzes Christi; sechs Paar Ochsen vermöchten die Last nicht zu ziehen, wenn man alle zusammenfügte. Das ist das Machwerk von Betrü-gern*[37]. Der Humanist Erasmus von Rotterdam (1465/66-1536) glaubte sogar, *daß vermutlich ein ganzes Lastschiff voll zusammenkäme, wenn man die Partikel alle auf einen Haufen zusammenbrächte*[38].

Für die meisten gläubigen Menschen des Mittelalters galten jedoch die jeweiligen Reliquien als echt, wenn sie Wunder be-wirkten; deshalb lockten neben dem Wunsch nach Selbstheili-gung vor allem die Wunderberichte zahlreiche Pilger auf den Weg[39].

Die Heilung von Körper und Seele als Lohn für den Besuch an einer Kultstätte wird auch entsprechend im *Liber Sancti Jacobi* immer wieder hervorgehoben, im Pilgerführer bei der Beschreibung der Heiligtümer unterwegs[40], jedoch ganz be-sonders bei der Lobeshymne auf seine hauptsächliche Vereh-rungsstätte, Santiago de Compostela[41].

---

37 Übersetzter Text in den Predigtproben (S. 177-294) bei K. Hefele, Der hl. Bernhardin von Siena und die franziskanische Wanderpredigt in Italien wäh-rend des XV. Jahrhunderts (Freiburg im Br. 1912) S. 258, vgl. auch Schreiner, Discrimen veri ac falsi, S. 38.
38 Erasmus, Opera omnia, I,3 S. 478, hier nach der Übersetzung: Vertraute Ge-spräche, S. 101, vgl. auch Schreiner, Discrimen veri ac falsi, S. 38.
39 Dementsprechend gewannen auch die in fast jedem Kultzentrum verfaßten Wunderbücher außerordentliche Bedeutung (so auch das II. Buch des *Liber Sancti Jacobi*). Zur Bedeutung der Wunder vgl. Finucane, Miracles sowie Ward, Miracles. Die Auswertung der mittelalterlichen Mirakelliteratur – vor allem auch in sozial- und mentalitätsgeschichtlicher Hinsicht – hat in den letzten Jahren deutlich zugenommen, vgl. jetzt als ersten Versuch einer Synthese P.A. Sigal, L'homme et le miracle (Paris 1985) sowie den bei Herbers, Jakobuskult, S. 108-110 gegebenen Bericht über bisherige Ansätze. Jüngst auch N. Ohler, Zuflucht der Armen. Zu den Mirakeln des heiligen Anno (Rheinische Viertel-jahresblätter 48/1984, S. 1-33) und ders., Alltag im Marburger Raum zur Zeit der heiligen Elisabeth (Archiv für Kulturgeschichte 67/1985, S. 1-40).
40 Vgl. Kapitel 4.3.8., S. 105-132.
41 Vgl. Kapitel 4.3.9., S. 158.

Bisher war hauptsächlich von freiwilligen, aus Verehrung unternommenen Pilgerfahrten die Rede, die sich in Bitt- und Dankwallfahrten scheiden lassen. Die Wundergeschichten im II. Buch des *Liber Sancti Jacobi* lassen beide Typen deutlich erkennen; so motivierten körperliche oder andere Gebrechen häufig zu einer Bittwallfahrt; bereits durch Wunder Beglückte brachen auf, um dem Heiligen zu danken, vielfach um ein Gelübde zu erfüllen[42]. Diesen freiwillig unternommenen Pilgerfahrten läßt sich der Typus der von kirchlichen oder gar weltlichen Instanzen verordneten Buß- oder Strafwallfahrt gegenüberstellen, der vor allem im Spätmittelalter zunehmend gebräuchlich wurde und nicht ganz zu Unrecht auch als „Sozialhygiene" bezeichnet worden ist[43]. Entsprechend heißt es schon in den *Siete Partidas,* einem spanischen Rechtsbuch aus dem späten 13. Jahrhundert, eine Pilgerfahrt könne in dreifacher Weise angetreten werden: freiwillig, aufgrund eines Gelübdes und als Strafe[44]. Die uns bekannten Wallfahrten einzelner Pilger lassen sich allerdings nur selten einem dieser Typen ausschließlich zuordnen. Schon der im Spätmittelalter häufige Delegationspilger, der anstelle eines anderen oder im Auftrag einer Gruppe — freiwillig oder gezwungenermaßen — reiste, entzieht sich dieser Systematik[45]. Ebenso fällt es

---

42 Es gibt bisher kein zusammenfassendes deutschsprachiges Werk zu den Pilgerfahrten. Der Katalogband: Wallfahrt kennt keine Grenzen, vereint allerdings Einzelstudien zu allen wichtigen Aspekten. Ohne Anspruch auf Vollständigkeit sei auf einige weitere neuere Veröffentlichungen verwiesen: Roussel, Pèlerinages; Sigal, Marcheurs; Oursel, Pèlerins; Sumption, Pilgrimage; aus anthropologischer Perspektive Turner, Image and Pilgrimage. — Der Sammelband: Le pèlerinage (Cahiers de Fanjeaux 15/1980) vereint Beiträge zum Pilgerwesen in Südfrankreich zur Zeit des 13./14. Jh. — Zur Jakobuswallfahrt ist unentbehrlich Vázquez/Lacarra/Uría, Peregrinaciones; nützlich auch immer noch King, Way. An neueren Überblicken sind u.a. zu verzeichnen: die in dem Themenheft Saint-Jacques de Compostelle (Les dossiers de l'archéologie 20/1977) vereinten Beiträge sowie Mullins, Pilgrimage; Layton, Way; Davies, Holy Days; vgl. auch S. 9 mit Anm. 7.

43 Der von Runciman stammende Ausdruck wurde u.a. von Schmugge, Pilgerfahrt macht frei, S. 27 und Plötz, Strukturwandel, S. 139 aufgegriffen. — Vgl. allgemein zur Bußwallfahrt Vogel, Pèlerinage pénitentiel; Herwaarden, Opgelegde Bedevaarten; knapper Sigal, Marcheurs, S. 16-25 und ders., Types, S. 80 f. — Zur Zunahme der Strafwallfahrten im Spätmittelalter vgl. S. 50.

44 Las siete Partidas del Rey Alfonso el Sabio I 24, lex 1 (Madrid 1807) I S. 497; vgl. weitere Definitionen bei Vázquez/Lacarra/Uría, Peregrinaciones, I S. 119.

45 Vgl. zu diesem Typus mit seinen Varianten Mieck, Wallfahrt, S. 506-508.

schwer, genauer einzuschätzen, welche Bedeutung „außerreligiösen" Punkten wie Reiselust, Fernweh, akuten Sorgen in der Heimat und wirtschaftlichen Motiven beim Entschluß zu einer Pilgerfahrt zukamen[46]. Wir erfahren zwar aus einer Wundergeschichte des *Liber Sancti Jacobi*, daß eine Familie wegen einer Pestepidemie im Poitou nach Compostela aufbrach[47], wir wissen ferner über die Pilgerreise des Erzbischofs Hugo von Reims (wahrscheinlich 961), die dieser auch antrat, um seiner erneuten Exkommunikation auf einem Konzil von Pavia zu entgehen[48]. Mit Sicherheit gewannen jedoch die „außerreligiösen" Motive im Spätmittelalter größeres Gewicht; Pilgerfahrten als Zeitvertreib oder aus Prestigedenken waren seit dem 14. Jahrhundert zwar nicht die Regel, nahmen jedoch deutlich zu[49]. Im Hochmittelalter scheinen diese Gründe zumeist — jedoch nicht immer — den religiösen Impetus unterstützt zu haben. *Peregrinatio* bedeutete vor allem ein *notvolles Durchziehen einer fremden und gefährlichen Welt*, ein bewußtes Heraustreten aus den eigenen und gewohnten Raum-Zeit-Vorstellungen[50]; die Fremde galt eher als Bedrohung denn als Objekt zur Befriedigung der eigenen Neugierde. Dies belegen auch die Empfehlungen der Predigt *Veneranda dies* zur Vorbereitung der Reise, deren glückliches Ende mehr als ungewiß war[51]. Noch mehr verdeutlicht dies die Schilderung der fremden Völker im Pilgerführer[52], deren kulturelle Leistungen nicht gleichberechtigt neben den eigenen Standort treten, sondern ihm untergeordnet blieben[53], so daß

Georges, Pèlerinage, S. 15 schlägt deshalb vor, in „pèlerins par condamnation, par dévotion et par délégation" einzuteilen.

46 Vgl. z.B. die gegenüber Schmugge, Pilgerfahrt macht frei, S. 30 für das Hochmittelalter eher reservierte Einschätzung von Plötz, Strukturwandel, S. 136 f.; gleichwohl lassen sich auch seit dem 11. Jh. bereits Ansätze einer „Reisesehnsucht in religiösem Gewand" feststellen, vgl. Bosl, Mobilität, S. 51 f.

47 Whitehill, Liber, S. 268.

48 Die Belegstellen bei Vázquez/Lacarra/Uría, Peregrinaciones, I S. 44 f. Zur Synode von Pavia vgl. J.F. Böhmer/H. Zimmermann, Papstregesten, n. 307.

49 Vgl. zusammenfassend Mieck, Wallfahrt, S. 500-502.

50 Kriss-Rettenbeck/Illich, Homo viator, S. 14 f.

51 Vgl. Kapitel 4.2., S. 70. Zahlreich sind auch die Testamente, die vor Abreise oder sogar auf dem Weg gefertigt wurden, vgl. Valiña Sampedro, Camino, S. 58-64.

52 Vgl. Kapitel 4.3.7., S. 95 und S. 102.

53 Vgl. ebenda S. 105 mit Anm. 105, wo die eigene Herkunft Maßstab und Beurteilungskriterien darstellt. Ansätze zu einer differenzierteren Beschreibung

man den Pilgerfahrten sogar die Förderung nationaler Vorurteile vorgeworfen hat[54]. Streng genommen fügten sich somit das Erlebnis fremder Völker und die Schau überwältigender Kunstwerke insgesamt in die religiöse Zielsetzung ein. Die Schönheit der Kathedrale von Compostela ist Sinnbild für das Glück und die Freude des Pilgers am Ende seiner Reise[55], nach dem Verlassen der vertrauten Raum-Zeit-Konstellation hat er schließlich den heiligen Raum als Ziel erreicht[56].

Außerreligiöse Motivationen für den Vollzug von Pilgerfahrten in eine theologische Gesamtschau einzubeziehen, entsprach jedoch wohl auch Ziel und Absicht der meisten Quellen und insbesondere des Pilgerführers, mit denen man vornehmlich Pilgerfahrten als religiöse Unternehmen fördern wollte. Gleichwohl deutet alles darauf hin, daß unter dem Mantel der Religion im Mittelalter vielfältige Bedürfnisse Platz fanden, ja Teil von ihr wurden; so mag sogar der bis hierher verwendete Ausdruck „außerreligiös" problematisch erscheinen. Selbst dort, wo man den geschäftsmäßigen Kaufmann im Pilgergewand vermutet, lassen sich Religion und Ökonomie nicht immer eindeutig trennen. So heißt es in einem Zolltarif von Jaca und Pamplona aus der Zeit von 1076-1094 nach der Aufzählung der Zollgebühren für verschiedene Produkte, Pilger seien von Abgaben frei, bei Pilgerkaufleuten *(romei mercatores)* solle man schätzen, was für den Hin- und Rückweg benötigt werde, und den Rest verzollen[57]. Gewiß, Pilger- und Handelsfahrt zu verbinden entsprach ökonomischem Geschick und Vorteilsdenken; warum sonst sollten spätmittelalterliche niederländische Quellen verbieten, dies bei Strafwallfahrten zu tun[58]. Aber auch umge-

S. 102 f. mit Anm. 92. Allgemein zu dieser Problematik Löwe, Peregrinatio, und demnächst F.J. Hassauer-Roos, Das historische Wissen und die Faszination des Reisens (Grundriß der romanischen Literaturen des Mittelalters XI) (in Vorbereitung).

54 L. Schmugge, Über „nationale" Vorurteile im Mittelalter (Deutsches Archiv für Erforschung des Mittelalters 36/1982, S. 439-459) S. 449.

55 Vgl. Kapitel 4.3.9., S. 140 mit Anm. 283.

56 Vgl. Kriss-Rettenbeck/Illich, Homo viator, S. 15.

57 J.M. Lacarra, Un arancel de aduanas del siglo XI (Zaragoza 1950) S. 19 f. Abgedruckt auch bei Vázquez/Lacarra/Uría, Peregrinaciones, III S. 109; vgl. Herbers, Jakobuskult, S. 188.

58 Vgl. L.Th. Maes, Mittelalterliche Wallfahrten nach Santiago de Compostela

kehrt: entsprach es nicht auch religiösen Befürfnissen, bei einer Handelsreise ebenso ein Pilgerzentrum zu besuchen[59]?

Auch ein kurzer Blick auf die Organisation von Pilgerfahrten, insbesondere derjenigen nach Santiago de Compostela, verdeutlicht, wie schwer religiöses und gesellschaftliches Leben im Mittelalter zu trennen sind. Fernwallfahrten bedurften eines Minimums an Organisation; ja hierin lag neben dem Ruf eines Heiligen überhaupt das Geheimnis zum Erfolg. Compostela zählte wie erwähnt neben Rom und Jerusalem zu den drei mittelalterlichen Fernwallfahrtszentren[60]; indirekt stellt der Pilgerführer im 4. Kapitel mit der Nennung der drei bedeutendsten Hospize der Welt die Santiagowallfahrt gleichberechtigt neben diejenigen nach Jerusalem und Rom[61].

Die für eine so lange Reise unentbehrliche Versorgung der Pilger unterwegs wurde zunächst vornehmlich von kirchlichen Institutionen, insbesondere den Klöstern, organisiert[62]. Dabei gehörte es seit der Karolingerzeit zur Aufgabe der allgemeinen Armenfürsorge, sich auch der Pilger anzunehmen[63]. Es ist bereits darauf hingewiesen worden, inwieweit Tochterklöster der Klostergemeinschaft von Cluny, später auch Kanonikerstifte und andere Orden sich entlang des Jakobsweges seit dem 11. Jahrhundert verstärkt der Pilger annahmen[64]. Am Santiagopilgerweg sind neben den von kirchlichen Gemeinschaften unterhaltenen Hospizen noch als Besonderheit die *salvitates* eigens hervorzuheben, Neusiedlungen, die vornehmlich

---

und unsere Liebe Frau von Finisterra (Festschrift G. Kisch, Stuttgart 1955, S. 99-118) S. 113.

59 So läßt sich jedenfalls der Anm. 57 zitierte Zolltarif auch interpretieren.

60 Vgl. Kapitel 1 Anm. 15.

61 Vgl. unten Kapitel 4.3.4., S. 90. Nur ergänzend kann hier auf die Ausbildung besonderer rechtlicher Vergünstigungen für Pilger verwiesen werden, vgl. Vázquez/Lacarra/Uría, Peregrinaciones, I S. 255-279; Garrison, Pèlerins et leur condition juridique; Valiña Sampedro, Camino, S. 17-89 und Gilles, Lex peregrinorum.

62 Vgl. Vázquez/Lacarra/Uría, Peregrinaciones, I S. 281-299; Jetter, Spanien, S. 119-136 (zu Hospitälern der Cluniazenser in Spanien); neuerdings Schmugge, Pilgerverkehr, besonders S. 39-41 sowie ausführlicher ders., Anfänge (1984), zu Hospitälern am Jakobsweg S. 12-18 und S. 21-27.

63 Vgl. Schmugge, Pilgerverkehr, S. 39 f. und ders., Anfänge, S. 4-8.

64 Vgl. Kapitel 2, S. 25 f. mit Anm. 22-25. Allgemein zu den Pilgerhospitälern am Jakobsweg ist Jetter, Spanien, S. 79-100 zu vergleichen (allerdings nicht immer ganz zuverlässig).

zum Schutz von Pilgern und Kaufleuten angelegt wurden[65]. Als besonders bedeutsam verdienen die Hospitäler an den Gebirgspässen wie von Roncesvalles und vom Somport erwähnt zu werden[66], welche die Schwierigkeiten einer Reise erheblich erleichterten. Ähnliches gilt für den Bau von Brücken, die den Pilger von den oft unzuverlässigen Fährleuten[67] unabhängig machten. Ein eigenes kurzes Kapitel im Pilgerführer[68] lobt die Straßen- und Brückenbauer, die am Anfang des 12. Jahrhunderts wirkten.

Allerdings darf man nicht übersehen, wenn in Anlehnung an das erste Kapitel des Pilgerführers oft von „den Pilgerwegen" oder „-straßen" gesprochen wird, daß Pilger grundsätzlich zunächst den ohnehin vorhandenen und vielfältig genutzten Straßen folgten[69]. Zudem wird neben den im Pilgerführer genannten Orten und zum Besuch empfohlenen Heiligtümern[70] im französischen Raum eine breite Palette unterschiedlicher Wege bestanden haben[71]. Die vier Ausgangspunkte der „Pilgerwege" wurden vom Verfasser wohl als Anfangsorte gewählt, weil hiermit die vier bedeutendsten Verehrungszentren Frankreichs genannt waren[72], und auch bei seinen

65 Vgl. Ch. Higounet, Les chemins de Saint-Jacques et les sauvetés de Gascogne (Annales du Midi 63/1951, S. 293-304); aus wirtschaftsgeschichtlicher Sicht (Wallfahrt und Markt) vgl. Ennen, Stadt und Wallfahrt, S. 1062, Nachdruck S. 244 f. (mit Reproduktion der Karte von Higounet auf S. 246). Zu den Städten am Pilgerweg in Navarra und Kastilien neuerdings, Passini, Villes médiévales, mit Kapiteln zu allen bedeutenden Städten am Pilgerweg.
66 Vgl. Kapitel 4.3.4., S. 90; allgemein Jetter, Spanien, S. 89 f. und Schmugge, Pilgerverkehr, S. 44-46.
67 Vgl. Kapitel 4.3.5., S. 91 sowie Kapitel 4.3.7., S. 95 f.
68 Vgl. Kapitel 4.3.5., S. 91.
69 Vgl. zur Kritik an den oft impliziten Voraussetzungen von „Pilgerstraßen" in der bisherigen Forschung Georges, Pèlerinage, S. 167; Cohen, In the Name of God, S. 96, die ihre Darlegungen 1980 erweitert vorlegte: dies., Roads, besonders S. 322-324. Vgl. ferner Herbers, Jakobuskult, S. 174.
70 Vgl. insbesondere Kapitel 4.3.1. und 4.3.2.
71 Vgl. Georges, Pèlerinage, S. 168-170; Cohen, In the Name of God, S. 98; dies., Roads, besonders S. 32 und Oursel, Pèlerins, S. 170-174 mit eindrucksvollen Karten mit Wegvarianten. Um eine genauere Erschließung der tatsächlich befolgten Wege bemüht sich auch das in Paris ansässige „Centre d'Etudes Compostellanes"; vgl. neben den fortlaufend in der Zeitschrift „Compostelle" publizierten Detailergebnissen die Veröffentlichungen von Treuille, Variante, mit Karte auf S. 100 und von Jugnot, Du Velay aux Pyrénées.
72 Vgl. Oursel, Pèlerins, S. 168 f.; La Coste-Messelière, Importance, S. 466 f. und

Empfehlungen für den Besuch bestimmter Kultstätten im 8. Kapitel sucht der Verfasser gezielt vor allem Märtyrergräber aus, während Marienheiligtümer völlig fehlen. Offensichtlich kannte er auch die Straßen von Tours und von St-Gilles besser als die anderen „Pilgerstraßen” in Frankreich[73]. Seine Wegbeschreibung für den spanischen Abschnitt zielt stärker auf praktische Hinweise. Sie liefert für die Planung einer Pilgerreise wesentlich genauere Hinweise; die dreizehn Etappen des zweiten und die genannten Orte im dritten Kapitel bieten eine ausreichende Grundlage, um den Pilgerweg genau zu rekonstruieren, der ja im Spanischen auch bezeichnenderweise *camino francés* (französischer Weg) heißt. Allerdings, ca. 600 km in 13 Tagesreisen zurückzulegen, ergibt eine Tagesleistung von knapp 50 km. Sollte man deshalb vielleicht beim Verfasser des Pilgerführers propagandistische Absichten vermuten, der die Reise kürzer als in Wirklichkeit erscheinen lassen wollte[74]? Dies ist durchaus wahrscheinlich, zumal auch außerhalb der genannten Etappenorte Hospize nachweisbar sind[75].

Nur am Rande kann hier auf die „Pilgerstraßen” nordöstlich des heutigen Frankreich hingewiesen werden. Da einschlägige Quellen für diese Gebiete wesentlich weniger reich fließen, lassen sich lediglich aus der Verbreitung der Jakobuspatrozinien, aus dem anderweitig belegten Straßennetz sowie aus der Kenntnis einzelner im späteren Mittelalter eingeschlagener Reiserouten einige vorläufige Rückschlüsse ziehen. Während Pilger aus dem Norden und dem nördlichen Mitteldeutschland wohl hauptsächlich über Köln/Aachen (Niederstraße), zuweilen auch über das Moseltal Anschluß an die Wege von Paris/Tours bzw. Vézelay oder St-Gilles suchten, folgten diejenigen aus dem südlichen Mitteldeutschland und

Cohen, Roads, S. 327-330, die zurecht betont, daß die Benutzung der Straßen ursächlich mit dem Erfolg der an ihr liegenden Kultstätten verbunden war.

73 Vgl. die unterschiedliche Ausführlichkeit der im 8. Kapitel behandelten Heiligtümer innerhalb Frankreichs: Weg von St-Gilles S. 105-115, Weg von Le Puy S. 115-116, Weg von Vézelay S. 116-121, Weg von Tours S. 121-131.

74 Vgl. Kapitel 4.3.2., S. 87 f. Zur propagandistischen Absicht Vázquez/Lacarra/Uría, Peregrinaciones, I S. 213 und Bottineau, Chemins, S. 77 f.

75 Dem Nachweis aller Etappen und Etappenorte ist der gesamte II. Band von Vázquez/Lacarra/Uría, Peregrinaciones (mit detaillierter kartographischer Dokumentation), gewidmet.

aus dem oberdeutschen Raum der Straße über Einsiedeln/
Genf ins Rhônetal (Oberstraße)[76]. Von dort schlugen wohl
viele Pilger die Straße von Le Puy ein, wie der Pilgerführer am
Rande vermerkt[77]. Daneben ist besonders für den Norden
Deutschlands auf die oftmals per Schiff unternommenen Pil-
gerfahrten zu verweisen[78].

Der stete Aufschwung und die Zunahme von Pilgerfahrten
seit dem 11. Jahrhundert, als deren Ursache hier nur stich-
wortartig die Bevölkerungszunahme, technische Neuerungen
und der in vielen Bereichen feststellbare soziale Wandel hervorgehoben werden können[79], brachten es jedoch auch mit
sich, daß neben die Institutionen kirchlicher Fürsorge auch
gewerbliche Einrichtungen traten. Die Passagen aus der Predigt *Veneranda dies* im *Liber Sancti Jacobi*, die vornehmlich
den Betrug der Wirte, Krämer und Händler anprangern, beweisen auch, daß sich bereits in der ersten Hälfte des 12. Jahrhunderts verschiedene Gewerbezweige berufsmäßig der Pilger
annahmen[80]. Das Jakobsbuch verurteilt vor allem die Aus-
wüchse dieses Pilgergewerbes; die Berechtigung der Kritik
geht auch aus den Beschlüssen eines Compostelaner Konzils
von 1130 hervor, die gegen Betrug unmißverständlich Stellung bezogen[81]. Die Interessenlage dürfte klar sein, mußte
man doch in Compostela einen Rückgang der Pilgerbewegung

76 Vgl. die Bemerkungen von Hüffer, Jakobusverehrung, S. 132 und von Hell,
   Wallfahrt, S. 269-273. Nützlich für die Auswirkungen des Jakobuskultes im
   Römisch-Deutschen Reich allgemein Hüffer, Sant'Jago, besonders S. 59-65
   und 72-83.
77 Vgl. Kapitel 4.2.8., S. 115, wo Deutsche zusammen mit den Burgundern erwähnt werden. Hierzu skeptisch, insbensondere für das späte Mittelalter:
   Cohen, Roads, S. 327.
78 Vgl. für die deutschen Pilgerschiffe B. Heyne, Von den Hansestädten nach Santiago. Die große Wallfahrt des Mittelalters (Bremisches Jahrbuch 52/1972,
   S. 65-84); die Pilgerwege für Nordfrankreich und Belgien sind vorzüglich aufgearbeitet von Georges, Pèlerinage, S. 170-183.
79 Klassisch formuliert von M. Bloch, La société féodale (Paris 1939) S. 97 und
   besonders S. 111-114 als „Wirtschaftsrevolution des zweiten Feudalzeitalters".
   Zu den Konsequenzen in unserer Hinsicht vgl. Bosl, Mobilität, insbesondere
   S. 50 f.
80 Vgl. Kapitel 4.2., besonders S. 71-80; hierzu zuletzt Schmugge, Pilgerverkehr, S. 55 f., der gegen Peyer darauf hinweist, daß die berufsmäßige Beherbergung und Beköstigung am Santiagoweg wohl früher als anderswo greifbar ist.
81 Hist. Comp. III 33 (ES XX S. 534 f.), vgl. Schmugge, Pilgerverkehr, S. 55 und
   Herbers, Jakobuskult, S. 187 f.

fürchten, der indirekt wieder auf Reichtum und Ansehen der Kathedrale und auf die Einnahmen aus dem Pilgergewerbe zurückgewirkt hätte.

Zur Organisation der Pilgerfahrten gehörte es weiterhin, Kirchen zu schaffen, die sich für liturgische Feiern mit großen Pilgerscharen eigneten. In der zweiten Hälfte des 11. Jahrhunderts wurde eine Reihe von größeren Kirchen am Pilgerweg gebaut, die einander sehr ähneln und welche die Kunsthistoriker unter dem Begriff „Pilgerbasiliken" zusammenfassen[82]. Hierzu zählen Ste-Foy de Conques, St-Martial de Limoges, St-Sernin de Toulouse, St-Martin de Tours und die Kathedrale von Santiago de Compostela[83]. Man glaubte, eine gegenseitige Beeinflussung bei der Errichtung dieser sakralen Bauten annehmen zu können, heißt es doch schon im Pilgerführer, die Basilika von Tours sei *nach dem Abbild der Jakobuskirche in Compostela erbaut* worden[84].

Allerdings deutet man neuerdings die Ähnlichkeiten aller Kirchen eher aus ihrer Funktion als Sakralbauten, in denen zahlreichen Pilgern der Zugang zum Heiligtum erleichtert werden konnte[85]. Die gegenüber früheren Kirchen zusätzlichen Seitenschiffe und der Umgang an der Apsis erlaubten es, die Menschenmassen zu lenken; die überdies eingerichtete zweite Etage schuf zudem Platz und ermöglichte gute Sicht. Der entsprechende Abschnitt im 9. Kapitel des Pilgerführers vermittelt einen Eindruck davon, wie ein Zeitgenosse diese

82 Die kunsthistorische Literatur hierzu ist fast unübersehbar, stellvertretend sei auf die beiden wichtigsten Verfechter dieser Theorie verwiesen: E. Mâle, L'Art religieux du XIIe siècle en France (Paris 1922) und das monumentale, zehnbändige Werk von Porter, Romanesque Sculpture. Für den deutschsprachigen Laien sind vielleicht die kurzen Hinweise des Führers von Domke, Frankreichs Süden S. 299 f., Bernoulli, Conques, S. 77-91 und Sauerländer, Sainte-Foy, besonders S. 37, am ehesten lesenswert. Außerdem enthalten auch die im Literaturverzeichnis zitierten Werke zur Jakobuswallfahrt zumeist einschlägige Abschnitte.

83 Heute bestehen nur noch die Kirchen in Conques, Toulouse und Compostela. Die Grundrisse von Tours und Limoges mußten nach alten Plänen und aufgrund archäologischer Ergebnisse rekonstruiert werden, vgl. die Abbildung aller fünf Grundrisse bei Durliat, Pèlerinage et architecture, S. 30.

84 Vgl. Kapitel 4.3.8., S. 123 mit Anm. 188.

85 So zusammenfassend für die neuere Forschung Durliat, Pèlerinages et architecture, nachdem bereits Lambert, Etudes médiévales, I S. 245 ff. die früheren Thesen nuanciert hatte.

Architektur als harmonisches Ganzes empfand, als dem hl. Ort völlig angemessen[86].

Mitunter heißt es, die Emporen hätten dazu gedient, für Pilger, die keine Unterkunft fanden, ein Nachtlager bereitzustellen[87]. In der Tat fand sich hier geeigneter Ausweichraum, zumal die neu ankommenden Pilger ohnehin in der Regel die erste Nacht rituell in der Kirche verbrachten[88]. Deshalb blieb die Compostelaner Kathedrale ununterbrochen geöffnet[89].

Wie die Pilger zurückkehrten und wie sie in der Heimat wieder aufgenommen wurden, berichtet das Jakobsbuch allenfalls am Rande; so beispielsweise in den Wundergeschichten[90]. Sicherlich erwarb jeder Pilger in Compostela die berühmte Pilgermuschel, deren früheste schriftliche Erwähnung sich im Jakobsbuch findet[91]. Sie wird dort als analoges Zeichen zur Palme der Jerusalempilger gedeutet[92], das nicht nur eine Erinnerung darstellte, sondern als Beweis der vollzogenen Wallfahrt galt und dem Pilger rechtlichen Schutz verlieh[93], ihn also aller Vergünstigungen des kanonischen und weltlichen Rechtes teilhaftig werden ließ[94]. Der Verkauf dieser Pilgerzeichen versprach reichen Gewinn; gerade in Compostela konnten sich anders als in sonstigen Gnadenorten die weltlichen Muschelhändler (*concheiros*) gegen ein kirchliches Verkaufsmonopol durchsetzen[95].

---

86 Vgl. Kapitel 4.3.9., S. 140.
87 Vgl. Domke, Frankreichs Süden, S. 300.
88 Vgl. Labande, Ad limina, S. 284 f. und Herbers, Jakobuskult, S. 178. Verwiesen sei auch auf die Darstellung der Nachtwachen in der Predigt *Veneranda dies*, Kapitel 4.2., S. 61 f.
89 Vgl. Kapitel 4.2., S. 62.
90 Vgl. z.B. Whitehill, Liber, S. 263.
91 Vgl. Kapitel 4.2., S. 66 und Kapitel 4.3.9., S. 143. Zu den Pilgerzeichen: Cohen, In the Name of God, S. 139 ff.; dies., In haec signa, S. 195-208; Köster, Mittelalterliche Pilgerzeichen sowie ders., Pilgerzeichen und Pilgermuscheln, S. 115-156 mit Darstellung der Entwicklung der Jakobsmuschel zum Pilgersymbol schlechthin (S. 141-156).
92 Vgl. Köster, Mittelalterliche Pilgerzeichen, S. 210 mit Hinweis darauf, daß Jerusalem und Santiago de Compostela „Naturprodukte" als Emblem vergaben.
93 Vgl. Sigal, Marcheurs, S. 85. Schmugge, Pilgerfahrt macht frei, S. 29 und Köster, Mittelalterliche Pilgerzeichen, verweisen darauf, daß eigentlich nur das Zertifikat als rechtskräftiger Beweis galt.
94 Vgl. die in Anm. 61 genannten Abhandlungen zum Pilgerrecht sowie Schmugge, Pilgerfahrt macht frei, S. 18-24.
95 Vgl. hierzu Cohen, In haec signa, S. 195-208.

Abb. 1: Pilgerpaar an der Landstraße. Kupferstich von Lucas van Leyden, um 1508 (Staatliche Graphische Sammlung München)

Betrachtet man die Darstellungen von Pilgern, wie sie vornehmlich seit dem 15. Jahrhundert erhalten sind, so sieht man zumeist diese Muscheln an den Pilgerhut oder an den Pilgermantel geheftet; bis in die Mitte des 14. Jahrhunderts wurde dieses Pilgerzeichen wohl vor allem an den Taschen befestigt[96]. Die Pilgerkleidung in dieser typischen Form läßt sich ikonographisch bis ins 13. Jahrhundert, vereinzelt sogar bis ins 12. Jahrhundert zurückverfolgen; das noch heute in mehreren Sprachen gebräuchliche Wort „Pelerine" leitet sich von dem ärmellosen Pilgerumhang her[97]. Der Hut mit der umgeschlagenen Krempe sowie die Pilgerflasche begegnen ebenso seit dieser Zeit[98]. Bereits seit dem 10. Jahrhundert aber gehörten Stab und Tasche zur Ausstattung; ihnen wird im Jakobsbuch auch symbolische Bedeutung beigemessen: sie wurden dem Pilger bei seinem Aufbruch von einem Priester mit einem besonderen Segen verliehen[99].

Wie die Muschel den Pilgern rechtliche Hilfe bot, so gewährte auch die Pilgerkleidung ganz allgemein einen besonderen Schutz. So schickte Bischof Diego Gelmírez im Jahre 1118 Boten mit 120 Pfund Gold nach Rom, die aus Gründen der Sicherheit als Pilger gekleidet durch das feindliche aragonesische Gebiet reisen sollten[100].

Die seit dem Hochmittelalter fest ausgeprägten Formen einer Pilgerfahrt nach Santiago de Compostela bedingten auch ihre bis ins 15. Jahrhundert stetig zunehmende Reso-

---

96 Zu den zeitlichen Differenzierungen vgl. zuletzt Köster, Pilgerzeichen und Pilgermuscheln, S. 148-150. Allerdings wird in der in Kapitel 4.2., S. 66 übersetzten Passage vermerkt, die Muscheln hefte man an den Pilgermantel, was die von Köster aus Epitaphien und ikonographischen Darstellungen belegte zeitliche Abfolge modifiziert.
97 Vgl. Plötz, Strukturwandel, S. 145. Zur Pilgerkleidung allgemein: Georges, Pèlerinage, S. 32-58, knapper Wilckens, Kleidung, mit Hinweisen auf Moden und einzelnen Nachweisen aus früherer Zeit. Kurz auch: Brückner, Pilger, Sp. 441.
98 Vgl. Wilckens, Kleidung, besonders S. 175 zu den frühesten Nachweisen.
99 Vgl. Kapitel 4.2., S. 64-65 mit Anm. 24. Am Stab befand sich zuweilen eine Vorrichtung zum Befestigen der Pilgerflasche, vgl. die Abbildung bei Brückner, Pilger, Sp. 441.
100 Hist. Comp. II 4 (ES XX S. 261). Vgl. allgemein zu diesen nicht „üblichen" Pilgern: Dossat, Types exceptionnels, der Häretiker, verkleidete Reisende und Berufspilger unterscheidet.

nanz in ganz West- und Mitteleuropa[101]. Gleichwohl trugen die gestiegenen Pilgerzahlen sowie strukturelle Veränderungen auch zur Krise der Compostelafahrt seit der zweiten Hälfte des 15. Jahrhunderts bei. Die verstärkt im Spätmittelalter für Verbrechen zu einer Strafwallfahrt verurteilten Pilger begegneten auf dem Weg ihren Leidensgenossen: *Gewaltverbrechern aller Schattierungen, Mördern und Totschlägern, Räubern, Dieben und Betrügern und der ganzen Schar kleinerer Missetäter, die man durch die auferlegte Pilgerfahrt vorübergehend vom Schauplatz ihrer Verbrechen entfernte*[102]. Hierdurch wurde weder zum Ansehen der Pilgerfahrt noch zur Sicherheit auf den Straßen beigetragen. So kommt Cyrille Vogel zu dem Verdikt, Strafpilger seien in der Regel Kriminelle gewesen,und obwohl es bei jeder Pilgerfahrt Mißbräuche gegeben habe, gelte dies insbesondere für die Strafwallfahrten[103]. Der Betrug an Pilgern unterwegs und in der Stadt Compostela, den ja der Verfasser der Predigt *Veneranda dies* schon für das 12. Jahrhundert anklagend geißelt[104], scheint in der Folgezeit eher zu- denn abgenommen zu haben[105].

Dementsprechend fehlt es nicht an Berichten enttäuschter Pilger im 15. Jahrhundert, so daß es eigentlich kaum noch der beißenden Kritik ihres Zeitgenossen Erasmus von Rotterdam bedurft hätte. In einem seiner Dialoge wird Ogygius, der nach der Geburt eines gesunden Sohnes dem Gelöbnis seiner Schwiegermutter entsprechend nach Compostela gepilgert war, von seinem Gesprächspartner Menedemus vorgeworfen: *Ich bin der Meinung, es wäre deiner Familie keinen Deut schlechter gegangen, wenn du den Jakobus ungegrüßt gelassen hättest. Aber ich bitte dich, was hat er geantwortet, als du dich bei ihm bedankt hast?* Hierauf erwidert Ogygius, nicht ohne Ironie seinerseits: *Nichts; aber wie ich ihm meine Gabe darbrachte, schien er zu lächeln und ein wenig mit dem Kopf zu nicken. Zugleich streckte er mir diese hohle Muschel hin*[106].

---

101 Vgl. hierzu vorzüglich Mieck, Wallfahrt, S. 486-499.
102 Ebenda S. 504.
103 Vogel, Pèlerinage pénitentiel, S. 69-76, besonders S. 73 und erneut S. 91.
104 Vgl. Kapitel 4.2., insbesondere S. 77 ff.
105 Mit zahlreichen Beispielen dokumentiert bei Mieck, Wallfahrt, S. 508-515.
106 Erasmus, Opera omnia I,3, S. 471, hier nach der Übersetzung: Vertraute Gespräche, S. 89; vgl. Mieck, Wallfahrt, S. 515.

Zwar gab es seit der Antike immer wieder kritische Stimmen zum Pilgerwesen[107], jedoch dürfte mit Erasmus ein Höhepunkt in der literarischen Durchformung und beißenden Ironie erreicht sein. In dem zitierten Gespräch gibt Ogygius auch unumwunden die Krise der Jakobuswallfahrt zu. *Menedemus: Sag mir, wie geht's wie steht's mit dem vortrefflichen Herrn Jakobus? – Ogygius: Viel schlechter als früher. – Menedemus: Weshalb? Wird er alt? – Ogygius: Du Schwätzer! Du weißt doch, daß die Heiligen nicht altern. Aber dieser neue Glaube, der sich weithin über den Erdkreis verbreitet, hat zur Folge, daß er nicht mehr so oft begrüßt wird, wie er es gewohnt war. Und wenn schon ein paar kommen, grüßen sie ihn nur, geben ihm aber nichts oder was nicht der Rede wert ist, und sagen, es sei besser, das Geld den Armen zu geben.*[108]

Aber nicht nur der „neue Glaube" darf für die Krise der Jakobuspilgerfahrten verantwortlich gemacht werden. Schon in vorreformatorischer Zeit sind hierfür erste Anzeichen feststellbar, jedoch verstärkten Reformation, Glaubenskriege und die politische Entwicklung der frühen Neuzeit den Niedergang, bis sich im 17. Jahrhundert erste Anzeichen eines langsamen Neubeginns zeigten[109]. Kehren wir in die Zeit des ersten Höhepunktes der Jakobuswallfahrt zurück, um erneut die Frage zu stellen, ob die hochmittelalterlichen Pilgerfahrten religiös, wirtschaftlich oder durch Reiselust bestimmt waren, so wird sich gewiß keine Antwort im Sinne eines Entweder-Oder finden lassen. In den Pilgerfahrten verbanden sich vielfältige Einflüsse, die jedoch alle in der Regel in religiösem Gewand erschienen. Eine Pilgerreise erlaubte es, auf die unterschiedlichsten Sehnsüchte eine Antwort zu suchen. Sie versprach auch eine Befriedigung derjenigen religiösen Bedürfnisse, für welche die Religion der Theologen keine – oder noch keine – Formen bereithielt. Der Wunderglaube, der Wunsch nach physischer Nähe, ja zum direkten Kontakt mit

---

107 Vgl. zusammenfassend Schreiner, Discrimen veri ac falsi, sowie ders., Wahrheitsverständnis.
108 Vgl. Anm. 106, lateinisch S. 471, deutsch S. 90.
109 Vgl. Mieck, Wallfahrt, S. 516-532.

den Reliquien, die Riten auf dem Weg und am Gnadenort; die Formen, die heute gern mit dem allerdings noch diffusen Begriff der „Volksreligion" bezeichnet werden[110], müssen hier genannt werden. Den Text des Pilgerführers gilt es in dieser Hinsicht „gegen den Strich" zu lesen, denn hier schrieb ohne allen Zweifel ein gebildeter Kleriker. Wenn auch die Bemerkung aus der Feder eines Anthropologen, im Wesen der Pilgerfahrten liege bereits eine anarchische, antiklerikale Tendenz[111], sicher nicht gleichermaßen für alle Epochen gilt, so gilt es doch festzuhalten, daß der Pilger in direkte Verbindung mit dem Heiligen tritt und so den Kleriker als Heilsvermittler zunächst ausschaltet.

Pilgern sprach nicht so sehr den Geist, sondern vielmehr alle menschlichen Sinne an[112]. Eine Pilgerfahrt bot dem Gläubigen großzügigen Spielraum zur religiösen Entfaltung, der oft als Ventil, zuweilen auch als Möglichkeit zur Distanzierung genutzt werden konnte, so daß der von M. Scharfe geprägte Begriff „subversive Frömmigkeit"[113] durchaus gelegentlich berechtigt sein mag[114].

---

110 Jüngste Zusammenfassung bisheriger Forschung im Hinblick auf unser Thema bei Boglioni, Pèlerinage et religion populaire, vgl. ferner Herbers, Jakobuskult, S. 50 f.

111 Turner, Image and Pilgrimage, S. 32.

112 Boglioni, Pèlerinage et religion populaire, S. 70 f.

113 Scharfe faßt mit diesem Begriff die Auseinandersetzung des Individuums mit der offiziellen Orthodoxie, die sich in Distanz, Offensive oder Defensive gegenüber der „Amtskirche" äußern kann: M. Scharfe, Subversive Frömmigkeit. Über die Distanz unterer Volksklassen zur offiziellen Religion. Beispiele aus dem württembergischen Protestantismus des 18. Jahrhunderts (Kultur zwischen Bürgertum und Volk, hg. von J. Held, Berlin 1983, S. 117-135).

114 So greifen auch Kriss-Rettenbeck/Illich, Homo viator S. 18 diese Formulierung zur Bezeichnung einer Dimension von Pilgerfahrten auf.

4. Texte aus dem Jakobsbuch *(Liber Sancti Jacobi)*

4.1. Zu den Texten (Überlieferung, Auswahl, Gestaltung)

Die in den nachfolgenden Kapiteln gebotenen Texte aus dem Jakobsbuch basieren alle auf der bereits genauer beschriebenen ältesten Handschrift aus Compostela[1]. Der gesamte *Codex Calixtinus* erschien zwar 1944 in einer Ausgabe von Walter Muir Whitehill, deren Mängel jedoch so schwerwiegend sind, daß sie kurz nach dem Erscheinen wieder gesperrt wurde[2]. Kein Exemplar dieser Ausgabe fand den Weg in deutsche Bibliotheken[3].

Somit sind wir, bis eine kritische Edition vorliegt, auf die älteste Handschrift, den *Codex Calixtinus*, verwiesen. Etwas günstiger gestaltet sich die Ausgangslage in bezug auf das V. Buch, den Pilgerführer. Diesen Teil hat die Historikerin Jeanne Vielliard 1938 erstmals mit französischer Übersetzung herausgegeben[4]. Zusätzlich ist der von ihr gebotene lateinische Text durch das Faksimile der Compostelaner Handschrift für den kritischen Benutzer jederzeit überprüfbar[5]. Diese vergleichsweise gute Edition (wenn auch nicht alle mittelalterlichen Handschriften für die Ausgabe verwertet wurden[6]) ließ es vertretbar erscheinen, im vorliegenden Buch auf

---

1 Vgl. Kapitel 2., S. 19.
2 Whitehill, Liber. Die von dem Kunsthistoriker Whitehill in den dreißiger Jahren dieses Jh. gefertigte vorläufige Transkription wurde nach Ende des spanischen Bürgerkrieges kritiklos abgedruckt, obwohl Whitehill — wie zu seiner Ehrenrettung betont werden muß — eine Revision seiner Erstfassung beabsichtigte, wie mir Prof. M.C. Díaz y Díaz 1979 mündlich mitteilte.
3 Vgl. Herbers, Jakobuskult, S. 28.
4 Vielliard, Guide.
5 Romero de Lecea, Libro.
6 Vgl. die Zusammenstellung der wichtigsten Handschriften die auch diesen Teil zumindest fragmentarisch verzeichnen, bei Hämel, Überlieferung , S. 72 f.

einen Druck von lateinischem und deutschem Text zu verzichten, zumal das Werk von Vielliard durch zahlreiche Neuauflagen für den Interessierten leicht greifbar ist.

Aus Gründen der Einheitlichkeit wurde diese Entscheidung auch für die Textpassagen aus der Predigt *Veneranda dies* (Kapitel 4.2.) übernommen. Hätten wir noch weitere Teile aus den ersten drei Büchern des *Liber Sancti Jacobi* ausgewählt, wäre dieses Verfahren nicht zu rechtfertigen gewesen. Allerdings hat Adalbert Hämel gerade Teile dieser Predigt, wenn auch nicht ganz fehlerfrei, so doch zumindest zuverlässiger als Whitehill, nach der Compostelaner Handschrift im Druck vorgelegt[7].

Was die Auswahl der Texte aus dem Jakobsbuch anbelangt, so wurde der Pilgerführer vollständig aufgenommen, er bildet auch für sich ein geschlossenes Ganzes (Kapitel 4.3.). Lediglich die außergewöhnlich lange Passion des hl. Eutropius (Kapitel 4.3.8.) wurde an wenigen Stellen gekürzt.

Die Textpassagen aus der Predigt *Veneranda dies* sind ergänzend gedacht; hier wurden vor allem diejenigen Teile ausgewählt, welche die theologische Dimension der Pilgerfahrt erkennen lassen und den Alltag des Pilgerns — wenn auch aus der kritischen Perspektive in bezug auf die Mißstände — ins Blickfeld rücken. Gleichzeitig gewähren sie einen Einblick in die ökonomischen Konsequenzen der hochmittelalterlichen Fernwallfahrt nach Santiago de Compostela. Die unbestreitbaren Längen der Predigt ließen sich durch die Kürzungen reduzieren, jedoch konnte und mußte die spezielle Eigenart des Textes, der seinen moralisierenden Tenor auch den Aufzählungen und Wiederholungen verdankt, in ihrer Grundtendenz deutlich bleiben[8].

Diese Predigt ist bisher noch nie in deutscher Übersetzung bekannt gemacht worden; den Pilgerführer haben nach verschiedenen Vorgängern insbesondere Jeanne Vielliard ins Französische und A. Moralejo, C. Torres und J. Feo ins Spa-

---

7 Hämel, Aus dem Liber Sancti Jacobi. Abgedruckt sind die bei Whitehill, Liber, S. 160-171 edierten Passagen.

8 Auslassungen von mehr als einer Druckseite wurden in den Anmerkungen genauer bezeichnet.

nische übersetzt, deren Kommentar noch immer wertvolle Hinweise bietet[9]. Auszüge aus dem Pilgerführer legten T.A. Layton in englischer, kürzer Norbert Ohler in deutscher Sprache vor und Jan van Herwaarden veröffentlichte eine niederländische Fassung[10].

Die nachfolgende Übersetzung bleibt so nah wie möglich am lateinischen Text und will diesen stilistisch nicht übertreffen. Obwohl somit ganz bewußt der Kontakt zur lateinischen Fassung gesucht wurde, ist trotzdem jede Übersetzung bekanntlich bereits ein Stück Interpretation. Mit den Anmerkungen sollen Zitate (insbesondere Bibelstellen) belegt, auf Literatur verwiesen sowie Verständnishilfen und Verweise geboten werden[11]. Bei der Auswahl von Literatur, die man im Bücherverzeichnis noch einmal zusammengestellt findet, wurde den neueren und für den deutschsprachigen Leser zugänglicheren Werken — soweit sachlich vertretbar — Vorrang eingeräumt[12].

9 Moralejo/Torres/Feo, Liber. Die Autoren bieten eine Übersetzung des gesamten Jakobsbuches, der Pilgerführer ist wiedergegeben bei Romero de Lecea, Libro, S. 115-136. Eine frühere Übersetzung des Pilgerführers mit teils wichtigem Kommentar legten Fita/Vinson, Codex, vor. Weitere Übersetzungen verzeichnen Moralejo/Torres/Feo, Liber, S. 495 Anm. 1. — Einige Mirakel wurden in den Bildband Pilgerwege nach Compostela, S. 113-116 (allerdings nicht immer fehlerfrei) in deutscher Sprache aufgenommen.

10 Layton, Way, S. 198-216 (mit Auslassungen vor allem in den Kapiteln 6-8); N. Ohler, Unterwegs nach Santiago de Compostela (Journal für Geschichte 6/1983, S. 48-52); Herwaarden, Roemrijke Jacobus, S. 49-114.

11 Da es sich um eine Übersetzung handelt, können wörtliche Übernahmen nicht auf den Buchstaben genau durch einen besonderen Drucktyp hervorgehoben werden. Grundlage zum Textvergleich blieb deshalb der lateinische Text. Bei Bibelstellen folgt die Übersetzung in der Regel der deutschen Fassung: Die Bibel. Deutsche Ausgabe der Jerusalemer Bibel, hg. von D. Arenhoevel/A. Deissler/A. Vögtle (Freiburg-Basel-Wien 1968); bei den Psalmen wird nach dem hebräischen Urtext gezählt, die Zählung der lateinischen *Vulgata* in Klammern beigefügt. Die Abkürzungen folgen der für beide Konfessionen verbindlichen Zitierweise der „Einheitsübersetzung" (Freiburg-Basel-Wien 1980) S. 1413.

12 Da kein lateinischer Quellentext vorgelegt wird, erübrigt sich auch die Scheidung von Anmerkungen in Buchstaben- und Ziffernoten. Gelegentliche Bemerkungen zur Handschrift oder besonders bemerkenswerten Lesarten werden deshalb der Einfachheit halber auch als Ziffernfußnoten gegeben. — Im Kommentar wurden häufiger die Anmerkungen von Vielliard, Guide, und Moralejo/Torres/Feo, Liber, verwendet, auf die hier generell verwiesen sei. Literatur und Erläuterungen zu Personen und Orten werden — soweit nötig — in der Regel bei der ersten Nennung gegeben, die jeweils durch das Register feststellbar ist.

Abb. 2: Papst Calixt II. als angeblicher Verfasser des Jakobsbuches (Codex Calixtinus, Santiago de Compostela, Archivo de la Catedral, fol 1ʳ)

56

4.2. Die Predigt *Veneranda dies* (Auszüge)

Predigt des seligen Papstes Calixt am Fest der Erwählung und Translation des hl. Apostels Jakobus, das am 30. Dezember[1] gefeiert wird

Der ehrwürdige und festliche Tag des hl. Apostels Jakobus ist heute für die Welt angebrochen, deshalb frohlocken wir in großer Freude. Dieser Tag ist berühmter, heller, vornehmer, würdiger und heiliger als viele andere, an ihm schmückte der große Apostel Jakobus, der Patron Galiciens, die Himmel durch seinen geistigen Einzug, zeichnete das spanische und galicische Volk durch seine leibliche Ankunft aus und bereicherte beide durch seine überall verbreiteten Wunder. Die Himmel erfreute er an diesem Tag auf ewiglich, er, der den Erdkreis mit seinem Glauben bereicherte. Deshalb freut sich im Himmel die Schar der Engel, hier auf Erden frohlockt die Mutter Kirche. Ein doppeltes Fest wird heute von den Gläubigen gefeiert, nämlich das der Erwählung dieses hl. Jakobus, der am Ufer des Meeres von Galiläa zusammen mit Johannes, Petrus und Andreas vom Herrn in die Schar der Apostel erwählt wurde[2], sowie dasjenige seiner Translation, das heißt, wie dessen kostbarer Leichnam von Jerusalem in die Stadt Compostela überführt worden ist. Dies sind nämlich die ehrwürdigen und heiligen apostolischen Feierlichkeiten; sie sind von allen zu feiern und von allen Völkern vollkommen

---

1 Lateinisch: *III Kalendarum Ianuarii;* in der alten spanischen (mozarabischen) Liturgie war der 30. Dezember ausschließlich Festtag des hl. Jakobus, vgl. oben S. 21. − Der Text setzt in der Handschrift mit fol. 73[r], Whitehill, Liber, S. 141, ein und endet fol. 93[v], Whitehill, Liber, S. 176. Die Predigt ist die längste im liturgischen Buch und stammt wohl von demselben Autor wie der Pilgerführer (vielleicht *Aimericus Picaud,* vgl. Kapitel 2., S. 27 mit Anm. 28).
2 Vgl. Mt 4,18-22.

zu begehen. Bei ihnen verleiht Gott den Gerechten himmlische Auszeichnungen und den Sündern wird ewiges Heil versprochen.

Der Verfasser schildert weiter die Erwählung des Apostels mit Bibelzitaten, um dann einen kurzen Bericht über die Translation zu geben.

Wie vollzog sich die Translation des Apostels? Durch den Mund von zahlreichen Gläubigen wird bezeugt, daß dessen gesamter ehrwürdiger Leichnam nach der Ermordung durch Herodes[3] in einem Boot, das die Jünger des Jakobus steuerten, und mit Begleitung eines Engels des Herrn von Jerusalem nach Galicien über das Meer unter Hilfe verschiedener Wunder gebracht worden sei.

Es folgt eine allegorische Auslegung der beiden Festanlässe, dann verdammt der durchaus kritische Verfasser verschiedene — nach seiner Meinung — apokryphe Geschichten um das Leben und die Translation des hl. Jakobus[4].

Die Apokryphen aber dürfen nicht verschwiegen werden, sondern man muß erzählen und verbessern, was viele Hohlköpfe, die schändlich der Häresie verfallen sind, von diesem Jakobus und dessen Translation zu sagen pflegten und — was noch schlimmer ist — sogar mit der Feder aufzuschreiben gewagt haben.

Einige glauben nämlich, er sei — was völlig abwegig ist — der Sohn der Gottesmutter gewesen, weil sie aus dem Evangelium und dem Galaterbrief gehört haben, daß Jakobus als Bruder des Herrn bezeichnet wird[5].

---

3 Nach dem dritten Kapitel des Translationsbuches (Whitehill, Liber, S. 296) läßt sich diese Enthauptung durch den jüdischen Fürst Herodes I. Agrippa († 44) auf das Jahr 44 nach Christus beziehen, denn dort wird der durch den jerusalemischen Propheten Hagabos angekündigten (auch durch andere Quellen auf 44 zu datierenden) Hungersnot als gleichzeitig gedacht.

4 Die Auslassung: fol. 74^V-75^V, Whitehill, Liber, S. 142-144.

5 Vgl. Mt 12,46-47; Mk 3,31-32; Lk 8,19-20; Jo 2,12 sowie 1 Kor 9,5 und insbesondere Gal 1,19. Der Autor verwechselt wohl hier den („spanischen") Jakobus den Älteren mit Jakobus dem Jüngeren (dem Herrenbruder), vgl. Lacarra, Espiritualidad, S. 118. Vgl. zur Ausgangslage aufgrund biblischer und früh-

Andere wiederum sagen, er sei sitzend auf einem Fels von Jerusalem durch die Wellen des Meeres ohne Floß dem Auftrag des Herrn gemäß gekommen und ein bestimmter Teil dieses Felsens sei bei Jaffa zurückgeblieben[6].

Andere sagen, dieser Fels sei im Schiff selbst zusammen mit dem toten Körper angekommen. Aber ich habe selbst überprüft, daß eine jede der beiden Fabeln erlogen ist. Als ich nämlich einst den Felsen sah, erkannte ich, daß er aus Galicien stammte[7]. Dennoch muß man den Felsen des hl. Jakobus aus zwei Gründen geziemend verehren, zum einen, weil die Jünger, wie berichtet wird, nach der Translation des Apostelleichnams in den Hafen von Iria, diesen auf den Fels legten, zum anderen — und das ist weitaus wichtiger —, weil dort das eucharistische Opfer gefeiert wurde.

Andere wiederum sagen, der Apostel habe das Land Galicien verwunschen, daß es keinen Wein mehr hervorbringen solle. Dies sei geschehen, weil — wie man sagt — eine gewisse Frau namens Compostella vom Wein betrunken eingeschlafen sei, während der Apostel in ihrem Schoß schlief, und den Herrn, der die Basilika besuchte, nicht angekündigt habe. Der Apostel hatte ihr nämlich aufgetragen, so sagt man, ihm die Ankunft des Herrn zu melden[8].

Wiederum andere sagen, der Herr sei ihm erschienen, habe von einer Rute in seinen Händen die Rinde entfernt und habe ihm versprochen: so wie jene Rute von der Rinde befreit worden sei, so würden die Gläubigen, die zum Apostelgrab gingen, ihrer Sünden ledig[9]. Dieser Irrtum ist folgendermaßen zurückzuweisen: Wenn der Sünder wie die Rute gereinigt wird, so wird er nicht wirklich rein. Die Rute kann nämlich

---

christlicher Quellen, die solche Interpretationen verständlicher werden läßt: J. Blinzler, Brüder Jesu (LThK II Sp. 714-717).

6 Diese schriftlich wohl nicht faßbare Tradition basiert wahrscheinlich auf mündlichen Überlieferungen; wegen des letzten Satzteiles vielleicht aus der Gegend von Jerusalem.

7 Von diesem im lateinischen Text *petronum* genannten Felsen, der heute noch zu sehen ist, stammt der Name El Padrón für das alte Iria Flavia an der Westküste Galiciens.

8 Dies muß wohl auf eine galicische, mündlich tradierte Erzählung zurückgehen.

9 Vgl. zur Sache Lacarra, Espiritualidad, S. 123.

nur äußerlich, nicht innerlich gesäubert werden; jedoch bedarf der Sünder innerlich und äußerlich, an Leib und Seele, der Läuterung.

Andere sagen, die Engel hätten offen in der apostolischen Basilika gesprochen und sogar einstmals gesungen. Wieder andere stellen sich vor, daß die Engel den Leichnam des Jakobus durch die Lüfte von Jerusalem nach Galicien ohne menschliche Hilfe gebracht hätten.

Andere reden daher, dieser Leichnam sei in einem gläsernen Schiff von Schiffsleuten über die Meereswogen von Jerusalem nach Galicien überführt worden.

Alle diese und ähnliche Träumereien oder Fabeln verweisen wir unter die Apokryphen, wir verwerfen sie von Grund auf und verbieten in unserem Zorn sogar mit Androhung des Anathems, daß niemand noch etwas darüber zu schreiben wage, wenn es nicht zu den wahren Geschichten gehört, die das *Iacobus* genannte Buch enthält. Dies verzeichnet nämlich alles zur Lesung und zum Gesang an den Festtagen des hl. Jakobus Nötige und ist, so wie es dort steht, aus wahren Büchern zusammengestellt. Allerdings erlauben wir, die Wunder, die der Heilige künftig wirken wird, zur Erbauung der Gläubigen aufzuschreiben.

Der Verfasser stellt im folgenden den hl. Jakobus mit weitschweifigem Lob und Hinweisen auf dessen ruhmreiches Leben als Sieger heraus, und leitet davon dessen Bedeutung für Spanien und Galicien ab[10].

Die heilige Tugend des Apostels, die von der Jerusalemer Gegend übertragen wurde, erstrahlt in Galicien durch göttliche Wunder. Bei der apostolischen Basilika werden nämlich immer wieder von Gott durch seine Mittlerschaft göttliche Wunder gewirkt. Kranke kommen und werden geheilt, Blinde sehend gemacht, Lahme aufgerichtet, Stummen wird die Sprache geschenkt, vom Teufel Besessene werden befreit, Traurige werden getröstet, was jedoch noch bedeutender ist: die Gebe-

---

10 Die Auslassung: fol. 76^r-77^v, Whitehill, Liber, S. 145-148.

te der Gläubigen werden erhört, die Lasten der Vergehen genommen und die Fesseln der Sünden gelöst[11].

Der Verfasser zählt mehr als 70 Völker auf[12], die nach Compostela kommen, und fährt dann fort:

Mit übermäßiger Freude bewundert man die große Schar der Pilger, die beim ehrwürdigen Altar des hl. Jakobus Nachtwache hält[13]: Die Deutschen weilen auf der einen Seite, die Franken auf der anderen, die Italer schließlich auf der dritten[14]; sie halten Kerzen in den Händen, so daß die ganze Kirche wie durch die Sonne an einem hellen Tag erstrahlt. Nur mit seinen Landsleuten vollzieht jeder die Nachtwache. Manche spielen Leier, Lyra, Pauke, Quer- und Blockflöte, Posaune, Harfe, Fiedel, brittische oder gallische Rotta; manche singen während der Nachtwache von Psalterien oder anderen Musikinstrumenten begleitet[15]; manche bedauern ihre Sünden, lesen Psalmen oder geben den Blinden Almosen.

11 Vgl. die sinngemäß übereinstimmende Passage unten Kapitel 4.3., S. 158 mit Anm. 372. Man beachte die Gewichtung der „Wohltaten" durch den Verfasser, vgl. Kapitel 2., S. 28.

12 Die Aufzählung, die kaum noch adäquat mit heutigen Völkernamen wiedergegeben werden kann, basiert sicher auf der Kenntnis klassischer Autoren und darf nicht wörtlich genommen werden, vgl. I. Mieck, Osteuropäer in Santiago de Compostela (Forschungen zur osteuropäischen Geschichte 25/1978, S. 239-252) S. 241.

13 Beim Eintreffen am Gnadenort wurde die erste Nacht in der Regel betend und singend als Nachtwache verbracht, vgl. Labande, Ad limina, besonders S. 285 sowie Herbers, Jakobuskult, S. 178 f.

14 Im lateinischen Text ist von *Theutonici, Franci* und *Itali* die Rede; mit Franken sind wohl grundsätzlich alle Bewohner des ehemaligen Karolingerreiches, insbesondere jedoch wohl Franzosen gemeint; allerdings darf man wie auch bei den *Theutonici* und *Itali* nicht einfach den neuzeitlichen Nationbegriff auf das Mittelalter übertragen.

15 Im lateinischen Text heißen die Instrumente, die sich nicht immer ganz eindeutig einem deutschen Namen zuordnen lassen, folgendermaßen: *Alii citharis, alii liris, alii timphanis, alii tibiis, alii fistulis, alii tubis, alii sambucis, alii violis, alii rotis britannicis vel gallicis, alii psalteriis ... cantando vigilant ...* — Die Termini *cithara, sambuca, psalterium* und *rotta* bezeichnen jeweils Saiteninstrumente, die in der Regel gezupft wurden; die Rotta hielt man beim Spielen senkrecht, sie hatte hinter den Saiten einen Resonanzboden. Das auf den Knien gehaltene Psalterium zupfte man meist mit Federkielen; unter *sambuca* hat man wohl ein der Harfe ähnliches Instrument zu verstehen. Vor allem die Italiener nannten ein weiteres Saiteninstrument *viola*, das ansonsten Fiedel hieß, wofür gelegentlich auch der Name der sonst hauptsächlich in der Antike bekannten *lyra* verwendet wurde. *Tibia* meint (allerdings vornehmlich in

Man hört dort die verschiedensten Sprachen, verschiedene Stimmen in fremden Sprachen, Gespräche und Lieder der Deutschen, Engländer, Griechen und der anderen Stämme und Völker auf dem gesamten Erdkreis[16]. *Es gibt weder Worte noch Sprachen, in denen ihre Stimme nicht* erschallt[17]. Die Vigil des Jakobsfestes wird dort nachdrücklich gefeiert, manche kommen, manche gehen und opfern verschiedene Gaben. Wer traurig herkommt, zieht froh zurück. Dort werden die Feierlichkeiten stets eifrig begangen, das Fest vorbereitet, die berühmten Riten Tag und Nacht vollzogen; Lob, Jubel, Freude und Preis gemeinsam gesungen. Alle Tage und Nächte gleichen einem ununterbrochenen Fest in steter Freude zur Ehre des Herrn und des Apostels. Die Türen dieser Basilika bleiben Tag und Nacht unverriegelt,und die Dunkelheit kehrt doch niemals ein, weil sie durch das helle Licht der Kerzen und Fackeln wie am Mittag leuchtet. Dorthin begeben sich Arme, Reiche, Räuber, Reiter, Fußgänger, Fürsten, Blinde, Gelähmte, Wohlhabende, Adlige, Herren, Vornehme, Bischöfe, Äbte, manche barfuß, manche mittellos, andere aus Gründen der Buße mit Eisen beladen.

Manche, wie die Griechen, tragen ein Kreuz in ihren Händen, andere geben ihre Habe den Armen, andere bringen Eisen oder Blei zum Bau der Kathedrale des Apostels mit, wieder andere tragen auf den Schultern Ketten oder Handfesseln, von denen sie durch den Apostel aus den Gefängnissen der Tyrannen befreit wurden; so üben sie große Buße und

---

Deutschland) eine Querflöte, *fistula* hingegen wohl eine Blockflöte. Die mittelalterliche Trompete, für die im Text die auch in der klassischen Antike verwendete Bezeichnung *tuba* steht, war ein oft mehr als 180 cm langes Blechblasinstrument. Moralejo/Torres/Feo, Liber, S. 200 (Anm.) verstehen unter *timphanon* ein Saiteninstrument, jedoch folge ich mit der Übersetzung Pauke den Erläuterungen von D. Munrow, Musikinstrumente des Mittelalters und der Renaissance (Celle 1980) S. 53, dessen Buch auch sonst ebenso wie das von K. Geiringer, Instrumente in der Musik des Abendlandes (München 1982) für die hier gegebenen Erklärungen der Instrumente herangezogen wurde.

16 Der Verweis auf die Sprachen dieser drei Völker — mit Ausnahme der Deutschen abweichend von den in Anm. 14 zitierten — läßt erkennen, daß die romanischen Sprachen vom Verfasser nicht als fremd empfunden wurden.

17 Ps 19(18),4; in der Jerusalemer Bibel heißt es: *Da ist keine Sprache, kein Wort, unhörbar bleibt ihre Stimme.*

beklagen ihre Missetaten[18]. Dies ist das erwählte Geschlecht, das heilige Volk Gottes. (...)

Man glaubt nämlich, daß derjenige, der würdig und reinen Herzens zum Gebet an den ehrbaren Altar des hl. Jakobus in Galicien geht und wahrhaftig Buße übt, vom Apostel die Lossprechung von seinen Sünden und vom Herrn Vergebung erhält[19]. (...)

Wie glücklich sind jene, die bei Gott einen solchen Fürsprecher und Gnadenspender haben! Warum zögerst Du, Freund des hl. Jakobus, nach diesem Ort aufzubrechen, wo sich nicht nur alle Völker und Sprachen treffen, sondern auch die Engelchöre zusammenkommen und die Sünden der Menschen vergeben werden? Niemand kann die Zahl der Wohltaten aufzählen, die der Apostel allen gewährt hat, die ihn wahren Herzens bitten. (...)

Es folgt ein Lob samt einer kurzen Aufzählung der zahlreichen Wunder des hl. Jakobus. Darauf wird das Verhältnis der Grabstätte des Apostels zu seinen Wundern thematisiert.

Daraus ergibt sich die Frage: Warum wirkt er (der hl. Jakobus) auch an Orten, wo er nicht liegt, ebenso Wunder, wie in Galicien, wo sein Leichnam ruht? Wir sehen jedoch klarer, wenn wir unterscheiden. Er ist allgegenwärtig und hilft sofort in Todesgefahr und Nöten allen, die ihn anrufen, sei es auf dem Land oder zur See. So liest man nämlich über die Gegenwart der hl. Märtyrer: Dort, wo ihre Leichname liegen, können sie zahlreiche Zeichen geben und sie tun dies auch, denn sie wirken wahrhaftige Wunder für alle, die aufrichtig bitten. Weil aber von ungläubigen Geistern bezweifelt werden kann, ob sie uns dort erhören, wo ihre Leichname mit Sicherheit nicht sind, ist es nötig, dort größere Zeichen zu zeigen, wo der Ungläubige an ihrer Gegenwart zweifeln könnte[20]. Aber der Glaube derer, deren Geist auf Gott gerichtet ist, wiegt mehr, denn sie wissen, daß der Heilige uns erhört, auch wenn

---

18 Zur Bußwallfahrt vgl. oben Kapitel 3., S. 39.
19 Der Verfasser distanziert sich zumindest teilweise von dieser Auffassung durch seinen Satzanfang; vgl. hierzu Labande, Ad limina, S. 288; Lacarra, Espiritualidad, S. 123 f. und Herbers, Jakobuskult, S. 169.
20 Vgl. Lacarra, Espirtualidad, S. 124 und Herbers, Jakobuskult, S. 167.

sein Leichnam nicht am Gebetsort ruht. Deshalb sagt die Wahrheit selbst, um den Glauben der Jünger zu vermehren: *Denn wenn ich nicht fortgehe, wird der Helfer nicht zu euch kommen*[21]. (...)

Es folgt eine kurze theologische Belehrung über die Dreifaltigkeit und Auszüge aus einem Gedicht von Venantius Fortunatus[22].

Darum muß der hl. Jakobus überall verehrt werden; er hilft ohne Zögern allerorts denen, die ihn anrufen. Aber weil wir oben von den verschiedenen Völkern, die zu ihm gehen, und vom Lohn, den ihnen der Herr gewährt, gesprochen haben, müssen wir nun vom Weg dieser Pilger handeln.

Der Weg des Pilgerns ist vorzüglich, aber *schmal*, denn der Pfad, der den Menschen *zum Leben führt, ist schmal*, hingegen *breit* und geräumig die Straße zum Tod[23]. Der Weg des Pilgerns ist für die Rechtschaffenen. (...)

Nicht ohne Grund erhalten diejenigen, die sich zu den Gräbern der Heiligen aufmachen, den Stab und die geweihte (Pilger-)Tasche in der Kirche. Wenn wir nämlich jene zu den Heiligtümern schicken, damit sie Buße leisten, geben wir ihnen eine geweihte Tasche und sprechen nach kirchlichem Brauch:

Im Namen unseres Herrn Jesus Christus. Nimm diese Tasche als Zeichen deiner Pilgerschaft, damit du geläutert und befreit zum Grab des hl. Jakobus gelangen mögest, zu dem du aufbrechen willst, und kehre nach Vollendung deines Weges unversehrt mit Freude zu uns durch die Hilfe Gottes zurück, der lebt und herrscht von Ewigkeit zu Ewigkeit. Amen.

Ebenso sagen wir, wenn wir ihm den Stab geben:

Nimm diesen Stab zur Unterstützung deiner Reise und deiner Mühen für deinen Pilgerweg, damit du alle Feindesscharen besiegen kannst, sicher zum Grab des hl.

---

21 Jo 16,7.
22 Venantius Fortunatus, Carmina X 7, Vers 7-10 (ed. F. Leo, MG AA IV/1, Berlin 1881, S. 239); jedoch handelt Venantius über Martin von Tours; entsprechend sind Vers 10 und 12 im Jakobsbuch ersetzt.
23 Vgl. Mt 7,13-14.

Jakobus gelangest und nach Vollendung deiner Fahrt zu uns mit Freude zurückkehrest. Dies gewähre Gott selbst, der lebt und herrscht von Ewigkeit zu Ewigkeit. Amen.[24]

Durch die Pilgertasche, welche die Italer *scarcella,* die Provenzalen *sporta,* die Gallier *isquirpa*[25] nennen, wird also die Freigebigkeit in Almosen und die Abtötung des Fleisches versinnbildlicht. Sie ist ein enger Beutel, aus der Haut eines toten Tieres gefertigt, oben offen und nicht durch Bänder zusammengehalten. Die Enge der Pilgertasche bedeutet, daß der auf den Herrn vertrauende Pilger nur einen kleinen und bescheidenen Vorrat mit sich führen soll. Sie ist aus der Haut eines toten Tieres gefertigt, weil der Pilger selbst sein mit Lastern und Begierde versehenes Fleisch abtöten soll; durch Hunger und Durst, Fasten, Kälte und Nacktheit, Mühen und Schmach. Sie ist nicht mit Riemen verschlossen, sondern oben immer offen, ein Sinnbild für den Pilger, der zuvor seinen Besitz mit den Armen teilt und später zum Nehmen und Geben bereit ist.

Den Stab nimmt der Büßer gleichsam als dritten Fuß zur Unterstützung, er symbolisiert den Glauben in die hl. Dreifaltigkeit, an dem er festhalten soll. Der Stab hilft dem Menschen, sich gegen Wölfe und Hunde zu verteidigen. Der Hund pflegt die Menschen anzubellen, der Wolf die Lämmer zu verschlingen. Hund und Wolf versinnbildlichen den Teufel als Verführer des Menschengeschlechtes[26]. (...)

---

24 Diese Segensformeln sind erstmals in ähnlicher Form in einem römisch-germanischen Pontifikale des 10. Jh. nachweisbar (ed. C. Vogel/R. Elze, Le pontifical Romano-Germanique du dixième siècle, 3 Bde, Vatikanstadt 1963-1972, II S. 362); fast wortgleich im Missale von Vich (Katalonien) (1038) (Vázquez/Lacarra/Uría, Peregrinaciones, III S. 147); vgl. zur Herkunft der Segensformeln Herbers, Jakobuskult, S. 172 Anm. 36 mit weiterer Literatur.

25 Die Bezeichnungen *scarcella* und *sporta* sind beide im Sinn von Pilgertasche durch Du Cange, Glossarium, belegt; mit dem italienischen *scarcella* (oder *scarsella*) ist auch das seit dem 13. Jh. belegte französische *escarcelle* verwandt, vgl. Robert, Dictionnaire, II S. 620, hingegen scheint das hier genannte Wort *isquirpa* eher auf den germanischen Stamm *skerpa* (Pilgertasche) zurückzugehen, vgl. Meyer-Lübke, REW, n. 7989.

26 Vgl. oben S. 49. Zum Wolf als Symbol für den Teufel oder das Böse vgl. S. Braunfels, Wolf (Lex. Ikonographie, IV Sp. 536-539); hingegen ist der Hund in dieser symbolischen Bedeutung sonst nicht nachgewiesen.

Deshalb müssen wir den Pilger mahnen, wenn wir ihm den Stab geben, seine Schuld durch das Bekenntnis zu tilgen, sein Herz sowie seine Glieder durch das Zeichen der Dreifaltigkeit gegen Täuschungen und Visionen des Teufels erneut zu stärken. Deshalb bringen die Pilger, die von Jerusalem zurückkommen, Palmzweige mit, und die von Santiago wiederkehren, Muscheln. Die Palme bedeutet Triumph, die Muschel die guten Werke. So wie nämlich die Sieger von der Schlacht zurückkehrten und in ihren Händen Palmen als Zeichen des Triumphes zeigten, so bringen die von Jerusalem kommenden Pilger Palmen mit sich und zeigen damit, daß sie alle ihre Laster getötet haben[27]. (...)

Im Meer bei Santiago gibt es Fische, die gemeinhin *vieiras*[28] genannt werden, sie haben auf beiden Seiten einen Schild, zwischen denen sich — gleichsam wie zwischen zwei Ziegeln — ein der Auster ähnlicher Fisch verbirgt. Die Muschelpanzer sind wie die Finger einer Hand geformt — die Provenzalen nennen sie *nidulas*, die Franzosen *crusillas*[29] —; die Pilger heften sie bei der Rückkehr vom Grab des hl. Jakobus an ihre Pilgermäntel zur Ehre des Apostels sowie zu dessen Gedächtnis und bringen sie als Zeichen der langen Reise mit großer Freude nach Hause zurück. Die zwei Schilde der Muschel bezeichnen die zwei Vorschriften der Nächstenliebe, mit denen der Träger sein Leben festigen muß; d.h. Gott über alles und den Nächsten wie sich selbst zu lieben[30].

Der Verfasser gibt weitere, jedoch ähnliche Erläuterungen zur Symbolik

---

27 Zur Palme als Zeichen des Sieges vgl. Flemming, Palme (Lex. Ikonographie, III Sp. 365 f.). Vgl. Kapitel 3., S. 47 mit Anm. 92.

28 *Vieira* ist die noch heute gültige Bezeichnung für die Jakobsmuscheln (*Pecten jacobaeus,* oder *Pecten maximus,* vgl. Köster, Pilgerzeichen und Pilgermuscheln, S. 121). Zu dem vom lateinischen *veneria* stammenden galicischen *vieira* vgl. Vázquez/Lacarra/Uría, Peregrinaciones, I S. 129). Vgl. auch Kapitel 4.3., S. 143 mit Anm. 301.

29 Ein deutscher Pilger aus Nürnberg, Hieronymus Müntzer, der diese Passage 1494 kopierte, fügte an dieser Stelle ein: ,,die Deutschen muschelas", vgl. L. Pfandl, Eine unbekannte handschriftliche Version zum Pseudo-Turpin (Zeitschrift für romanische Philologie 38/1917, S. 586-608) S. 607. *Nidula* geht wohl auf *nidulus* (Nestchen) zurück, unter *crusilla* versteht Du Cange, Glossarium, die Jakobsmuscheln.

30 Vgl. Mk 12,30-31.

der Jakobsmuschel und hält den Pilger zu guten Werken an, um dann fortzufahren:

Wir möchten darlegen, wie die Pilgerfahrt auf die alten Väter zurückgeht, und wie sie vollzogen werden soll. Sie nahm ihren Ausgang bei Abraham, wurde von Abraham, Jakob und den Söhnen Israels bis zu Christus fortgesetzt, um durch Christus und die Apostel bis heute bereichert zu werden.

Als erster Pilger gilt Adam, weil er das göttliche Gesetz überschritt und in die Verbannung dieser Welt geschickt wurde, um durch das Blut und die Gnade Christi gerettet zu werden. Ebenso wird der Pilger, der von seinem Wohnort fortgeht, von einem Priester wegen seiner Vergehen auf Pilgerfahrt und so gleichsam ins Exil geschickt. Er wird durch die Gnade Christi gerettet, wenn er seine Sünden aufrichtig bekannt hat und durch die Buße versöhnt sein Leben beenden wird.

Der Patriarch Abraham war Pilger, weil er von seinem Vaterland in ein anderes ging, wie ihm der Herr gesagt hatte: *Ziehe fort aus deinem Land, aus deiner Verwandtschaft in das Land, das ich dir zeigen werde* und *ich will dich zu einem großen Volk* werden lassen[31]. Und so geschah es. Er geht aus seinem Land, und im anderen wächst das heilige Geschlecht. (…)

Ebenso gilt der Patriarch Jakob als Pilger, weil er sein Vaterland verließ, nach Ägypten pilgerte und dort blieb. (…)

Auch die Söhne Israels waren Pilger, als sie von Ägypten in das Land der Verheißung zogen, geprüft durch verschiedene Mühen und schlimme Kriege. Und so wie jene nach vielen Entbehrungen ins Land der Verheißung zogen, so erlangen die Pilger, um in das den Gläubigen versprochene himmlische Vaterland einziehen zu können, die Gemeinschaft der Heiligen, nachdem sie den unzähligen Betrug der Wirte erlitten, Berge bestiegen, in die Täler hinuntergewandert, von Räubern überfallen und verschiedene Gefahren sowie Mühsale auf dem Weg überstanden haben.

---

31 Gen 12,1.

So war unser Herr Jesus Christus nach seiner Auferstehung von den Toten, bei seiner Rückkehr nach Jerusalem, der erste Pilger, so daß die entgegenkommenden Jünger ihm sagten: *Bist du denn der einzige Fremdling* (Pilger) *in Jerusalem*[32]? (...)

Die Apostel waren Pilger, weil der Herr sie ohne Geld und ohne Schuhwerk schickte. Deshalb ist es den Pilgern nicht erlaubt, in irgendeiner Form Geld mitzunehmen, wenn sie dieses Geld nicht unter die Armen verteilen. Wenn jene ohne Geld geschickt werden, was wird mit denen geschehen, die jetzt noch mit Gold und Silber aufbrechen, üppig essen und trinken und nichts den Armen geben? Sie sind in Wahrheit keine echten Pilger, sondern Diebe und Banditen Gottes. Sie werden auch von der apostolischen Schar ausgeschlossen, denn sie scheinen andere Wege zu gehen, weil sie Geld mitnehmen und nicht mit bedürftigen Pilgern teilen. Sie sollen hören, was der Herr selbst seinen Pilgern zum Aufbruch sagt: *Verschafft euch weder Gold noch Silber noch Kupfermünzen in eure Gürtel, auch keine Reisetasche, auch nicht zwei Röcke, weder Schuhe noch Stab*[33].

In dieser apostolischen Botschaft wird dargetan, daß der Pilger keine Habe mitnehmen darf, wenn er sie nicht den Armen zu geben trachtet. Er nehme kein Geld mit, oder wenn er es mitnimmt, möge er es an die Armen verteilen. Wenn er anders handelt, so höre er, was der Herr einem, der ihn fragt, selbst sagt: *Willst du vollkommen sein, so geh hin, verkaufe alles, was du hast, und gib es den Armen und folge mir nach*[34]. Deshalb folgen nicht die dem Herrn, welche ihre Güter verkaufen und auf der Pilgerfahrt den Gewinn ausgeben, sondern die, welche ihre Habe verkaufen und den Erlös den

---

32 Lk 24,18; die Jerusalemer Bibel übersetzt: *Bist du der einzige, der in Jerusalem weilt ...*, jedoch wurde hier eine eigene Übersetzung des lateinischen *peregrinus* (an dem es dem Autor wohl lag) vorgezogen. Vgl. zur Emmaus-Szene ein Relief aus dem 11. oder 12. Jh., im Kloster Santo Domingo de Silos, das Jesus als Pilger zeigt, Porter, Romanesque Sculpture, VI Tafel 667 sowie: Pilgerwege nach Compostela Abb. 1 (Ausschnitt). Zur Datierung vgl. Vázquez/Lacarra/Uria, Peregrinaciones, I S. 131.
33 Mt 10,9-10.
34 Mt 19,21.

Armen geben. So wie die Menge der Gläubigen einstmals ein Herz und eine Seele war und nichts zu eigen, sondern alles gemeinsam besaß, so soll den Pilgern alles gemeinsam gehören, sie seien ein Herz und eine Seele. Es ist äußerst schimpflich und eine große Schande, ja eine schwerste Sünde, wenn ein Pilger hungrig, der andere aber trunken ist. Alles, was geteilt wird, erstrahlt heller. Der Pilger, der mehr Nahrung als nötig mit sich trägt und nicht mit den Bedürftigen teilt, sondern sie nach Hause zurückbringt, sei mit Ananias und Saphira verdammt, die den Preis des verkauften Ackers zurückhielten und nach der Verdammung durch den hl. Petrus unmittelbar den Tod erlitten[35].

So ritt der Herr nicht auf einem Pferd oder Maultier, sondern auf einem Esel in Jerusalem ein[36]; was soll mit denen geschehen, die mit großen und fetten Pferden oder Maultieren und mit vielen Annehmlichkeiten dorthin reisen? Wenn der hl. Petrus nach Rom ohne Geld und ohne Schuhe ging und nach seiner Kreuzigung zum Herrn gelangte[37], warum reiten dann viele Pilger mit viel Geld und doppelter Kleidung zu ihm, essen köstliche Speisen, trinken viel Wein und geben den Bedürftigen nichts? Wenn der hl. Jakobus ohne Geld und ohne Schuhe als Pilger durch die Welt ging und nach seiner Enthauptung ins Paradies gelangte[38], warum gehen Pilger mit den verschiedensten Schätzen zu ihm, ohne den Bedürftigen davon abzugeben? Petrus und Jakobus durchstreiften die Welt ohne Geld und beteten ohne Unterlaß; was soll mit denen geschehen, die mit Geld, sei es geraubt, unrechtmäßig beschafft oder durch Zinsen erworben, mit unzüchtigen Ausschweifungen, Lügen, weitschweifigen Worten, spöttischen Ausdrücken, Trunkenheit und unziemlichen Liedern zu ihren Gräbern gehen? (...)

---

35 Vgl. Apg 5,1-10.
36 Vgl. Mt 21,1-11.
37 Die Reise des Petrus nach Rom und dessen Tod dort zwischen 64 und 67 werden — obwohl erst durch spätere Quellen bezeugt — nicht nur von katholischer, sondern auch zunehmend von evangelischer Seite als historisch angesehen, vgl. A. Vögtle/O. Perler, Petrus (LThK VIII, Sp. 334-341) sowie E. Dinkler, Petrus (RGG V, Sp. 247-249).
38 In dieser allgemeinen Form sicher unstrittig; vgl. jedoch zur angeblichen Predigt des hl. Jakobus in Spanien Kapitel 1., S. 12 mit Anm. 5.

Der Verfasser nennt noch weitere Beispiele für den Verzicht auf Reichtum und fordert diesen auch nachdrücklich von jedem Pilger, um dann konkreter fortzufahren:

Was nützt es dem Menschen, geliebte Brüder, eine Pilgerfahrt zu beginnen, wenn es nicht rechtmäßig geschieht? Deshalb möge zurecht derjenige, der sich zum Heiligtum des hl. Jakobus begibt, vor Beginn seiner Reise denen, die ihm Unrecht zugefügt haben, vergeben, alle Vorwürfe, die andere oder sein Gewissen ihm machen, wenn möglich, beilegen, von seinem Geistlichen, seinen Untergebenen, seinem Weib oder mit wem er sonst verbunden ist, eine rechtmäßige Erlaubnis einholen, wenn möglich zurückgeben, was er unrechtmäßig besitzt, Meinungsverschiedenheiten in seinem Herrschaftsbereich bereinigen, die Buße aller annehmen, sein Haus in Ordnung zurücklassen und über seine Güter nach Rat seiner Verwandten sowie Priester als Almosen für seinen Todfall verfügen[39]. Wer darauf den Weg antritt, gebe, wie wir bereits sagten, bedürftigen Pilgern, was diese für Leib und Seele benötigen, oder er gebe es, soweit er kann, seinen Brüdern, er sage keine schändlichen Worte, sondern rede über die Vorbilder der Heiligen; er meide Trunkenheit, Streit und Begierde, er höre wenn nicht täglich, so doch wenigstens an Sonn- und Festtagen die hl. Messe, er bete ohne Unterlaß, ertrage geduldig alle Anfechtungen, und wenn er später zurückgekehrt ist, enthalte er sich unerlaubter Dinge und verharre bis zuletzt in guten Werken, damit er mit dem Psalmisten singen kann: *Deine Satzungen tönen mir wie Gesänge, im Hause meiner Pilgerschaft*[40]. Und wer wegen der Pilgerfahrt Messen und Morgenlob versäumt, läßt das beste von zwei Gütern. Wer wahrhaft arm ist, ertrage Schlechtes und Schönes geduldig, erbitte das Nötige von den Habenden, bete für seine Wohltäter und für das Heil aller. Auf ihrer Reise müssen die Pilger darauf achten, daß unter ihnen weder Zwietracht noch Streit entsteht.

In der ehrwürdigen Basilika des hl. Aegidius[41] sah ich einst-

---

39 Vgl. insbesondere zu den juristischen Aspekten der Reisevorbereitungen Garrison, Pèlerins et leur condition juridique.
40 Ps 119(118),54.
41 In St-Gilles, einem der Ausgangspunkte der vier im Pilgerführer genannten

mals während der Nachtwache einige um den Sitz des Heiligen streiten: Die Franken saßen nämlich auf dem Platz beim Grab und die Basken, die ebenfalls dort sitzen wollten, stritten mit ihnen. Die zwischen ihnen mit Stöcken, Steinen und Streichen ausgetragene Auseinandersetzung wurde so heftig, daß einer schwer verwundet niedersank und starb. Ein anderer am Kopf Verletzter floh bis Castelneu auf der Straße von Périgueux und verschied dort. Deshalb müssen Pilger Streit und Trunksucht von Grund auf meiden. (...)

Der Verfasser verdammt im folgenden ausgiebig die verschiedenen Laster[42].

Was soll ich aber von den schlechten Wirten erzählen, welche die Pilger mit zahllosen Betrügereien enttäuschen[43]? Wie Judas die Strafe seiner Schuld und der Schächer den Preis seines Bekenntnisses vom Herrn Jesus Christus während seiner Passion empfing[44], so werden die schlechten Gastgeber die Strafen ihrer Missetaten in der Hölle, die wahren Pilger jedoch den Lohn ihrer Mühen im Himmel ernten. Verdammt seien also die bösartigen Wirte des Jakobsweges, die durch zahllose Betrügereien die Pilger ausnehmen. Manche gehen ihnen am Stadtrand entgegen und küssen sie, so als ob sie ihre von weit angereisten Verwandten wären. Was tun sie weiter? Sie führen sie in ihre Häuser, versprechen ihnen alle guten Dinge und handeln schlecht. Wem gleichen sie, wenn nicht Judas, der den Herrn mit einem Kuß verriet[45]! Sie reichen ihnen zuerst zum Kosten den besten Wein und verkaufen dann, wenn sie können, den schlechten. Andere verkaufen Apfelwein[46] als

---

Wege, vgl. unten Kapitel 4.3.1., S. 86.

42 Die Auslassung: fol. 83v-84v, Whitehill, Liber S. 158-160.

43 Mit dieser Passage setzt der Text von Hämel, Aus dem Liber Sancti Jacobi, ein; vgl. Kapitel 4.1., Anm. 7. Vgl. zum Folgenden generell zuletzt Schmugge, Pilgerverkehr, S. 55 und Herbers, Jakobuskult, S. 187.

44 Vgl. Mt 27,3-5.

45 Vgl. Mt 26,49.

46 Das lateinische Wort *sicera* muß entgegen einigen früheren Übersetzungsversuchen mit Apfelwein (spanisch *cidra*, französisch *cidre*) übersetzt werden, vgl. A. Moralejo, La voz cicera en el „Codex Calixtinus" (Cuadernos de Estudios Gallegos 5/1950, S. 444-446), der auch die weiteren Belege dieses Wortes im *Liber Sancti Jacobi* ausgewertet hat, vgl. Kapitel 4.3. Anm. 60 und Anm. 103.

Wein, wieder andere verdorbenen als guten Wein. Weitere verkaufen zwei oder drei Tage alte Fische oder gegartes Fleisch, an denen die Pilger erkranken. Wieder andere zeigen ein großes Maß und messen, wenn möglich, mit dem kleinen. Einer hat betrügerische Wein- und Hafermaße: außen riesig, innen jedoch klein und schmal und unzureichend ausgehöhlt, man nennt sie volkssprachlich *marsicias*[47]. Über solch unrechten Wirt klagt Jesaja mit den Worten: *Die Waffen des Arglistigen sind schlecht, denn er schmiedet schlimme Pläne, die Armen durch Lügenreden zu verderben*[48]. Ein anderer gibt wenn möglich Wasser ins Glas, während er den Wein vom Faß zapft. Andere versprechen den Pilgern beste Betten und geben schlechte. Manche lassen beim Eintreffen neuer Gäste die alten bezahlen und vertreiben sie dann. Der schlechte Wirt macht seinen Pilgergästen kein gutes Bett, wenn diese ihm nicht Nahrung oder eine Münze geben. Wenn das Geldstück des Pilgers in der Stadt, wo er essen möchte, zwei Geldstücke wert ist, so wertet es der schlechte Wirt nur wie ein einziges oder gar nur als einen Obolus. Der schlechte Wirt gibt seinen Gästen besten Wein, um sie betrunken zu machen und um dann während ihres Schlafes von ihnen Geldbeutel, Tasche oder etwas anderes zu stehlen. Der schlechte Wirt reicht ihnen todbringende Getränke, um sich ihrer Habe zu bemächtigen. Ebenso werden jene bestraft werden, die ein Faß unterteilen und es mit zwei verschiedenen Weinen füllen, von denen sie zunächst den besseren den Pilgern zur Probe anbieten, dann jedoch nach dem Essen den schlechteren aus dem zweiten Teil des Fasses servieren. Andere haben Gerste- oder Hafermaße, die auf spanisch *cafhit* oder *aroa*[49] heißen und die etwa einen Inhalt im ortsüblichen Wert von sechs Münzen fassen, jedoch verkaufen sie diesen den Pilgern wenn nicht für zwölf, so doch mindestens für zehn Münzen. Bei einem üblichen Preis von zwölf Geldstücken nehmen sie von Pilgern 20 oder gar zwei Schillinge[50]. Ebenso wird der *sextarius*[51]

---

47 In den einschlägigen Wörterbüchern nicht verzeichnet.
48 Jes 32,7.
49 Mit *cafiz* oder *cahiz* wurde ein ursprünglich arabisches Maß bezeichnet, das in Kastilien 666 Liter faßt. Der Begriff *aroa* ist wohl synonym zu verstehen.
50 Seit der Karolingerzeit war das Währungssystem grundsätzlich dreigliedrig:

Wein, wenn er im Ort normalerweise für zwölf Münzen verkauft wird, jenen für zwei Schillinge feilgeboten.

Was soll ich jedoch von der Dienerin sagen, die auf Geheiß
der Herrin das Wasser im Haus vergießt, damit die dürstenden
Pilger in der Nacht kein Wasser finden und den Wein des Wirtes kaufen? Was ist mit jener, die nachts mit Zustimmung des
Wirtes Hafer oder Gerste aus den Futterkrippen stiehlt? Sie
seien verdammt! Ebenso treffe der Bann die Wirtsmägde, die
sich aus Hurerei und Geldgier auf teuflisches Geheiß nachts
den Pilgerbetten zu nähern pflegen. Die Dirnen, die aus diesem Grund zwischen der Miño-Brücke[52] und Palas del Rey an
waldreichen Orten den Pilgern häufig entgegentreten, müssen
nicht nur exkommuniziert, sondern von allen geplündert und
durch Abschneiden der Nase öffentlich geächtet werden.
Einzeln pflegen sie sich immer einem einzelnen darzubieten.
Geliebte Brüder! Auf welche Art der Teufel seine unrechten
Netze auswirft und den Jakobspilgern die Höhle des Verderbens öffnet, vermag ich nicht zu beschreiben. Was soll ich an-
dererseits über die schlechten Wirte sagen, die das Geld der
Pilger, die in ihrem Haus sterben, begierig behalten, anstatt es
den Klerikern und Armen als Almosen pflichtgemäß zu geben; sie seien wahrhaft verdammt! Die schlechten Gastgeber
von der Stadt Santiago geben den Gästen die erste Mahlzeit
gratis und verkaufen ihnen nur Kerzen oder Wachs. Welch
vorgetäuschte Barmherzigkeit, welch falsche Frömmigkeit
und welch vollkommen betrügerische Großzügigkeit! Wenn
an einem Datum zwölf Pilger da sind, serviert der unfreund-
liche Wirt als erstes ein Fleisch- oder Fischgericht, das auf
dem städtischen Fleischmarkt acht Münzen kostet, um ihnen
dann zwölf Kerzen, die er auf dem städtischen Markt für insgesamt vier Schilling — jede einzelne für vier Geldstücke — er-

---

12 Denare (oder Pfennige) ergaben einen Schilling *(solidus)*, 240 Denare (bzw.
20 Schillinge) ein Pfund. Schillinge wurden in der Regel nicht geprägt, sondern
galten in der Regel nur als Rechnungseinheit, vgl. F. Wieland, Münzen, Gewichte und Maße bis 1800 (Handbuch der deutschen Wirtschafts- und Sozialge-
schichte, Stuttgart 1971, I S. 658-678) S. 660. Das im folgenden meist mit
„Münze" oder „Geldstück" übersetzte lateinische Wort *nummus* bezeichnet
wohl in der Regel den Denar.

51 Hohlmaß, entspricht etwa 0,56 Liter.

52 Puertomarín, vgl. zu dieser und den folgenden Ortschaften die Karte (Um-
schlagklappe).

worben hat, zum Preis von sechs Schilling zu verkaufen, und betrügt so jeden um sechs Geldstücke. Ebenso gibt er das Wachs, das vier Geldstücke wert ist, für sechs Münzen ab und Wachs im Wert von vier Schillingen für sechs Schillinge; so hat er ihnen heimtückisch das Essen verkauft. Was gibt es noch? Fleisch und Fisch im Wert von acht Münzen, die er ihnen zum Essen gab, verkauft er ihnen in Wirklichkeit betrügerisch zu einem Preis von zwei Schillingen. Oh, welch ruchlose Macht, welch verächtlicher Wucher! (...)

Andere erzählen auf die Fragen der Pilger hin Lügenmärchen statt der wahren und ehrbaren Taten des hl. Jakobus. Ein anderer schlauer Wirt schickt seinen Gefolgsmann von Santiago de Compostela bis zur Miñobrücke[53] den Pilgern entgegen, der diese dann folgendermaßen anspricht: „Meine Brüder und Freunde: Ich bin Bürger der Stadt des hl. Jakobus; ich bin nicht wegen der Beherbergung gekommen, sondern hüte ein krankes Maultier meines Herrn aus jener Stadt; geht zu dessen Haus und meldet jenem bitte, sein Maultier werde schnell geheilt werden. Nehmt auch dort Quartier, denn aus Liebe zu mir gewährt er euch als Boten dieser Nachricht alles Gute." Jedoch finden diese, wenn sie dorthin gelangen, alles Schlechte.

Ein anderer geht ihnen nach Barbadelo oder Triacastela[54] entgegen und wenn er Pilger trifft, grüßt er und redet schlau zunächst über andere Dinge, um ihnen schließlich zu sagen: „Meine Brüder, die ihr nach Santiago unterwegs seid, ich bin ein glücklicher Bürger dieser Stadt und bin nicht gekommen, um mir Kunden zu verschaffen, sondern um mit einem meiner Brüder zu sprechen, der in dieser Stadt wohnt. Wenn ihr eine gute Herberge in Santiago haben wollt, quartiert euch in meinem Haus ein. Sagt meiner Frau und meiner Familie, sie mögen euch mir zuliebe gut versorgen. Ich werde euch ein Merkmal verraten, das ihr ihnen zeigen sollt." Mit diesen Worten gibt er als Zeichen einigen sein Messer, anderen seinen Gürtel, wieder anderen seinen Schlüssel, weiteren seinen Rie-

---

53 Wohl ebenfalls Puertomarin gemeint, vgl. Anm. 52.
54 Das nicht auf der Karte verzeichnete Barbadelo liegt auf halbem Weg zwischen Triacastela und Puertomarin.

men, seinen Ring, seinen Hut oder seinen Handschuh und schickt sie zu seinem Haus. Nachdem jene zu dessen Haus gekommen sind, sich einquartiert haben und ihnen die Frau dieses Wirtes das erste Gericht gebracht hat, verkauft sie Wachs im Wert von vier Münzen zu einem Preis von acht oder zehn. So werden die Jakobspilger von den Wirten betrogen. Und wenn irgendein Pilger eine Silbermark[55] besitzt, die dreißig Schillinge wert ist, führt ihn der schlechte Wirt zu einem Wechsler, seinem Komplizen, und gibt ihm heimtückisch den betrügerischen Rat, er möge die Mark dem Bankier für zwanzig Schillinge geben, so daß der unrechte Wirt selbst vom Käufer die *reva*[56] erhält, mehr oder weniger zwölf *passut*[57]. Sie nennen die Münzen betrügerisch *passut*, und die *reva* meint den Unrechtslohn. Ebenso: Wenn der Pilger über etwas von hohem Wert zum Verkauf verfügt, überredet er ihn zur Hergabe für einen niedrigen Preis, damit der Wirt selbst eine große *reva* erhält, sei es vom Käufer oder von beiden. (...)

Die Wächter, welche die Altäre der Kathedrale von Santiago, St-Gilles, St-Léonard, St-Martin in Tours, Ste-Marie in Le Puy und des Apostels Peter in Rom[58] hüten, sind im Betrug die Bundesgenossen der schlechten Wirte; aus Gier führen sie die Pilger an alle Altäre und raten, die Gaben niederzulegen, damit der Wirt davon die *reva* und der Wächter ebenso seinen Anteil am Betrug erhalte. (...)

Die Pilger müssen sich vor bestimmten Räubern in acht nehmen, die in der Volkssprache *cinnatores*[59] heißen und sie unterwegs belästigen. Manche wechseln Falschgeld, manche bestehlen während des Wechselns, andere geben vor, für einen

---

55 Der Wert der Silbermark schwankte; 1213 war eine Silbermark in Barcelona beispielsweise 48 Schillinge wert.
56 Hiermit ist in der Regel eine Abgabe oder ein Zoll für Handelsgüter gemeint, vgl. Du Cange, Glossarium. Hier bedeutet es wohl eine Art Kommission für Wiegen und Wechseln des Geldes, vgl. den anschließenden Text.
57 Unbestimmtes Maß oder Gewicht; hier jedoch eine Geldmenge, die möglicherweise 11 1/2 Denaren entsprach, vgl. Moralejo/Torres/Feo, Liber, S. 217 Anm. 26.
58 Hiermit sind (vermehrt um das Zentrum der abendländischen Christenheit, Rom) die Ausgangsorte der im Pilgerführer verzeichneten Pilgerwege angesprochen (wobei St-Léonard im Limousin für Vézelay eintritt, vgl. Kapitel 4.3.1., S. 86).
59 Diese Bezeichnung ist in den einschlägigen Lexika nicht belegt.

angeblich geringen Preis Riemen, Gürtel, Bänder, Handschuhe, Wachs oder sonst etwas zu verkaufen. Während einer von ihnen dem Pilger dies zeigt und der Pilger ihm Münzen reicht, versteckt ein anderer Dieb die echten Münzen des Pilgers in seinem Ärmel und gibt jenem falsche zurück. (...)

Es folgt der Bericht über ein weiteres Gaunerstück der *cinnatores,* dann heißt es weiter:

Wem gleichen sie, wenn nicht Datan und Abiram, welche die Erde verschluckte[60]?

Ebenso müssen sich die Pilger vor den schlechten Wirten hüten, die ihren Ring oder ihr silbernes Siegel nachts in den Pilgertaschen und Beuteln ihrer schlafenden Gäste verstecken; wenn dann die Pilger von der Herberge weggehen und etwa eine Meile aus dem Ort herausgegangen sind, verfolgen sie diese und rauben sie mit dieser betrügerischen Beschuldigung aus.

Besonders sind die Italer zu verdammen, denn sie verbergen die Schurken, die Pilger haben sterben lassen. Wenn diese Verbrecher zufällig gefangen werden, nehmen sie Geld von ihnen und lassen sie unverletzt ziehen. Deshalb seien sie mit jenen zusammen verdammt, weil Stehler und Hehler in der Hölle die gleiche Strafe verdienen.

Was soll ich über die falschen Beichtväter sagen[61]? Gewisse Heuchler, die von bösen Dämonen beherrscht sind, trifft man als Kleriker oder Laien, jedoch im Priestergewand, äußerlich sanft wie Schafe, innerlich aber wild wie Wölfe, auf den Wegen von Vézelay, Santiago, St-Gilles und Jerusalem; sie erlegen den Pilgern oder anderen Sorglosen falsche Bußen auf. Zunächst gehen sie ein Stück gemeinsam des Weges und halten erbauliche Vorträge, zählen alle Laster nacheinander auf; dann sprechen sie mit jedem einzelnen von ihnen getrennt und fragen jeden im Geheimen nach seinem Gewissen und

---

60 Vgl. Num 16,31-33.
61 Vgl. zu dieser Passage, die fast wortgleich im 2. Kapitel des I. Buches steht, Herbers, Jakobuskult, S. 101 f. mit Wiedergabe des lateinischen Textes (das vorletzte Wort auf S. 101 ist in *inventurum* zu verbessern).

den begangenen Sünden. Bald nachdem diese alles bekannt haben, erlegen sie dem einen dreißig, dem andern dreizehn Messen für jedwede Sünde als Buße auf. Dann sagen sie dem Pilger: „Laß im Gedenken an die 30 Münzen, mit denen der Herr verraten wurde[62], dreißig Messen lesen, und zwar von den dreißig besten Münzen, die du besitzt; allerdings von Priestern, die nie etwas mit Frauen hatten, weder Fleisch gegessen, noch je etwas zu eigen besessen haben." Weil aber jener nicht weiß, wo er so einen Priester finden könne, gibt er dem Priester dreißig Münzen, der für ihn einen solchen zu finden verspricht. Der Empfänger des Geldes kümmert sich nicht um das Heil des Sünders, sondern steckt das Geld in die Tasche und gibt es mit Überschwang aus, bringt so seine Seele unter das Anathem und in die Hölle. Vor diesen Leuten muß man sich wie vor hungrigen Wölfen vorsehen.

Was soll ich von denen erzählen, die eine angebliche Krankheit vortäuschen und am Weg des hl. Jakobus oder anderer Heiliger sitzen, um sich den Vorüberziehenden zu zeigen? Manche weisen mit Leidensmienen auf ihre Beine und Arme hin, die sie entweder mit dem Blut eines Hasen bestrichen oder durch die Asche einer Pappel abgeschürft haben, um den Vorbeigehenden, begierig wie sie sind, ein Almosen zu entlocken. Andere färben ihre Lippen oder Wangen schwarz, weitere haben Palmen und Mäntel aus Jerusalem, bemalen ihre Gesichter und Hände mit Beeren aus den Wäldern, welche die Franken *lotuessas*[63] nennen, damit sie ein krankes Aussehen erhalten. Andere geben vor, taub oder stumm zu sein, obwohl sie es nicht sind; weitere färben einen Arm oder ein Bein, das ihnen einstmals bei einem Raub abgeschnitten wurde, mit dem Blut eines Tieres, so als ob sie ihre Gliedmaßen durch Krankheit verloren hätten und zeigen dies den Vorüberziehenden. (...)

Manche von jenen Humplern, obwohl sie mit ihren Krükken gerade gehen könnten, lassen diese los[64] und zeigen sich

---

62 Vgl. Mt 26,14-16.
63 Es ist nicht sicher, welche Pflanzenart gemeint ist.
64 In der Handschrift: *dinittentes illas (scilicet scatias)*, jedoch ist wohl *dimittentes* zu verbessern.

mit gebeugten Knien, mit Kissen in den Händen, zur Erde gebeugt. So erscheinen sie den Pilgern an einsamen Orten, um von ihnen Almosen zu erbitten. Sie sind so stolz, daß sie Brot oder ein bescheidenes Almosen anzunehmen verweigern, sondern nur Geld, Stoffe oder Wachs annehmen[65]. Wer ihnen dennoch um der Liebe zu Gott und zum Apostel ein Almosen geben sollte, wird seinen Lohn ohne Zweifel erhalten. Jenen soll man weder das Almosen vorenthalten, noch soll man sie verachten, sondern sie von ihrer verwerflichen Gier durch das Mittel des göttlichen Wortes abbringen. (...)

Was soll ich hingegen von den Frauen erzählen, die Kerzen zum Verkauf herstellen und soviel Docht in die Kerzen und Leuchter geben, daß sie weder bei den Messen noch bei den Lektionen brennen? Und was sage ich über jene, die zu der Zeit, wenn die Pilgerscharen kommen, Brot, Wein, Früchte, Käse, Fleisch und Vögel teurer verkaufen? Auf den Wegen der Heiligen gibt es Unrecht und Betrug im Überfluß.

Was soll ich von den Bankiers sagen, die in der Volkssprache Wechsler heißen? Wenn zwölf Münzen des Pilgers sechzehn des Bankiers wert sind und der Pilger diese haben möchte, so gibt ihm jener auf Rat des unrechten Pilgerwirtes höchstens dreizehn oder vierzehn Geldstücke. Sind sie zwanzig wert, gibt er sechzehn oder wenn möglich weniger. (...)

Nach weiteren Einzelbeispielen fährt der Verfasser fort:

Der betrügerische Wechsler verfügt über verschiedene, große und kleine Gewichte. Er kauft das Silber zu einem höheren, verkauft es hingegen zu einem leichteren Gewicht. Er lobt sein Gold, Silber und seine Schätze, verachtet jedoch die des anderen. Er verkauft teuer und kauft billig. (...)

Es wird über weitere Missetaten der Wechsler berichtet, dann heißt es:

Ihr falschen Wechsler, hört deshalb, was der Psalmist sagt: *Trügerisch sind die Menschensöhne. Sie schnellen empor auf*

---

65 Diese Passage zu den Humplern ist möglicherweise später zugefügt worden; sie steht als Randnotiz außerhalb des Textes, vgl. Herbers, Jakobuskult, S. 205.

der Waage, allesamt sind sie leichter als wie ein Hauch[66]. Ihr werdet in euren Werken enttäuscht, denn sie führen euch zur Hölle! Ihr werdet mit demselben Maß gemessen werden, mit dem ihr gemessen habt! Gewicht auf Gewicht, Mark auf Mark, Pfund auf Pfund sind auf eurem Tisch. Hört deshalb, was euch ein Weiser sagt: Gewicht und Gewicht, Maß und Maß, sind beide für Gott abscheulich[67]. Eure Tische stieß der Herr einstmals um, wie im Evangelium geschrieben steht: *Der Herr stieß die Tische der Wechsler und die Sitze der Taubenverkäufer um*[68].

Aber was sage ich über die hinterlistigen Gewürzkrämer? Manche verwahren die Pflanzen so lange bis sie faulen und verkaufen sie gleichwohl als frisch; andere bieten minderwertige Arten anstelle wertvoller feil, wieder andere befeuchten den Pfeffer mit Wasser, damit er mehr wiegt, weitere mischen ihm geröstete Ingwerkörner[69] oder den ihm ähnlichen schwarzen Sand bei; andere fügen *barbara glisce*[70] hinzu, das dem Alaun gleicht, und nehmen ihm die helle Farbe weg; wieder andere mischen dem Weihrauch Tannen- oder Pinienharz hinzu. Manche fügen den Farben gleich aussehende Erde bei; manche verkaufen den Unwissenden grünliche Erde als griechische Farbe; andere Mennige als Zinnober, wieder andere mischen Zinnober der Mennige bei; weitere befeuchten das Blau mit Wasser, damit es mehr wiegt. Ebenso verändern sie die übrigen Farben und Gewürze mit fremden, ihnen ähnlichen Stoffen[71].

---

66 Ps 62(61),10. Im lateinischen Text der Vugata nur abweichend *decipiant* statt *decipiantur*.

67 Sinngemäß Spr 20,10. Gemeint ist wohl zweierlei Gewicht und zweierlei Maß.

68 Mt 21,12.

69 Das aus Indien und China stammende Ingwergewürz kam durch die Römer in den Mittelmeerraum, ist in Mitteleuropa seit dem 9. Jh. bekannt und wurde als Gewürz dem Pfeffer gleichbedeutend.

70 Mit *barbara glisce* scheint eine besondere Mergelart gemeint zu sein, die zuweilen hell schimmert und für die Moralejo/Torres/Feo, Liber, S. 222 Anm. 20 den spanischen Begriff *glessomarga* vorschlagen.

71 Zu den verwendeten natürlichen Farbstoffen im Mittelalter und zur Technik des Färbens vgl. E.E. Ploss, Ein Buch von alten Farben (Heidelberg-Berlin 1962, [3]1973) S. 15-36 und 75-86. — Zu den Gewürzkrämern als Vorläufer der Apotheker vgl. Vázquez/Lacarra/Uría, Peregrinaciones, I S. 446. Demnach gab es in Compostela eine große Anzahl dieser Krämer, die für die Heilung suchenden Pilger bereitstanden.

Dasselbe machen auch die Ärzte. Sie fürchten sich nicht, Latwerge, gemischte Medizin, Sirup und andere Gegenmittel mit fremden Zutaten zu verändern. Sie fügen die schlechten den guten Substanzen bei und verkaufen die minderwertigen als wertvolle Mittel[72].

Was soll ich über die hinterlistigen Händler erzählen? Manche messen Tücher beim Kauf mit großer Elle[73], beim Verkauf mit kleiner; manche verwahren sie so lange bis sie faulen und verkaufen sie dann trotzdem als gut, andere verkaufen Riemen, Felle von wilden Tieren, Gürtel, Handschuhe und was sie sonst noch haben, den Pilgern teurer als ihren Nachbarn; wieder andere schwören in den geringsten Angelegenheiten immer wieder falsche Eide und seien deshalb verdammt! (...)

Es folgen einige weitere Beispiele des Betrugs von Händlern.

Oh, hinterlistige Habsucht! Manche sorgen dafür, daß ihre Jungen diese Gaunereien lernen und schicken sie nach Le Puy, St-Gilles, Tours, Piacenza, Lucca, Rom, Bari oder Barletta; in diesen Städten pflegt man nämlich in einer Schule jeglichen Betrug zu unterrichten[74]. Oh, ihr falschen Wirte, betrügerischen Wechsler und unehrlichen Händler, bekehrt euch zu eurem Herrn und Gott, stellt eure schlechten Werke zurück, verlaßt die Habsucht und legt eure Betrügereien ab! Was werdet ihr am Tag des Gerichtes sagen, wenn ihr alle jene sehen werdet, die ihr betrogen habt und die euch vor Gott anklagen? Wisset, daß ihr Gott mit eurem unzähligen Unrecht

---

72 Zu dieser einzigen Erwähnung von Ärzten im *Liber Sancti Jacobi* vgl. Vázquez/Lacarra/Uría, Peregrinaciones, I 436. Es handelt sich hier um eine der für das 12. Jh. noch seltenen Erwähnungen von Ärzten außerhalb des Klosterverbandes. – Zu einigen der genannten Pflanzen vgl. H. Fischer, Mittelalterliche Pflanzenkunde (München 1929).

73 Im Lateinischen *alna;* entspricht etwa einer Länge von 0,44 Metern.

74 Die beiden letzten Sätze zu den Betrugsschulen sind in der Handschrift als Randnotiz zugefügt, möglicherweise erst von einem zeitlich später zu datierenden Schreiber, vgl. Herbers, Jakobuskult, S. 205. Mit den genannten Städten sind bemerkenswerterweise bedeutende Wallfahrtsorte hervorgehoben, wo sicherlich auch Betrug an der Tagesordnung war; der Bestand von „Betrugsschulen" läßt sich jedoch nicht aus anderen Quellen belegen. Bezeichnenderweise liegen die meisten dieser Städte in Italien.

verachtet habt. Wenn ihr euch nicht von euren zahllosen Betrügereien an den Heiligen Jakobus, Petrus, Aegidius, Martin von Tours, Johannes Baptist von Angély, Michael Marinus, Bartholomäus von Benevent und Nikolaus von Bari[75], deren Pilger ihr betrogen habt, abwendet, werden diese euch vor Gott anklagen. (...)

Im weiteren moralisiert der Verfasser gegen den Betrug[76], malt die zu erwartenden Strafen aus und faßt dann zusammen:

Wer sich deshalb gegen die Pilger weder auf dem Markplatz, noch beim Handel, noch beim Geldwechsel, noch bei der Beherbergung, noch durch die anderen genannten Betrügereien vergeht, sondern sich gegen sie rechtens verhält, wird ohne Zweifel in Zukunft vom Herrn entlohnt werden. Wer sie jedoch hintergeht, oder ihnen etwas durch Diebstahl, Raub oder durch anderen Betrug wegnimmt, wird zweifellos das Schicksal mit Datan, Abiram und dem Teufel teilen[77].

Und was sage ich über jene, die von den Jakobspilgern Abgaben verlangen? Die Zöllner von Ostabat, von St-Jean oder St-Michel-Pied-de-Port, die einen ungerechten Tribut verlangen, seien verdammt! Es fehlen die Worte, um zu erzählen, wie viel Unrecht sie den Pilgern zufügen. Kaum jemand geht dort vorbei, ohne von ihnen ausgeraubt zu werden. Wegen der hl. Bischöfe, Priester und Mönche, die dort wiederholt beraubt werden, seien sie kraft des allmächtigen Vaters, des Sohnes und des Heiligen Geistes und aller Heiligen Gottes hundertmal exkommuniziert und gebannt sowie vom Paradies ausgeschlossen[78]. Man soll lieber darüber schweigen als reden.

---

75 Vgl. die Beschreibung einiger dieser Pilgerorte in Kapitel 4.3., S. 107 ff., 122 f., 124 f. und 133 ff.; die Namen der hier genannten Heiligen lassen sich nur teils den bei Anm. 74 zitierten Städten zuordnen, was den Verdacht einer späteren Zufügung der Passage über die Betrugsschulen erhärtet.

76 Die Auslassung: fol. 88ᵛ-90ᵛ, Whithill, Liber, S. 168-170.

77 Vgl. Num 16,31-33. Die beiden letzten Sätze ähneln der Form von *Sanctio positiva* und *Sanctio negativa* in mittelalterlichen Urkunden. Auch dort wird bei Strafandrohung oft auf die biblischen Gestalten Datan und Abiram verwiesen.

78 Vgl. zu den Praktiken dieser Zöllner Kapitel 4.3.7., S. 96-97.

Deshalb müssen auch die genannten Missetäter, nämlich Wirte, Wechsler, Händler und Zöllner von allen Gebildeten zur Reue ermahnt werden. (...)

Das Kapitel schließt mit einem Lob auf Jakobus, seine Grabstätte, das spanische und galicische Volk sowie auf die dorthin zur Verehrung kommenden Pilger[79].

---

79 Dieser letzte Teil nimmt fol. 90^v-93^v, Whitehill, Liber, S. 168-170, ein.

Abb. 3: Die Jakobsbrüder. Holzschnitt von Jost Amman, 1568 (Bayerische Staatsbibliothek München)

Abb. 4: Der hl. Jakobus (?) segnend und mit Buch (Codex Calixtinus, Santiago de Compostela, Archivo de la Catedral, fol 4ʳ)

Abb. 5: Jakobus d.Ä., um 1500 (Stuttgart, Württ. Landesmuseum, Inv. Nr. 311 b, vgl. I. Baum, Kataloge der Königlichen Altertümersammlung in Stuttgart, III, Stuttgart/Berlin 1917, n. 187)

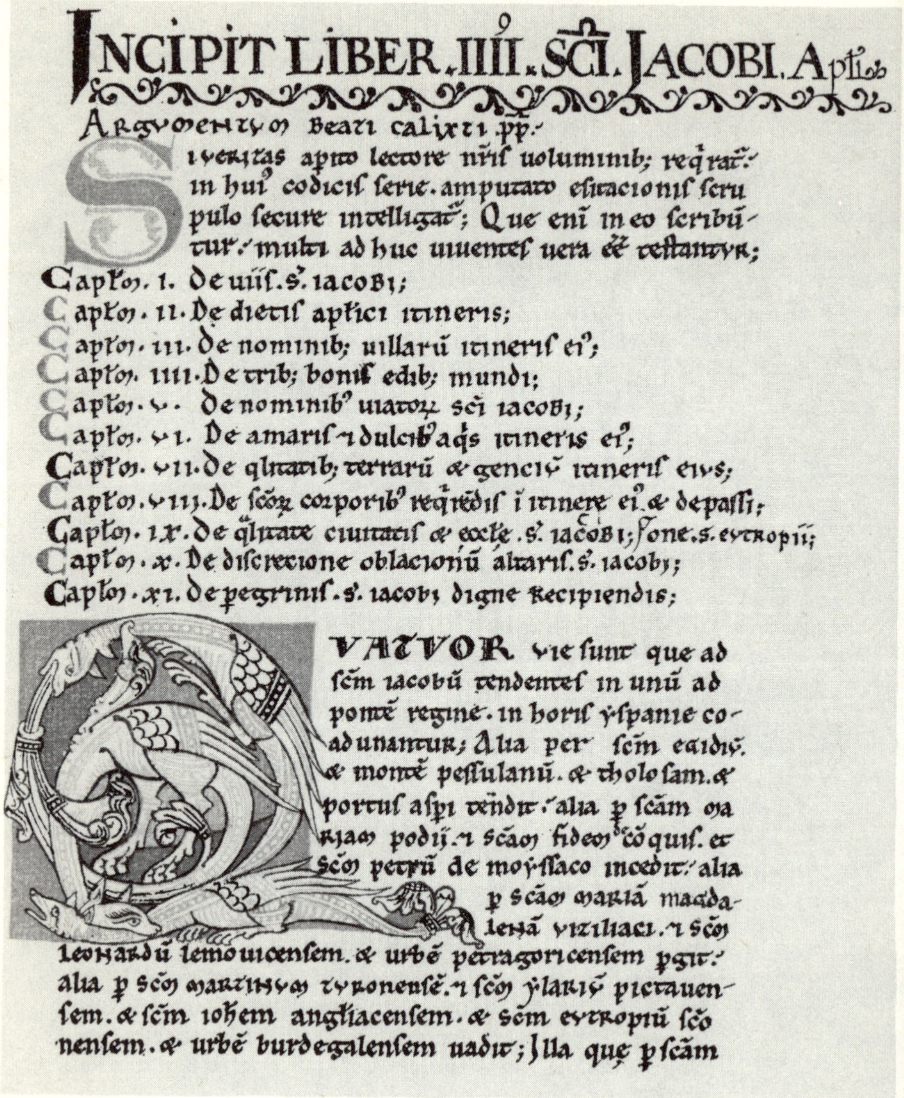

INCIPIT LIBER .IIII. SCI. IACOBI. Apli

Argumentum Beati Calixti pp.

Siveritas apto lectore nris uoluminib; reqrat in hui codicis serie. amputato esitacionis scrupulo secure intelligat; Que eni in eo scributur. multi ad huc uiuentes uera ee testantur;

Capttm. 1. de uiis. s. iacobi;
Capttm. 11. De dietis aplici itineris;
Capttm. 111. de nominib; uillaru itineris ei;
Capttm. 1111. De trib; bonis edib; mundi;
Capttm. v. de nominib uiatox sci iacobi;
Capttm. v1. De amaris i dulcib aqs itineris ei;
Capttm. v11. de qlitatib; terraru & gencis itineris eius;
Capttm. v111. De scox corporib reqredis i itinere ei. & de passi;
Capttm. 1x. de qlitate ciuitatis & eccle. s. iacobi; & one. s. eutropii;
Capttm. x. De discrecione oblacioniu altaris. s. iacobi;
Capttm. x1. de petrinis. s. iacobi digne Recipiendis;

VATVOR vie sunt que ad scm iacobu tendentes in unu ad ponte regine. in horis yspanie coadunantur; Alia per scm eaidii. & monte pessulanu. & tholosam. & portus aspi tendit. alia p scam oriam podii. i scam fidesi coquis. & scm petru de moyssaco incedit. alia p scam oriam maadalenam uiziliaci. i scm leonardu lemouicensem. & urbe petragoricensem pgit. alia p scm martinu turonense. i scm ylariu pictauensem. & scm iohem anglicensem. & scm eutropiu sconensem. & urbe burdegalensem uadit; Illa que p scam

---

Abb. 6: Textbeginn des Pilgerführes (Codex Calixtinus, Santiago de Compostela, Archivo de la Catedral, fol 192[r])

4.3. Der Pilgerführer

Hier beginnt das 4. [5.] Buch des heiligen Apostels Jakobus[1].
Vorwort des seligen Papstes Calixt.

Wenn der gebildete Leser in unseren Werken die Wahrheit sucht, wird er sie in diesen Blättern bedenkenlos und ohne Zögern finden, denn was hier geschrieben ist, bezeugen viele, die noch leben, als wahr.

Kapitel   I: Wege nach Santiago
Kapitel   II: Tagesstrecken des Jakobsweges
Kapitel III: Namen der an diesem Weg gelegenen Orte
Kapitel IV: Die drei guten Pilgerhospize der Welt
Kapitel   V: Namen der Straßenbauer des hl. Jakobus
Kapitel VI: Schlechte und gute Wasser am Pilgerweg
Kapitel VII: Beschaffenheit der Länder und Völker entlang der Pilgerstraße
Kapitel VIII: Heilige Leichname und Reliquienstätten, die auf dem Weg zu besuchen sind, und die Passion des hl. Eutropius
Kapitel IX: Beschaffenheit der Stadt und Kirche des hl. Jakobus
Kapitel   X: Verteilung der Opfergaben des Jakobus-Altares.
Kapitel XI: Über die würdige Aufnahme der Jakobspilger

---

1 Die Ordnungszahl „4" entstammt wie die gesamte Überschrift dem 17. Jh., als der Pseudo-Turpin (IV. Buch) aus dem *Liber Sancti Jacobi* herausgetrennt wurde und somit die Gesamtzahl der Bücher auf vier schrumpfte, vgl. Hämel, Überlieferung, S. 8 und zuletzt Herbers, Jakobuskult, S. 23 f. Demnach ist in „5. Buch" zu verbessern. Die später meist wiederholten Überschriften vor Kapitelbeginn entsprechen nicht immer genau dem hier gegebenen Wortlaut. Zum Problem der Pilgerstraßen vgl. Kapitel 3., S. 43 f. Neben der dort zitierten Literatur sei hier generell auf folgende einschlägige Arbeiten verwiesen, die im fol-

4.3.1. [Wege nach Santiago][2] (Kapitel I)

Vier Wege führen nach Santiago, die sich zu einem einzigen in Puente la Reina[3] in Spanien vereinen; einer geht über St-Gilles, Montpellier, Toulouse und den Somportpaß[4], ein anderer über Notre-Dame in Le Puy, Ste-Foy in Conques und St-Pierre in Moissac, ein weiterer über Ste-Marie-Madeleine in Vézelay, St-Léonard im Limousin und die Stadt Périgueux, ein letzter über St-Martin in Tours, St-Hilaire in Poitiers, St-Jean in Angély, St-Eutrope in Saintes und die Stadt Bordeaux. Diejenigen Wege, die über Ste-Foy, St-Léonard und St-Martin führen, vereinigen sich in Ostabat, und nach dem Überschreiten des Cisapasses[5] treffen sie in Puente la Reina auf den Weg, der den Somportpaß überquert; von dort gibt es nur einen Weg bis Santiago[6].

---

genden nur im Einzelfall erneut zitiert werden: King, Way; Vázquez/Lacarra/Uría, Peregrinaciones, II (mit Beschreibung der Pilgerwege in einzelnen, übersichtlichen Abschnitten) sowie Filgueira Valverde, Glosa (mit fortlaufender Kommentierung nach Kapiteln).

2 Überschrift fehlt, nach dem Kapitelverzeichnis S. 85 ergänzt. Zu den in Kapitel I-III beschriebenen Pilgerstraßen vgl. die Karte (Umschlag) sowie oben Kapitel 3., S. 43 ff.

3 Der Name *Pons Reginae* (Brücke der Königin) geht auf eine Brücke zurück, welche die Gemahlin König Sanchos III. von Navarra (1004-1035), Doña Mayor, über den rio Arga zur Hilfe der Pilger erbauen ließ, vgl. Vázquez/Lacarra/Uría, Peregrinaciones, II S. 124. – Die im folgenden genannten Ortsnamen werden nur in zum Verständnis wichtigen Fällen kommentiert, für die Identifizierung sei auf die Karte und das Register (S. 177 ff.) verwiesen.

4 Im lateinischen Text *portus Asperi,* was eher mit „Aspapaß" oder ähnlich zu übersetzen wäre, jedoch ist der Ausdruck Somport geläufiger. Zum Paß vgl. Anm. 26.

5 Der Cisapaß verbindet das heute französische Cisatal mit dem spanischen Tal von Roncesvalles.

6 Vgl. hierzu oben S. 44 und die Karte. Man beachte die Bedeutung der Heiligennamen; erst durch den Besitz eines heiligen Leichnams erhielten die Städte ihren Namen und ihr eigentliches Gewicht. – Die spanische Wegstrecke, die der Römerstraße folgt, heißt oft „französischer Weg" (lateinisch *via francigena,* spanisch *camino francés*). Er führt durch das Landesinnere und wurde erst seit dem 11. Jh. verstärkt benutzt; vorher bevorzugte man eine teilweise beschwerlichere, aber gegenüber moslemischen Angriffen sicherere Route, die weiter nördlich (zumeist an der Küste) verlief.

4.3.2. Tagesstrecken des Jakobsweges, Papst Calixt[7] (Kapitel II)

Vom Somportpaß bis Puente la Reina sind es drei kleine Etappen: die erste geht von Borce, einem Dorf, das am Fuße des Somport auf der gascognischen Seite gelegen ist, bis nach Jaca[8]; die zweite von Jaca bis nach Monreal; die dritte von Monreal bis nach Puente la Reina.

Vom Cisapaß bis nach Santiago verbleiben dreizehn Etappen. Die erste reicht vom Ort St-Michel, auf der gascognischen Seite am Fuß des Cisapasses, bis nach Viscarret und diese Etappe ist kurz; die zweite von Viscarret bis Pamplona ebenso; die dritte führt von der Stadt Pamplona bis nach Estella. Die vierte von Estella bis nach Nájera wird mit dem Pferd zurückgelegt, die fünfte von Nájera bis zur Stadt Burgos ebenso mit dem Pferd; die sechste geht von Burgos bis Frómista; die siebente von Frómista bis Sahagún; die achte von Sahagún bis zur Stadt León; die neunte von León bis Rabanal, die zehnte von Rabanal bis Villafranca, an der Mündung des Valcarce, nachdem man den Monte Irago überquert hat. Die elfte führt von Villafranca nach Triacastela über den Cebreropaß[9]; die zwölfte reicht von Triacastela nach Palas del Rey; die dreizehnte von Palas del Rey bis nach Santiago ist kurz.

---

7 Zur Bedeutung der Etappen vgl. Kapitel 3., S. 44. In einigen Kapiteln wird die angebliche Autorschaft des Papstes Calixt II. noch besonders hervorgehoben; vgl. auch Kapitel 4.3.6., S. 92, 4.3.9., S. 133 sowie zur Nennung des Kanzlers Aimericus Kapitel 4.3.5. mit Anm. 28. Laut David, Etudes, III S. 187 f. sind diese Namen als Zufügung des Schlußredaktors anzusehen, der die Bedeutung dieser Personen für das Bistum/Erzbistum Compostela gut kannte. – Spanische Spezialabhandlungen zu diesen und im nächsten Kapitel genannten spanischen Teilstücken des Pilgerweges findet man verzeichnet bei Guerra Campos, Bibliografia, S. 687-690.

8 Laut Porter, Romanesque Sculpture, gelangte über dieses kulturelle Zentrum des aragonesischen Reiches der Einfluß der romanischen Kunst nach Frankreich, vgl. auch Vázquez/Lacarra/Uría, Peregrinaciones, II S. 423.

9 Auf dem Cebreropaß gab es seit dem 11. Jh. (1072?) ein Priorat Santa María, eine Tochtergründung des französischen Klosters St-Pierre in Aurillac, vgl. Moralejo/Torres/Feo, Liber, S. 505 Anm. 4 und insbesondere die auch auf die spätere Geschichte eingehenden Ausführungen von Valiña Sampedro, Camino, S. 133-175 mit weiterer Behandlung der Orte Valcarce (S. 103-132) und Triacastela (S. 193-204).

4.3.3. Namen der Orte am Jakobsweg (Kapitel III)

Vom Somportpaß bis nach Puente la Reina kommt man durch folgende Orte auf dem Jakobsweg[10]: Zunächst liegt am Fuß des Berges in Richtung Gascogne Borce, nach der Bergspitze das Hospital Santa Cristina, dann Canfranc, Jaca, Osturit und Tiermas, wo es immer noch königliche Thermen und warme Bäder gibt; nach Monreal erreicht man schließlich Puente la Reina.

Vom Cisapaß bis zur Basilika in Galicien finden sich auf dem Jakobsweg folgende größere Orte: zunächst St-Michel am Fuße des Cisa-Berges auf der gascognischen Seite, dann trifft man nach dem Gipfel dieses Berges auf das Rolandshospiz[11], anschließend erreicht man den Ort Roncesvalles[12], dann Viscarret, Larrasoaña, darauf die Stadt Pamplona, Puente la Reina[13] und schließlich Estella, das durch gutes Brot, vorzüglichen Wein, den Überfluß an Fleisch und Fisch sowie durch allgemeine Fruchtbarkeit hervorsticht. Von dort geht es über Los Arcos, Logroño, Villarroya, die Stadt Nájera, Santo Domingo[14], Redecilla[15], Belorado, Villafranca, den Wald von Oca, Atapuerca, die Stadt Burgos, Tardajos, Hornillos,

---

10 Zu diesem Teilstück des Weges vgl. J.M. Lacarra, Rutas de peregrinación: Los pasos del Pireneo y el camino de Santa Cristina a Puente la Reina (Pireneos 1/1945, S. 5-29); ähnlich aufgenommen in Vázquez/Lacarra/Uría, Peregrinaciones, II S. 411-433, mit dem Nachweis, daß an beiden Pyrenäenwegen (über den Somportpaß oder über Roncesvalles) bereits im 11. Jh. Hospize vorhanden waren, und der somit gegen die These von E. Lambert Stellung bezog, welcher eine Bevorzugung des Weges über den Somportpaß bis ins 12. Jh. annahm.

11 Vgl. zu diesem Hospiz, das an den legendären Tod Rolands erinnerte, Jetter, Spanien, S. 90 mit dem Hinweis, es habe vielleicht bereits vor 1100 bestanden; sicher ist es jedoch erst für die Zeit um 1132 belegbar, vgl. Schmugge, Pilgerverkehr, S. 45 sowie Anm. 72-76. – Jugnot, Aubrac et Roncevaux, vergleicht Struktur, Pilgerempfang und Dependenzen von Roncesvalles und Aubrac.

12 In diesem wegen der Niederlage Karls des Großen im Jahre 778 berühmten Ort ist seit 1130 ein Kloster belegt. In der dort ebenfalls erbauten Heiliggeistkapelle wurden Pilger beigesetzt.

13 Zu den Städten von Puente la Reina bis Belorado vgl. jetzt die Aufarbeitung unter stadtgeschichtlichem Aspekt von Passini, Villes médiévales.

14 Santo Domingo de la Calzada, vgl. unten Anm. 232.

15 Redecilla del Camino.

Castrogeriz, die Brücke von Itero[16], Fromista, und über Carrión de los Condes, eine geschäftige und blühende Stadt, die an Brot, Wein, Fleisch und anderen Lebensmitteln reich ist, bis nach Sahagún, das ebenfalls durch Fruchtbarkeit hervorsticht. Auf einer dort gelegenen Wiese sollen sich einstmals — wie berichtet wird — die glänzenden Lanzen der siegreichen Kämpfer, die zur Ehre Gottes aufgestellt wurden, belaubt haben[17].

Es folgt Mansilla und León, Königs- und Hofstadt, die reichhaltige Kostbarkeiten aufweist[18]. Dann geht es über Orbigo, die Stadt Astorga, Rabanal, das den Beinamen „der Gefangene" trägt[19], den Irago-Paß, Molinaseca, Ponferrada, Cacabelos, Villafranca an der Mündung des Valcarce, das „Sarazenenlager"[20], Villa Us[21], den Cebreropaß und das Hospiz auf dem Gipfel dieses Berges[22], sowie über Linares de Rey nach Triacastela, am Fuß dieses Berges in Galicien. Dort empfangen die Pilger einen Stein und nehmen ihn bis Castañola mit, damit Kalk für den Bau der apostolischen Basilika gemacht werden kann[23]. Es folgen der Ort San Miguel, Barbadelo, die Miño-Brücke[24], Sala Regina, Palas del Rey, Libureiro, Santia-

---

16 Itero del Castillo.
17 Der Verfasser verweist hier wie auch später auf eine Erzählung, die bereits im IV. Buch des *Liber Sancti Jacobi*, dem Pseudo-Turpin, berichtet wurde (Hämel, Pseudo-Turpin, S. 48-52): Die Lanzen der todgeweihten Kämpfer Karls des Großen sollen sich dort vor einer Schlacht mit Laub begrünt haben. Interpretiert wurde dies als Zeichen für den bevorstehenden Tod.
18 Dieses Lob erklärt sich aus der Position, die León seit dem 9./10. Jh. als Hof- und Königsstadt besaß; deshalb galt sie noch im 12. Jh. als eine der wichtigsten Städte Spaniens, vgl. Vázquez/Lacarra/Uría, Peregrinaciones, II S. 243.
19 Rabanal del Camino. Der merkwürdige Beiname (*Raphanellus qui captivus cognominatus est*) geht nach Ansicht von Moralejo/Torres/Feo, Liber, S. 500 Anm. 6 möglicherweise auf das galicische *cativo* (klein) zurück; eventuell war dies jedoch auch eine Vorform des heutigen Beinamens „del Camino".
20 Lateinisch: *Castrum Sarracenicum*, Hügel bei Valcarce, 17 km von Villafranca, vgl. King, Way, II S. 386; jedoch ist diese Identifizierung laut Vielliard, Guide, S. 8 Anm. 2 unsicher.
21 Nicht identifiziert.
22 Vgl. Anm. 9.
23 In Castañeda waren Kalköfen; in Compostela selbst mangelte es hingegen an Kalk, vgl. Lacarra, Espiritualidad, S. 137 und Herbers, Jakobuskult, S. 176.
24 Gemeint ist Puertomarín.

go de Boente, Castañola, Vilanova, Ferreiros, schließlich die hervorragende Stadt Compostela, überaus reich an allen Freuden, denn sie verwahrt den Schatz des hl. Jakobus-Leichnams und gilt deshalb als glücklichste und vornehmste aller spanischen Städte.

Ich habe mich auf die Beschreibung dieser Städte und Etappen beschränkt, damit die Pilger, die nach Santiago aufbrechen und dies hören, die nötigen Reisekosten im voraus planen können.

4.3.4. Die drei Hospize der Welt (Kapitel IV)

Drei unabdingbare Säulen hat der Herr in dieser Welt errichtet, um die Armen zu unterstützen: das Hospiz zu Jerusalem, dasjenige auf dem St. Bernhard[25] und das Hospiz von Santa Cristina auf dem Somport[26]. Diese Häuser sind dort aufgestellt, wo sie nötig waren; es sind heilige Orte, Häuser Gottes, den Pilgern zur Erquickung, den Ermatteten zur Ruhe, den Kranken zum Trost, den Toten zum Heil und den Lebenden zur Hilfe. Die Erbauer dieser heiligen Orte sind ohne Zweifel des himmlischen Reiches teilhaftig[27].

---

25 Das lateinische *Mons Jocci* ist wohl mit Vielliard, Guide, S. 10 Anm. 1 auf den St. Bernhard und nicht auf den *Mons Gaudii* bei Compostela zu beziehen. Zum dortigen Hospiz: L. Quaglia, Les hospices du Grand et du Petit St. Bernard du Xe au XIIe siècle (Monasteri in alta Italia. Dopo le invasioni saracene e magiare [sec. 10-12], Turin 1966, S. 427-441).

26 Vgl. A. Ubieto Arteta, Los primeros años del hospital de Santa Cristina del Somport (Principe de Viana 27/1966, S. 267-276), der als frühesten gesicherten Beleg eine Quellennotiz zum Jahr 1078 angibt; Jetter, Spanien, S. 90 und Schmugge, Pilgerverkehr, S. 45 folgen Ubieto Arteta.

27 Vgl. Bédier, Légendes, III S. 295.

4.3.5. Die Namen der Wiedererbauer des Jakobsweges, *Aymericus*[28] (Kapitel V)

Dies sind die Namen einiger Straßenbauer[29], die zu Zeiten des Erzbischofs Diego von Compostela[30], des Kaisers Alfons von Spanien und Galicien[31] und des Papstes Calixt[32] den Jakobsweg von Rabanal bis zur Miño-Brücke[33] aus Liebe zu Gott und zu seinem Apostel instandsetzten. Dies geschah vor dem Jahr 1120 unter der Regierung des Königs Alfons von Aragonien[34] und Ludwigs des Dicken von Frankreich[35]: Andreas, Roger, Alvitus, Fortus, Arnold, Stephan und schließlich Petrus[36], der die von Königin Urraca[37] zerstörte Miño-Brücke wiedererbaute. Die Seelen dieser Männer und ihrer Helfer mögen ewig in Frieden ruhen.

---

28 Hiermit ist wohl der päpstliche Kanzler *Aimericus* (oder Haimerich) (1123-1141) gemeint, vgl. auch die Überschrift von Kapitel 4.3.9. (S. 133). Zu Haimerich vgl. F.-J. Schmale, Studien zum Schisma des Jahres 1130 (Köln-Graz 1961) S. 91-191, besonders S. 127-129 zum Verhältnis zwischen Haimerich und dem Erzbischof Diego Gelmírez von Compostela. Vgl. auch oben Anm. 7.

29 Das lateinische *viator* meint zwar gewöhnlich den Reisenden, scheint hier jedoch entsprechend der Überschrift auch für Straßenbauer verwendet worden zu sein. Zu einem weiteren Förderer des Weges vgl. Anm. 232.

30 Diego II. Gelmírez, Bischof von Compostela (1098-1120/24), Erzbischof von Compostela (1120/24-1140).

31 Alfons VII., König von León-Kastilien (1126-1157), ab 1135 Kaiser, bereits 1111 zum König von Galicien gekrönt, woraus sich wohl der etwas merkwürdige Titel erklärt. Vielliard, Guide, S. 13 Anm. 1 setzt ihn mit Alfons I., el Batallador (vgl. Anm. 34), gleich, der sich zwar auch nach 1109 *totius Hispaniae imperator* nannte, jedoch im weiteren Text als König bezeichnet wird.

32 Papst Calixt II. (1119-1124).

33 Puertomarín.

34 Alfons I., „el Batallador" (der Streitbare), König von Aragonien und Navarra (1104-1134).

35 Ludwig VI. (1108-1137).

36 Möglicherweise ist *Petrus Peregrinus* gemeint, dem König Alfons VII. am 12. Oktober 1126 für den Wiederaufbau der Miño-Brücke eine Schenkung machte, gedruckt bei Vázquez/Lacarra/Uría, Peregrinaciones, III S. 15 f. n. 3. Die zuvor genannten Personen sind nicht zu identifizieren.

37 Urraca, Königin von León-Kastilien (1109-1126), Gemahlin von König Alfons I. (vgl. Anm. 34). – Die Zerstörung der Brücke scheint nicht näher belegt zu sein; sie wird weder in der zitierten Urkunde (Anm. 36) noch bei B.F. Reilly, The Kingdom of León-Castilla under Queen Urraca, 1109-1126 (Princeton 1982) erwähnt; jedoch war die Miño-Gegend ab 1111 umstritten.

4.3.6. Gute und schlechte Flüsse am Jakobsweg, Papst Calixt[38] (Kapitel VI)

Dies sind die Flüsse vom Cisa- und vom Somportpaß bis nach Santiago: Vom Somportpaß fließt ein heilsamer Fluß, der Aragón heißt und Spanien bewässert. Am Cisapaß entspringt ein guter Fluß, der von vielen Runa[39] genannt wird und der Pamplona durchquert. In Puente la Reina gibt es Arga und Runa; bei einem Lorca genannten Ort fließt der sogenannte „Salzbach"[40], hüte dich, weder deine Lippen zu benetzen noch dein Pferd dort zu tränken, denn der Fluß ist todbringend! Als wir nach Santiago pilgerten, fanden wir an seinem Ufer zwei Navarreser, die dort saßen und ihre Messer wetzten, sie pflegten die Pferde der Pilger abzuhäuten, die man mit jenem Wasser getränkt hatte und die verendeten. Auf unsere Fragen hin logen sie und sagten, das Wasser sei gut und trinkbar. Wir ließen also unsere Pferde saufen, und sogleich starben zwei von ihnen, die diese Leute sofort abhäuteten.

In Estella fließt die Ega, deren Wasser mild, rein und ausgezeichnet ist. Durch den Los Arcos genannten Ort fließt ein todbringendes Wasser[41], und nach Los Arcos beim ersten Hospiz — genauer zwischen Los Arcos und dieser Herberge — gibt es ein Wasser, das Menschen und Pferde, die es trinken, sterben läßt. Bei einem Ort namens Torres, auf navarresischem Boden, fließt ein Fluß, der Pferde und Menschen tötet, die daraus trinken[42]. Von dort bis zu einem Cuevas genannten Ort fließt ebenso ein todbringender Fluß[43].

---

38 Vgl. Anm. 7. Zu „Dichtung und Wahrheit" in diesem Kapitel vgl. oben S. 28 und P.M. Gutierrez Erasa, Fantasía y realidad en el Liber Sancti Jacobi (Ruta Jacobea 7/1963, S. 2-3).

39 Diesen Fluß scheint es nicht zu geben; möglicherweise ist es weiterer Name für den im folgenden erwähnten „rio Arga", vgl. Bédier, Légendes, III S. 293 f. Moralejo/Torres/Feo, Liber, S. 510 Anm. 8 können sich auch einen Einfluß des baskischen Namens für Pamplona (Iruna) vorstellen.

40 Lateinisch: *Rivus Salatus*, unsicher, möglicherweise kleiner Nebenfluß des Arga, vgl. Moralejo/Torres/Feo, Liber, S. 510 Anm. 10

41 Vermutlich der Bach Odrón, Nebenfluß des Ebro, vgl. Moralejo/Torres/Feo, Liber, S. 511 Anm. 7

42 Linares, Nebenfluß des Odrón, vgl. ebenda Anm. 11.

43 Wohl der Vorort der Stadt Viana, durch die der Bach La Presa fließt, vgl. ebenda Anm. 12.

Der Fluß in Logroño heißt Ebro, sein Wasser ist gut und reich an Fischen. Alle Flüsse zwischen Estella und Logroño führen ein für Pferde und Menschen todbringendes Wasser, und vom Verzehr ihrer Fische wird abgeraten. Sei es der im Volksmund *barbus* genannte Fisch oder der, den die Poiteviner *alosa* und die Italiener *clipia*[44] nennen, sei es ein Aal oder eine Schleie, iß nie davon in Spanien oder in Galicien, denn zweifellos wirst du bald sterben oder erkranken. Und wenn jemand davon reichlich ißt und nicht erkrankt, ist er entweder gesünder als die anderen oder er weilt bereits lange in jenem Land. Alle Fischarten, Rind- und Schweinefleisch in Spanien und Galicien verursachen bei Ausländern Krankheiten.

Jene Flüsse, deren Wasser mild und gut zum Trinken ist, werden gemeinhin folgendermaßen genannt: der Pisuerga, der unter der Brücke von Itero del Castillo fließt, der Carrión, der Carrión[45] durchquert, der Cea bei Sahagún, der Esla bei Mansilla, der Porma bei jener großen Brücke zwischen Mansilla und León, der Torío, der in León unterhalb des Judenviertels fließt, der Bernesga, der bei derselben Stadt auf der anderen Seite in Richtung Astorga fließt, der Sil bei Ponferrada in einem grünen Tal, der Cua bei Cacabelos, der Burbia bei der Brücke in Villafranca, der Carcera, der im Valcarce fließt, und der Miño bei der Miño-Brücke[46].

Schließlich gibt es einen Fluß, der von der Stadt Santiago zwei Meilen entfernt liegt an einem bewaldeten Ort, *Lava mentula*[47] genannt, weil dort die französischen[48] Jakobspilger, nicht nur ihre Geschlechtsteile, sondern den ganzen Körper nach Ablage ihrer Kleider von Schmutz aus Liebe zum

---

44 Gemeint ist: „Flußbarbe". Die Bezeichnung *clipia* geht auf das lateinische *clupea* zurück, das mit *alosa* synonym gebracht wurde, vgl. Du Cange, Glossarium, s.v. alosa.

45 Carrión de los Condes.

46 Puertomarín.

47 Ein zweiter und heute ausschließlich gebrauchter Name ist Lavacolla, wohl eine ähnliche „einschlägige" Anspielung, denn *colla* bezeichnete im Galicischen wohl den Hodensack, vgl. Moralejo/Torres/Feo, Liber, S. 513 Anm. 1.

48 Lateinisch: *gens Gallica*.

Apostel reinigen. Der Fluß Sar, der zwischen dem „Berg der Freude"[49] und der Stadt Santiago fließt, wird als sauber angesehen, ebenso der Fluß Sarela, der von der anderen Seite nach Westen fließt[50].

Ich habe diese Flüsse deshalb beschrieben, damit die Pilger, die sich nach Santiago aufmachen, todbringende Wasser meiden und die guten für sich und ihre Pferde wählen.

4.3.7. Namen der Landschaften am Jakobsweg und Eigenschaften ihrer Bewohner (Kapitel VII)

Auf dem Jakobsweg von Toulouse trifft man nach Überquerung der Garonne auf die Gascogne, danach jenseits des Somportpasses auf Aragonien, anschließend auf Navarra, das bis zur Arga-Brücke[51] und darüber hinaus reicht. Wenn man jedoch den Weg über den Cisapaß wählt, findet man nach der Touraine das Poitou, fruchtbar, hervorragend und reich an allen Freuden[52]. Die Poiteviner sind stark, gute Krieger, sie beherrschen Bogen, Pfeil und Lanze im Krieg vortrefflich, zeigen Mut in der Schlachtreihe, sind schnell im Lauf, elegant in der Kleidung, von Gesicht schön, gewandt im Wort, großzügig und gastfreundlich. Danach erreicht man die Saintonge, um dann nach Überquerung eines Meerarmes und der Garonne in das Land von Bordeaux zu gelangen, das reich an Fisch und Wein ist, wo man jedoch eine rauhe Sprache pflegt. Noch mehr als die Bewohner der Saintonge zeichnen sich die Leute in der Gegend von Bordeaux durch ihre rauhe Sprache aus.

---

49 Spanisch: Monte del Gozo (lateinisch: *Mons Gaudii*), heute Monte San Marcos; von dort konnte der vom Osten kommende Pilger erstmals die Kirchtürme von Compostela erblicken. Wer von einer Pilgergruppe diesen Punkt als erster erreichte, wurde besonders ausgezeichnet, vgl. López Ferreiro, Historia, V S. 92.

50 Der letzte Satzteil zum Fluß Sarela als Randnotiz von gleicher Hand, vgl. Herbers, Jakobuskult, S. 205.

51 Gemeint ist Puente la Reina.

52 Zur auffallend positiven Schilderung des Poitou und seiner Bewohner im Hinblick auf Herkunft und Standort des Verfassers vgl. Kapitel 2., S. 28. Vgl. zum Jakobsweg im Poitou La Coste-Messelière, Chemin en Poitou. Anders als im nächsten Kapitel wird hier ausschließlich (sieht man vom ersten Satz ab) der Weg von Tours beschrieben.

Um die Landes zu durchqueren, benötigen bereits Ermattete drei Tage. Dies ist eine an allem arme Gegend; man findet Brot, Wein, Fleisch und Fisch ebensowenig wie Wasser und Brunnen; es gibt kaum Orte in dieser sandigen Ebene, jedoch bietet das Land Honig, Hirsegras, Hirse und Schweinefleisch[53]. Wenn du diese Landschaft im Sommer durchquerst, so schütze dein Gesicht vor den zahlreichen Roßbremsen, die volkssprachlich *guespe* oder *tavones*[54] genannt werden. Beobachte nicht weniger aufmerksam deine Füße, die im dortigen Sande schnell bis zum Knie versinken können.

Nachdem man diese Gegend durchmessen hat, erreicht man die Gascogne, wo es viel Weißbrot, besten Rotwein, Wälder, Wiesen, reine Flüsse und Quellen gibt. Die Gascogner haben ein loses Maulwerk[55], sie sind schwatzhaft, spöttisch, lüstern, Wein und Essen zugeneigt, schlecht mit Kleidung und Geld ausgestattet, aber an den Krieg gewöhnt und in der Gastlichkeit gegenüber Armen zuvorkommend. Wenn sie am Feuer sitzen, essen sie gewöhnlich ohne Tisch und trinken gemeinsam aus einem Becher[56]. Sie essen und trinken viel, sind schlecht gekleidet, sie schlafen alle zusammen auf wenig verfaultem Stroh, sogar das Gesinde mit Herr und Herrin.

Beim Verlassen dieser Gegend führt der Weg nach Santiago nahe beim Ort St-Jean de Sorde[57] über zwei Flüsse, einer fließt rechts und einer links; sie heißen „Bach" und „Fluß"[58] und können nicht ohne Floß überquert werden. Ihre Fährleute sind entschieden zu verdammen! Obwohl nämlich jene

---

53 Das in der Handschrift stehende *gruguis* hat Vielliard, Guide, S. 18 in *grugnis* verbessert, das sich wohl von *grunnire* (grunzen) herleitet, sonst jedoch nicht belegt ist.

54 Lateinisch: *tabanus* (so schon Plinius), vgl. die heutigen französischen Ausdrücke *guêpe* (Wespe) und *taon* (Bremse).

55 Die Gascogner werden im lateinischen Text als *levilogi* bezeichnet, eine leicht verständliche Neubildung.

56 Das im lateinischen Text gebrauchte *cyphus* wird in Anlehnung an Vielliard, Guide, S. 19 und Moralejo/Torres/Fco, Liber, S. 515 mit „Becher" übersetzt.

57 Heute Sorde. Die Benediktinerabtei St-Jean-Baptiste wurde bereits vor 960 gegründet und galt wohl auch als Etappenstation auf dem Pilgerweg.

58 Im Lateinischen *gaver* und *flumen*, im Französischen noch heute *gave* und *fleuve*, wobei die Bezeichnung *gave* vor allem im Gebiet der Pyrenäen verbreitet ist, vgl. Robert, Dictionnaire. Heute heißen beide Flüsse *gave*: „Gave d'Oloron" und „Gave de Pau".

Flüsse schmal sind, verlangen diese gewöhnlich von jedem, den sie ans andere Ufer bringen — ob arm oder reich —, eine Münze[59] und für ein Pferd erzwingen sie ganz unwürdigerweise mit Gewalt vier. Ihr Schiff ist nämlich klein, aus einem einzigen Baum gefertigt, und kann Pferde kaum aufnehmen; wenn man es besteigt, muß man sich hüten, nicht ins Wasser zu fallen. Es ist ratsam, daß du dein Pferd am Zügel nach dir ziehst, und zwar außerhalb des Bootes, im Wasser. Besteige das Boot nur mit wenigen, denn wenn es zu sehr beladen ist, kentert es rasch. Oftmals lassen die Fährleute, nachdem die Pilger bezahlt haben, eine große Menge in das Boot einsteigen, damit das Schiff kentert und die Pilger im Wasser ertrinken. Dann freuen sie sich hämisch und bemächtigen sich der Habe der Toten.

In der Nähe des Cisapasses ist das Baskenland mit der Stadt Bayonne, die am Meer gegen Norden gelegen ist. In diesem Land wird eine fremdartige Sprache gesprochen, es ist waldreich, bergig, arm an Brot, Wein und jeglichen Lebensmitteln, man wird jedoch durch Äpfel, Apfelwein[60] und Milch entschädigt.

Die Zöllner[61] in diesem Land, nahe des Cisapasses, in einem Ort namens Ostabat und in St-Jean und St-Michel-Pied-de-Port, sind schlecht und von Grund auf zu verdammen. Sie gehen nämlich den Pilgern mit zwei oder drei Stöcken entgegen, um sich gewaltsam einen Tribut zu erzwingen. Und wenn ein Reisender ihnen ihre Forderung verwehrt und kein Geld gibt, schlagen sie ihn, nehmen ihm unter Vorwürfen ihren Preis und durchsuchen ihn bis zur Hose. Sie sind unerschrocken, und das Land, das sie bewohnen, erscheint durch Wälder und Wildnis bedrohlich, ihr grimmiges Aussehen und ihre fremde Sprache erschrecken die Herzen derer, die sie sehen. Obwohl sie eigentlich nur von Leuten, die ausschließlich Handel treiben, einen Tribut verlangen dürfen, nehmen sie ebenso eine Abgabe von Pilgern und Durchreisenden. Wenn sie wie

---

59 Unbestimmter Wert, lateinisch *nummus*, wahrscheinlich ist ein Denar gemeint, vgl. Kapitel 4.2., Anm. 50.

60 Zur Übersetzung von *sicera* vgl. Kapitel 4.2., Anm. 43.

61 Zur Verdammung dieser Zöllner in der Predigt *Veneranda dies* vgl. Kapitel 4.2., S. 81 f.

üblich eine Sache für vier oder für sechs Münzen passieren lassen müßten, erheben sie das Doppelte, nämlich acht oder zwölf. Deshalb bitten und verfügen wir: diese Zöllner und der König von Aragonien[62] sowie die anderen reichen Leute, die den Zoll von jenen erhalten, und alle, die sie unterstützen, nämlich Raymond von Soule[63], Vivien von Aigremont[64], der Vizegraf von St-Michel[65] samt ihrer Nachkommenschaft sowie die zuvor erwähnten Fährleute, Arnald von La Guigne[66] mit seiner Nachkommenschaft, die anderen Herren der genannten Gewässer, die ungerechterweise das Fährgeld von diesen Fährleuten erhalten, sowie die Priester, die in voller Kenntnis ihnen die Beichte und Eucharistie gewähren oder Messen für sie lesen und sie in die Kirche lassen, seien exkommuniziert. Dieser Ausschluß werde nicht nur in ihren Bischofssitzen verkündet, sondern auch in der Basilika des hl. Jakobus in Compostela in der Anwesenheit von Pilgern, und er gelte so lange, bis diese eine ausgiebige öffentliche Buße geleistet und ihre Tribute herabgesetzt haben. Und wenn irgendein Prälat ihnen aus Liebe oder bestimmten Interessen vergeben sollte, sei er mit der Strafe des Bannes belegt. Man muß nämlich wissen, daß die Zöllner von den Pilgern keinen Tribut irgendwelcher Art erheben dürfen, und daß den genannten Fährleuten nur für zwei Leute, wenn diese reich sind, ein Obolus[67] und für ein Pferd ein Geldstück als Fährgeld zu erheben erlaubt ist. Armen dürfen sie überhaupt

---

62 Gemeint ist wohl Alfons I. (el Batallador) (vgl. Anm. 34); möglich, jedoch unwahrscheinlicher wären auch dessen Vorgänger Sancho Ramírez (1063-1094) und Peter I. (1094-1104), denn von 1076-1134 war Aragonien mit Navarra (hierzu gehörte die genannte Gegend) vereint. Für Alfons I. spricht auch die Identifizierung einiger der folgenden Personen.

63 Nachgewiesen ist nur ein Raymond Guillaume de Soule (1040-1062), jedoch scheint der Name Raymond Leitfunktion in der Familie auch über diese Zeit hinaus gehabt zu haben, so daß ein Raymond de Soule zeitgleich mit den in Anm. 62 und Anm. 66 identifizierten Personen gelebt haben könnte, vgl. David, Etudes, III S. 194.

64 Um 1130 belegt, vgl. David, Etudes, III S. 194; dieser Name begegnet auch in epischen Dichtungen, vgl. Moralejo/Torres/Feo, Liber, S. 517 Anm. 9.

65 Nicht identifiziert, der Name ist am Rand wohl von fremder Hand hinzugefügt, vgl. Herbers, Jakobuskult, S. 205.

66 Arnaud de la Guigne, um 1130 belegt, vgl. David, Etudes, III S. 194.

67 Griechische Münze, im Mittelalter Wert eines halben Denars, hier wohl die Hälfte des anschließend mit *nummus* bezichneten Preises für die Überfahrt eines Pferdes.

nichts abnehmen. Außerdem sollen die Fährleute nur große Boote verwenden, in denen Menschen und Reittiere reichlich Platz finden.

Ebenfalls im Baskenland verläuft der Jakobsweg über einen sehr bedeutenden Berg, der Cisapaß[68] heißt, entweder weil er als das Tor Spaniens angesehen wird oder weil über diesen Berg Güter von einem Land ins andere transportiert werden. Sein Anstieg mißt acht Meilen und der Abstieg ebensoviel. Dieser Berg ist so hoch, daß er den Himmel zu berühren scheint; wer ihn besteigt, glaubt mit eigener Hand an den Himmel reichen zu können. Vom Gipfel kann man das Meer der Bretagne und des Westens[69] sehen und auch die drei Länder Kastilien, Aragonien[70] und Frankreich[71]. Der Ort auf der Spitze wird „Karlskreuz"[72] genannt, weil dort Karl (der Große), als er mit seinem Heer nach Spanien zog[73], einen Pfad mit Beilen, Äxten, Hacken und anderen Werkzeugen bahnte, zunächst ein Kreuzzeichen aufstellte, dann das Knie beugte und nach Galicien gewandt Gott und den hl. Jakobus in einem Bittgebet anrief. Deshalb pflegen die Pilger hier niederzuknien, mit Blick auf das Land des hl. Jakobus zu beten und ein Kreuz wie ein Feldzeichen aufzustellen. Man kann dort

---

68 Lateinisch *portus (Cisere)*. Die Wörter *porta* (Tor) und *portare* (tragen, transportieren) bestimmten wohl die anschließenden Deutungsversuche des Verfassers.

69 Vielleicht der Golf von Biscaya gemeint, wahrscheinlich wird jedoch nur allgemein auf das Meer im Norden und Westen hingewiesen.

70 Navarra gehörte von 1076-1134 zu Aragonien, vgl. Anm. 62, und wird deshalb nicht eigens genannt.

71 Lateinisch: *Gallia.*

72 Spätestens seit 1108 belegt, jedoch nicht genau lokalisierbar, seit dem 16. Jh. nicht mehr erwähnt, vgl. Vázquez/Lacarra/Uría, Peregrinaciones, II S. 88 f. Später stand an dieser Stelle auch die Karlskapelle (seit dem 13. Jh.), vgl. Lambert, Roncevaux, S. 32-34. Hierzu und zum folgenden Text vgl. ferner ders., Monastère de Roncevaux, sowie ders., Textes relatifs à Roncevaux, besonders S. 130. Lambert folgert aus der Beschreibung als Abfassungszeit des Pilgerführers die Jahre 1132-1135. – Ab hier (drei Wörter später) Foliowechsel und Schrift eines zweiten Schreibers, vgl. Kapitel 2. S. 19 mit Anm. 2; möglicherweise wurde ab hier der Pilgerführer der Fassung des IV. Buches des *Liber Sancti Jacobi (Pseudo-Turpin)* angepaßt.

73 Zum Zug Karls des Großen nach Spanien im Jahre 778 vgl. Bautier, Campagne de Charlemagne; zu den „Nachwirkungen" vgl. B. Sholod, Charlemagne in Spain. The Cultural Legacy of Roncesvalles (Genf 1966) S. 30 ff. sowie oben Kapitel 2. S. 25.

Abb. 7: Karl der Große zieht mit seinem Heer nach Spanien (Codex
Calixtinus, Santiago de Compostela, Archivo de la Catedral,
fol 162^v; Beginn des *Pseudo-Turpin*)

tausend Kreuze finden, es ist der erste Gebetsort auf dem Jakobsweg[74].

Auf diesem Berg pflegten die gottlosen Navarreser und Basken, bevor das Christentum in Spanien vollkommen verbreitet war, die Pilger nicht nur auszuplündern, sondern sogar auf diesen wie auf Eseln zu reiten und sie zu töten. Nördlich, in der Nähe dieses Berges, liegt das als Valcarlos[75] bezeichnete Tal, in das derselbe Karl (der Große) mit seinem Heer floh, als die Kämpfer in Roncesvalles getötet worden waren. Dieses Tal durchqueren viele Jakobspilger, wenn sie den Berg nicht besteigen wollen. Anschließend trifft man beim Abstieg von diesem Berg auf das Hospiz und die Kirche[76]. Dort liegt der Fels, den der tapfere Krieger Roland mit einem dreifachen Schwertstreich von oben bis unten mitten durchgespalten hat[77]. Dann gelangt man in den Ort Roncesvalles, wo einst die große Schlacht stattfand, in der König Marsirus[78], Roland, Oliver[79] und vierzigtausend andere christliche und sarazenische Kämpfer getötet wurden[80]. Anschließend erreicht man Navarra, reich an Brot, Wein, Milch und Vieh. Die Navar-

---

74 Zu diesem Ritus vgl. Lacarra, Espiritualidad, S. 137 und Herbers, Jakobuskult, S. 176. Die Bemerkung, Karl der Große habe erstmals ein Kreuz aufgestellt, ist sicher legendär.

75 Etwa 17 km nördlich von Roncesvalles gelegen, vgl. Bédier, Légendes, III S. 300 ff., 318 f., 327-330. Zu den dort gelegenen Hospitälern ab dem 13. Jh. vgl. Vázquez/Lacarra/Uría, Peregrinaciones, II S. 80 f.

76 Das Hospiz ist ab 1132 sicher nachweisbar, vgl. Anm. 11 sowie Lambert, Roncevaux, besonders S. 19 ff. Neben diesem Hospiz (mit Karls- und Jakobskapelle) bestand seit 1071 in unmittelbarer Nachbarschaft das zur Abtei Leire gehörende Kloster San Salvador de Ibañeta (wozu Hospiz und Kirchen wohl dann auch gehörten), vgl. Vázquez/Lacarra/Uría, Peregrinaciones, II S. 89 f.

77 Roland († 778), Markgraf der Bretonen, im Rolandslied und in der epischen Dichtung wichtigster Begleiter Karls. Zu dem legendären Schwertstreich und dessen späterer künstlerischer Verarbeitung vgl. Lambert, Monastère de Roncevaux, S. 173 f.

78 Laut dem *Pseudo-Turpin* moslemischer König in Zaragoza (Hämel, Pseudo-Turpin, S. 74), der auch in anderen epischen Dichtungen eine Rolle spielt.

79 Weiterer Begleiter Karls des Großen, der zuweilen als *comes Gebennensis* (Hämel, Pseudo-Turpin, S. 53) bezeichnet wird und in zahlreichen epischen Dichtungen auftaucht. Zu seinem Grab vgl. Kapitel 4.3.8., S. 131 mit Anm. 227.

80 Im lateinischen Text ist von *.C.XL milibus* die Rede; die erste Ziffer ist jedoch wohl als *cum* aufzulösen, vgl. neben Vielliard, Guide, S. 26 hierzu: A. Hämel, Die Rolandlegende des Pseudo-Turpin (Estudios hispanicos. Homenaje a Archer M. Huntington, Wellesley 1952, S. 219-228) S. 223 f.

reser und Basken gleichen sich in der Art ihrer Ernährung, Kleidung und Sprache; jedoch haben die Basken eine weißere Haut als die Navarreser[81].

Die Navarreser tragen schwarze Kleider, die so kurz sind, daß sie nach schottischer Art nur bis zum Knie reichen, sie haben Schuhe aus ungegerbtem, noch behaartem Leder, die sie *lavarcas*[82] nennen. Diese binden sie mit Riemen um ihre Füße, so daß nur die Fußsohlen geschützt sind, die Fußrücken hingegen nackt bleiben. Sie tragen dunkle Wollmäntel, die bis zum Ellbogen reichen und ähnlich wie ein Reisemantel[83] gesäumt sind, und die sie *saias*[84] nennen. Sie sind schlecht gekleidet und sie essen und trinken schlecht. Im Haus eines Navarresers pflegen alle Hausbewohner, Knecht wie Herr und Magd wie Herrin, zusammen die in einem Topf vermischten Speisen zu verschlingen, nicht mit Löffeln, sondern mit den Händen. Ebenso trinken alle aus einem Becher[85]. Wenn man sie essen sieht, glaubt man fressende Hunde oder Schweine vor sich zu haben. Wenn man sie reden hört, erinnert es an Hundegebell. Ihre Sprache wirkt durchaus fremd[86]. Sie nennen Gott *Urcia,* die Gottesmutter *Andrea Maria,* das Brot *orgui,* den Wein *ardum,* das Fleisch *aragui,* den Fisch *araign,* das Haus *echea,* den Hausherrn *iaona,* die Hausherrin *andrea,* die Kirche *elicera,* den Priester *belaterra,* was schöne Erde heißt, das Getreide *gari,* das Wasser *uric,* den König *ereguia,* Jakobus *Joana domne Jacue.*

---

81 Die hier getroffene Unterscheidung zwischen Basken und Navarresern bezeichnet vielleicht die französischen Basken nördlich der Pyrenäen (Basken) und diejenigen südlich der Pyrenäen (Navarreser), vgl. Moralejo/Torres/Feo, Liber, S. 519 Anm. 6. Allerdings scheint der Verfasser beides fast synonym zu verwenden. − Zur Beurteilung bzw. Verurteilung von Navarra und den Navarresern durch den Verfasser vgl. Kapitel 2., S. 28 und die S. 100 gegebene Einschätzung als gottlos *(Navarri impii).*
82 Das heute noch im Kastilischen geläufige *abarca* ist aus dem Baskischen übernommen.
83 Lateinisch: *penula,* wohl ein ärmelloser Reiseumhang.
84 Vgl. das klassisch lateinische Wort *sagum* und das heutige baskische Wort *kapusai.*
85 Lateinisch: *cyphus,* vgl. Anm. 56.
86 Zu der folgenden, frühesten Liste baskischer Wörter, die im Hinblick auf Pilger zusammengestellt und teilweise latinisiert wurden, vgl. Fita/Vinson, Codex (Nachdruck S. 268-270) und Whitehill, Liber, III S. XXXIX-XLI sowie Moralejo/Torres/Feo, Liber, S. 520 Anm. 7.

Es ist ein barbarisches Volk, das sich von allen Völkern in Gebräuchen und Wesen unterscheidet, voller Bosheit, von schwarzer Farbe, unansehnlich, verrucht, schurkisch, falsch, treulos und korrupt, wollüstig, trunksüchtig, erfahren in Gewalttätigkeiten, unerschrocken und wild, unehrlich und verlogen, gottlos und von rauhen Sitten, grausam und streitsüchtig, kurzum zu jeglichem Guten unfähig, aber Lastern und der Sündhaftigkeit aufgeschlossen. Es ist den Geten und den Sarazenen[87] an Bosheit ebenbürtig, unserem französischen Volk[88] in jeder Beziehung feindlich. Für eine Münze tötet ein Navarreser oder Baske, wenn er kann, einen Franzosen. In gewissen Gegenden, in der Biskaya und in Álava[89], zeigen der Mann der Frau und die Frau dem Mann — wenn sie sich erhitzen — ihre Schamteile. Die Navarreser pflegen mit ihrem Vieh Unzucht zu treiben; man sagt, ein Navarreser hänge ein Schloß an das Hinterteil seines Maultieres und Pferdes, damit kein anderer als er selbst zu ihm Zugang habe[90]. Auch küßt er wollüstig die Geschlechtsteile von Frau und Maultier.

Deshalb werden die Navarreser von allen aufgeweckten Leuten verachtet. Auf dem Schlachtfeld gelten sie als gut, schlecht hingegen bei der Belagerung von Festungen, sie leisten den Zehnt regelmäßig und sind an Altarabgaben gewöhnt. Jeden Tag nämlich bringt der Navarreser, wenn er zur Kirche geht, Gott eine Gabe dar, die aus Brot, Wein, Weizen oder etwas anderem besteht. Überall, wo ein Navarreser oder Baske hingeht, nimmt er wie ein Jäger ein Horn mit, das er

---

87 Die Lesart der Handschrift von Ripoll (von 1173) (vgl. Kapitel 2. Anm. 29) lautet *genti Sarracenorum* anstatt *Getis et Sarracenis;* möglicherweise stand diese Lesart, die nur die Sarrazenen erwähnt, noch im Text, bevor der zweite Schreiber (vgl. Anm. 72) Ende des 12. Jh. dieses Folio des *Codex Calixtinus* ersetzte. Die Geten, ein Volk an der Donau im Gebiet des heutigen Rumäniens, waren seit dem Dichter Ovid als wild und unmenschlich verschrieen.

88 Lateinisch *nostre genti gallice;* das „unser" verrät die Herkunft des Verfassers, vgl. Kapitel 2., S. 28.

89 Die geographische Angabe dürfte wohl den heutigen Provinzen Álava und Vizcaya entsprechen.

90 Der Unzucht mit Vierfüßlern wird durchaus auch in mittelalterlichen Sammlungen des Kirchenrechts gedacht, vgl. z.B. Regino von Prüm, De synodalibus causis II 253 (ed. F.G.A. Wasserschleben, Leipzig 1840, Nachdruck 1964, S. 313). Vgl. allgemein zu den normativen Satzungen P. J. Payer, Early Medieval Regulations concerning Marital Sexual Relations (Journal of Medieval History 6/1980, S. 353-376).

um seinen Hals hängt. Er trägt gewöhnlich zwei oder drei Wurfspieße, die er *auconas*[91] nennt, und wenn er in ein Haus geht oder wieder herauskommt, pfeift er wie ein Milan. Wenn er sich an geheimen Orten oder an einsamen Stellen versteckt, um auf Raub zu gehen, und dann seine Gefährten leise zusammenrufen will, ahmt er entweder den Uhu nach oder er heult wie ein Wolf[92].

Man pflegt zu erzählen[93], die Basken stammten von den Schotten ab, weil sie sich in Gebräuchen und im Aussehen gleichen. So heißt es, Julius Caesar[94] habe drei Völker, die Nubier[95], die Schotten und die beschwänzten Bewohner von Cornwall[96], zur Eroberung der spanischen Völker entsandt, weil diese ihm keinen Tribut zahlen wollten; sodann habe er sie beauftragt, die männlichen Bewohner durch das Schwert zu töten, die weiblichen Bewohner jedoch zu schonen. Nachdem die Völker auf dem Seeweg gekommen waren, ihre Schiffe zerstört hatten, verwüsteten sie durch Feuer und Schwert alles Land von Barcelona bis Zaragoza und von Bayonne bis zum Berg Oca. Weiter kamen sie nicht, da die Kastilier sich vereinten und sie aus ihrem Gebiet vertrieben. Bei der Flucht gelangten sie zum Küstengebirge zwischen Nájera,

---

91 Ins Kastilische als *azcona* (Lanze) übernommen.

92 Etwas unvermittelt steht diese letzte Passage über kriegerische Tüchtigkeit und Religiosität der Navarreser der übrigen Schilderung gegenüber, sie verweist jedoch möglicherweise auf eine differenziertere Beobachtung des Verfassers als bisher angenommen, vgl. oben Kapitel 3., S. 40 mit Anm. 53.

93 Die folgende Passage zur Herkunft von Basken und Navarresern findet sich auch in vielen Handschriften des IV. Buches des *Liber Sancti Jacobi (Pseudo-Turpin)*, vgl. Hämel, Pseudo-Turpin, S. 100 Anm. 1 und Vielliard, Guide, S. 30 Anm. g. Rezipiert wurde die Geschichte u.a. von Hélinand de Froidmont, Chronica, (Migne, Patrologia latina CCXII, Sp. 761-1070) Sp. 840, vgl. David, Etudes, III S. 201. Der Verfasser vermischt hier wohl mehrere, nicht genauer nachweisbare Traditionen. – Nach den ersten neun Worten beginnt wieder ein vom ersten Schreiber geschriebenes Blatt, vgl. Anm. 72.

94 Gaius Julius Caesar, römischer Triumvir, Konsul und Feldherr (60-44 v. Chr.). Laut Fita, Recuerdos, S. 70 ist vielleicht ein Spanienfeldzug unter Kaiser Maximus (383-388) Ende des 4. Jh. gemeint.

95 Laut Fita, Recuerdos, S. 60 verwechselt der Verfasser den auf den britischen Inseln ansässigen Stamm der Numianer mit den am oberen Nil ansässigen Nubiern.

96 Das Attribut *caudatus* (beschwänzt) wird laut Du Cange, Glossarium, im Mittelalter oft englischen Völkern zugeschrieben, vgl. auch David, Etudes, III S. 201 Anm. 1 und Herwaarden, Roemrijke Jacobus, S. 101, Anm. 19.

Pamplona und Bayonne[97], und zwar auf der Meeresseite in der Biskaya und Álava; dort errichteten sie viele Festungen, töteten alle Männer, bemächtigten sich mit Gewalt ihrer Frauen und zeugten mit diesen Kinder, die später Navarreser genannt wurden. Navarreser bedeutet nämlich „nicht wahr"[98], d.h. sie entstammen weder einer wahren Rasse noch einem rechtmäßigen Geschlecht. Es heißt auch, die Navarreser verdankten ihren Namen einer Stadt Naddaver[99], die in der Gegend ihres Ursprungs liegt; diese Stadt bekehrte schon sehr frühzeitig der Apostel und Evangelist Matthäus[100] durch seine Predigt zum Glauben an den Herrn.

Nach dieser Landschaft durchquert man den Wald von Oca, und in Richtung Burgos liegt das Land der Spanier, das Kastilien und Campos[101] heißt. Gold, Silber und wertvolle Tuche sind reichlich vorhanden, ebenso Pferde, Brot, Wein, Fleisch, Fisch, Milch und Honig; es fehlt jedoch an Bäumen, und die Menschen sind schlecht und lasterhaft.

Nachdem man das Land León und den Irago- und Cebreropaß[102] hinter sich gelassen hat, kommt man nach Galicien, wo den Pilger eine wald- und flußreiche Landschaft mit Wiesen, besten Gärten, guten Früchten und klaren Quellen erwartet. Städte, Dörfer und Felder sind selten, Brot, Weizen und Tuche nicht im Überfluß vorhanden. Es gibt jedoch reichlich Roggenbrot und Apfelwein[103], Vieh, Pferde, Milch und Ho-

---

97 *Et Baionam* als Randnotiz von gleicher Hand, vgl. Herbers, Jakobuskult, S. 205.

98 Lateinisch heißt es *Navarrus interpretatur non verus,* eine volkstümliche etymologische Herleitung.

99 Gemeint ist eventuell die Stadt Nadabar in Äthiopien, denn bereits zu Beginn dieser Erzählung über den Ursprung der Navarreser werden die Nubier genannt, vgl. Anm. 95 sowie die nächste Anm.

100 Von der Mission des Apostels Matthäus in Äthiopien berichtet die apokryphe "Historia apostolica", vgl. Herwaarden, Roemrijke Jacobus, S. 102 Anm. 20.

101 Vielliard, Guide, S. 33 übersetzt „Kastilien und sein Umland", jedoch scheint eher die Landschaft *Campos* gemeint zu sein, vgl. Moralejo/Torres/Feo, Liber, S. 523; David, Etudes, III S. 202 sowie den Nachtrag bei Vielliard, S. 147.

102 Auf beiden Pässen gab es auch Hospize; zu dem im 12. Jh. erstmals erwähnten Hospiz auf dem Monte Irago in Foncebadón vgl. Vázquez/Lacarra/Uría, Peregrinaciones, II S. 280; zum Hospiz auf dem Cebrero vgl. Anm. 9.

103 Zur Übersetzung von *sicera* vgl. Kapitel 4.2., Anm. 46 sowie oben Anm. 60.

104

nig. Man fängt zwar außerordentlich große Seefische, allerdings nicht viele[104]. Neben sarazenischen Schätzen birgt das Land weitere Reichtümer wie Gold und Silber, jedoch auch Tuche und Felle aus den Wäldern. Die Galicier ähneln unserem französischen Volk im Vergleich zu allen übrigen unkultivierten spanischen Völkern durch ihre Gebräuche am meisten, aber sie gelten als jähzornig und streitsüchtig[105].

4.3.8. Heilige Leichname, die am Jakobsweg ruhen, und welche die Pilger aufsuchen müssen (Kapitel VIII)

Zunächst ist von denen, die über den Weg von St-Gilles nach Santiago gehen[106], der Leichnam des hl. Bekenners Trophimus in Arles[107] zu besuchen, den der hl. Paulus in seinem Brief an Timotheus[108] erwähnt. Vom hl. Paulus zum Bischof geweiht, wurde er als erster in diese Stadt gesandt, um dort das Evangelium zu predigen. *Aus dieser* sehr klaren *Quelle empfing ganz Gallien die Bäche des Glaubens,* wie Papst Zosimus schreibt[109]. Sein Fest wird am 29. Dezember gefeiert.

---

104 Eventuell auch zu übersetzen: sowohl große als auch kleine Fische, vgl. Vielliard, Guide, S. 33 Anm. 2 und Moralejo/Torres/Feo, Liber, S. 523.

105 Vgl. Kapitel 3., S. 40 mit Anm. 53. — Zu den Schätzen von Galicien und insbesondere in Compostela vgl. Moralejo Alvarez, Ars sacra, S. 196-198.

106 Das folgende Kapitel berichtet fast ausschließlich über die Kultstätten im heutigen Frankreich, vgl. oben S. 24; begonnen wird mit dem südlichsten der vier in Kapitel 4.3.1. genannten Wege. Dieser war zusammen mit der Straße von Tours wohl die bedeutendste der genannten Straßen (als Verbindung zwischen Italien und Spanien auch von hoher Bedeutung für den Handel), vgl. Cohen, Roads, S. 331-337. — Zur Benutzung der vom Autor benutzten Vorlagen, wird — soweit nicht durch neuere Forschung überholt — auf die jeweiligen in der BHL verzeichneten Texte verwiesen.

107 Trophimus, Bischof von Arles im 1. Jh.; nach dem Bericht des Gregor von Tours (573-594) soll er im 3. Jh. gelebt haben. Jedoch gilt er seit dem Streit um den gallischen Primat (vgl. Anm. 109) als erster Apostel Galliens.

108 Die im 2 Tim 4,20 erwähnte Person ist nicht mit dem hl. Trophimus von Arles identisch.

109 Papst Zosimus (417-418) schrieb mehrere Briefe an die Kirche von Arles, in denen die Bedeutung des hl. Trophimus für Arles und die Gallia hervorgehoben wurde, vgl. G. Langgärtner, Die Gallienpolitik der Päpste im 5. und 6. Jahrhundert. Eine Studie über den apostolischen Vikariat von Arles (Bonn 1964), S. 26-52. Das bisher sonst noch nicht identifizierte Zitat entstammt

Ebenso ist der Leichnam des hl. Bischofs und Märtyrers Cäsarius[110] zu besuchen, der in dieser Stadt eine Nonnenregel[111] einführte. Sein Fest wird am 1. November[112] begangen.

Auf dem Friedhof von Arles[113] sind die Reliquien des hl. Bischofs Honorat[114] aufzusuchen. Sein Fest feiert man am 16. Januar; in seiner ehrwürdigen und wunderbaren Basilika[115] ruht der kostbare Leichnam des hl. Genesius[116]. In einem Dorf bei Arles, das zwischen zwei Rhônearmen gelegen ist und Trinquetaille heißt, befindet sich eine prächtige, sehr hohe Marmorsäule[117], die sich auf dem Land hinter der Kirche des Heiligen erhebt, daran fesselte die treulose Bevölkerung den hl. Genesius und enthauptete ihn. Bis heute erscheinen dort Purpurspuren von seinem rosaroten Blut. Der Heilige warf jedoch nach seiner Enthauptung sein eigenes Haupt mit den Händen in die Rhône, und sein Leichnam wurde vom Fluß bis zur Basilika des hl. Honorat getragen, wo er ehrwürdig begraben liegt. Sein Kopf gelangte aber durch die Rhône bis ins Meer und durch einen Engel bis zur spanischen Stadt Cartagena, wo er nun herrlich ruht und viele Wunder bewirkt[118]. Sein Fest wird am 25. August gefeiert.

einem Brief vom 22. März 417 (ed. W. Gundlach, MG Epistolae III, Berlin 1892, S. 6) (= Jaffé-Kaltenbrunner n. 328).

110 Cäsarius, Erzbischof von Arles (ca. 506-542).

111 Im Jahre 515 gründete Cäsarius ein Nonnenkloster in Arles.

112 Verwechslung mit dem Festtag des gleichnamigen römischen Heiligen (BHL n. 1511-1518), derjenige des Cäsarius von Arles fiel auf den 27. August (BHL n. 1508-1510).

113 Zum Friedhof von Arles vgl. die erschöpfende Studie von Benoit, Cimetières Arles.

114 Honorat, Bischof von Arles († 429), auch Gründer des Klosters Lérins, wohin seine Gebeine 1392 übertragen wurden.

115 In Aliscamps (vgl. im weiteren Text S. 107) gibt es noch eine dem hl. Honorat geweihte Kirche, die auf die Karolingerzeit zurückgeht. Sie trägt erst seit dem 12./13. Jh. ausschließlich den Namen des hl. Honorat, zuvor war sie sowohl dem hl. Genesius (vgl. nächste Anmerkung) als auch dem hl. Honorat geweiht, vgl. Benoit, Cimetières Arles, S. 39.

116 Genesius, Soldat und Schreiber in Arles († 303 oder 308).

117 Laut Benoit, Cimetières Arles, S. 7 gab es diese Säule bis zum Jahre 1806. Trinquetaille liegt westlich von Arles auf dem rechten Rhôneufer. Die Säule erwähnt bereits Gregor von Tours, De gloria martyrum 68 (ed. B. Krusch, MG Scriptores rerum Merovingicarum I, Hannover 1885, S. 83 f.).

118 Zum Martyrium des hl. Genesius vgl. die Lebensbeschreibung des Bischofs Paulinus von Nola (353/354-431) (BHL n. 3305) sowie Benoit, Cimetières

Dann ist bei der Stadt Arles an einer *Aliscamps*[119] genannten Stelle ein Friedhof zu besuchen und durch Bitten, Psalmen und Almosen für die Verstorbenen Fürsprache einzulegen; seine Länge und Breite beträgt tausend Schritte. Nirgends außer auf diesem Friedhof kann man so viele und so große auf dem Boden aneinandergereihte Marmorgräber finden. Sie sind unterschiedlich gefertigt, und alte lateinische Buchstaben sind in sie eingemeißelt, allerdings in einer unverständlichen Sprache[120]. Je länger man in die Ferne blickt, desto mehr Sarkophage sieht man. Auf diesem Friedhof gibt es sieben Kirchen[121], und wenn ein Kleriker dort für die Verstorbenen die Eucharistie feiert, sei es auch im Auftrag eines Laien, oder wenn ein Kleriker den Psalter liest, ist er der Hilfe jener frommen Verstorbenen, die dort liegen, bei seiner Rettung am Jüngsten Tage gewiß. Dort ruhen die Leichname vieler Märtyrer und Bekenner, deren Seelen die Freuden des Paradieses genießen. Ihr Gedächtnis wird der Gewohnheit entsprechend am Montag nach der Osteroktav begangen.

Auch der ehrwürdige Leichnam des frommen Bekenners und Abtes Aegidius[122] ist mit aufmerksamen Augen zu besu-

---

Arles, S. 6-10. Zum Kult im spanischen Cartagena, wo eine Einsiedelei den Namen San Ginés de la Xara trug, vgl. Acta Sanctorum, August V, S. 126 f.

119 In der Handschrift *Ailiscampis;* der Friedhof stammt bereits aus römischer Zeit, vgl. Benoit, Cimetières Arles, S. 32 f., zur Stelle des Pilgerführers S. 34. Laut dem IV. Buch des *Liber Sancti Jacobi,* Kapitel 21 (Hämel, Pseudo-Turpin S. 86) gilt dieser Friedhof neben demjenigen von Bordeaux (vgl. Anm. 226) als wichtigster. Neben den Kämpfern aus dem Heer Karls des Großen sollen dort die Bischöfe Maximin von Aix (1. Jh.), Trophimus von Arles, Paul von Narbonne (3. Jh.), Saturnin von Toulouse (Mitte 3. Jh.), Fronto von Périgueux (1. Jh.), Martial von Limoges (1.-7. Jh.) begraben liegen. Vgl. zu der Symbiose von christlichen Legenden und epischer Dichtung Bédier, Légendes, I S. 394-416 sowie Benoit, Cimetières Arles, S. 34 f.

120 Lateinisch *dictatu ininteligibili,* wahrscheinlich bezieht sich dies am ehesten auf ein schwer verständliches Latein, vgl. Moralejo/Torres/Feo, Liber, S. 526 Anm. 4, die allerdings nicht den korrekten lateinischen Text zitieren.

121 Vgl. Benoit, Cimetières Arles, besonders die Karte auf S. 33, wo jedoch weitaus mehr Kirchen verzeichnet sind; sollte der Autor hier vielleicht einen Bezug zu den im *Pseudo-Turpin* zitierten sieben Bischöfen (vgl. Anm. 119) gesucht haben?

122 Zum hl. Aegidius (saint-Gilles) († 720/726), der als Eremit in der Nähe der Rhônemündung lebte und das dann neu gegründete Kloster angeblich dem päpstlichen Schutz unterstellte, vgl. BHL n. 93-96. Diese Lebensbeschreibungen gehen frühestens auf das 9./10. Jh. zurück, vgl. Poulin, Sainteté, S. 34. –

chen, denn der hl. Aegidius ist in allen Ländern sehr bekannt, muß von allen verehrt, würdig gefeiert, geliebt, angerufen und angefleht werden. Nach den Propheten und Aposteln ist keiner unter den übrigen Heiligen würdiger, heiliger oder glorreicher als er, niemand gewährt seine Hilfe schneller. Wenn Bedürftige, Bedrängte und Beängstigte ihn anrufen, steht er ihnen gewöhnlich vor allen anderen Heiligen am schnellsten bei. Wie schön und wertvoll ist es, sein Grab zu besuchen! Am Tage, an dem man ihn aus ganzem Herzen anruft, wird man ohne Zweifel glückliche Hilfe erfahren. Ich selbst habe erprobt, was ich behaupte: einst sah ich im Ort dieses Heiligen, wie jemand den Heiligen anrief und am gleichen Tag dem Hause eines gewissen Schusters Peyrot[123] durch die Hilfe des hl. Bekenners entkam, bevor dieses sehr alte Gebäude vollständig zusammenstürzte.

Wer also wird seine Grabstätte am längsten besuchen? Wer wird Gott in seiner heiligsten Basilika verehren? Wer wird seinen Sarkophag erneut umfassen? Wer wird seinen ehrwürdigen Altar küssen oder sein äußerst frommes Leben erzählen[124]?

Ein Kranker zieht seine Tunika an und wird gesund[125]; ein von einer Schlange Gebissener wird durch seine unerschöpfliche Tugend geheilt; ein vom Teufel Besessener wird befreit; ein Seeunwetter hält ein. Die Tochter des Theokrit[126] wird diesem durch Genesung zurückgegeben, ein am ganzen

---

Die folgende Passage wurde nach der Ausgabe von Fita/Vinson, Codex, von Hamann, Schrein des hl. Aegidius, S. 114-117, Nachdruck S. 299-302 ins Deutsche übertragen, allerdings unter Auslassung einiger Passagen zum Leben des Heiligen. – Zur Kirche vgl. auch die neuere Arbeit von Diemer, Untersuchungen.

123 Nicht identifiziert.

124 Zu den Lebensbeschreibungen vgl. Anm. 122. Zur weiteren Verbreitung der *Vita* vgl. auch die altfranzösische Fassung: Guillaume de Berneville, La vie de saint Gilles (ed. G. Paris/A. Bos, Paris 1881) insbesondere S. XXXVI ff.

125 Zu den Anspielungen auf die Wundergeschichten des hl. Aegidius vgl. David, Etudes, II S. 182 und III S. 204. Die zwischen 1122 und 1124 vom dortigen Bibliothekar Petrus Guillermus († 1142) zusammengestellten Mirakel (BHL n. 93) vermutete David als Vorlage für die Wundersammlung des *Liber Sancti Jacobi*, jedoch widerrief er zu Recht seine ursprüngliche Meinung, vgl. Etudes, IV S. 53-57, besonders S. 54.

126 Nicht identifiziert.

Körper kranker Mensch erhält die lang ersehnte Gesundheit zurück; eine ursprünglich ungezähmte Hirschkuh wird auf sein Geheiß domestiziert; eine Mönchsgemeinschaft blüht unter dem Patronat dieses Abtes; eine Sünde, die ein Engel Karl[127] offenbart, wird dem König vergeben; ein Toter erhält das Leben zurück, ein Krüppel die Gesundheit; ja sogar zwei durch Skulpturen mit Bildern der hl. Apostel verzierte Türen aus Zypressenholz gelangen von Rom durch die Fluten des Meeres bis zum Rhônehafen, ohne Lenkung, nur durch seinen mächtigen Befehl[128]. Mich verläßt die Erinnerung[129], um alle seine ehrwürdigen Taten erzählen zu können, weil es so viele und so bedeutende gibt.

Wie ein heller Stern aus Griechenland[130], der später die Provenzalen erleuchtete, erlosch dieser inmitten dieses Volkes. Er ging jedoch nicht wirklich unter, sondern wuchs noch und minderte keineswegs sein Licht, er spendete es vielmehr doppelt so hell. So stieg er nicht zu den Abgründen, sondern zu den Spitzen des Olymp. Dieser Stern verdunkelte sich also, ohne jedoch richtig zu sterben. Wegen seiner helleren Strahlen schätzen ihn die anderen hl. Gestirne. An einem Sonntag, am ersten September, um Mitternacht, ging dieses Gestirn unter[131], als der Chor der Engel ihn unter sich auf einem Thron aufnahm; das gotische Volk[132] und die Mönche gaben

---

127 Karl der Große, zuweilen auch Karl Martell (715-741) zugeschrieben. Dieses Wunder, das bereits eine der Lebensbeschreibungen (Acta Sanctorum, September I, S. 302) enthält, gelangte wohl von dort in verschiedene Chansons de geste, vgl. die Zeugnisse bei Paris/Bos (wie Anm. 124), S. XCI-CXVI sowie allgemein Bédier, Légendes, III S. 356 ff. — Ein ähnliches Wunder findet sich im *Liber Sancti Jacobi*, das bezeichnenderweise in die Zeit Karls des Großen gelegt wird, Whitehill, Liber, S. 262 f.

128 Der hl. Aegidius soll sein Kloster nach der Gründung dem Papst unterstellt haben (vgl. Anm. 122); über die aus Rom mitgebrachten Türen berichtet auch die Vita (Acta Sanctorum, September I S. 303).

129 Der lateinische Text kann unterschiedlich aufgefaßt werden; Vielliard, Guide S. 40 liest *tedet me mori* (ich bedaure, sterben zu müssen), während Moralejo/Torres/Feo, Liber, S. 527, denen ich folge, *tedet memori* als Verschreibung für *tedet memorie* lesen.

130 Vgl. Acta Sanctorum, September I, S. 299.

131 Der hl. Aegidius starb auch gemäß dem Bericht von BHL n. 94-96 am 1. September, einem Sonntag. Sollten die Berichte zutreffen, so kämen nur die Jahre 720 oder 726 in Frage, in denen der 1. September auf einen Sonntag fiel.

132 St-Gilles blieb, wie ganz Septimanien bis 720, vielleicht sogar noch wenig län-

ihm auf ihrem freien Gelände zwischen der Stadt Nîmes und der Rhône ein ehrenhaftes Grab.

Ein großer goldener Schrein[133] hinter seinem Altar und über seinem Leichnam zeigt links im ersten Rang die Skulpturen von sechs Aposteln, und auf gleicher Höhe ist an hervorragender Stelle ein Bild Marias in angemessener Weise gemeißelt; im zweiten Rang darüber befinden sich die zwölf Sternzeichen in folgender Anordnung: Widder, Stier, Zwillinge, Krebs, Löwe, Jungfrau, Waage, Skorpion, Schütze, Steinbock, Wassermann und Fische. In der Mitte finden sich goldene Blumen in der Art einer Weinrebe. Im obersten, dritten Rang sind zwölf Bilder der 24 Ältesten mit folgendem Vers über ihren Häuptern[134]:

Der wunderbare Chor der zweimal zwölf Ältesten
singt sanfte Lieder auf seinen Zithern in hellen Tönen.

Rechts sind im ersten Rang ebenso weitere sieben Bilder, welche die sechs Apostel und auf dem siebenten Bild irgendeinen Schüler Christi darstellen. Über den Köpfen der Apostel hat man auf beiden Seiten in der Form von Frauen die Skulpturen der Tugenden angebracht, die diesen eigen sind, nämlich: Güte, Sanftmut, Glaube, Hoffnung, Liebe und so weiter. Im zweiten Rang des rechten Teiles sind Blumen in Form von Weinstöcken gemeißelt, oberhalb, im dritten Teil, befinden sich die zwölf Bilder der 24 Ältesten mit folgenden über ihren Köpfen eingemeißelten Versen[135]:

Dieser ehrbare Schrein mit kostbaren und goldenen Steinen birgt die Reliquien des hl. Aegidius.

---

ger Bestandteil des Westgotenreiches, vgl. D. Claude, Geschichte der Westgoten (Stuttgart 1970) S. 84; jedoch auch später noch wurde mit Gotien das Gebiet zwischen Rhône und Pyrenäen bezeichnet.

133 Heute nicht mehr erhalten. Vgl. die eingehende ,,Rekonstruktion" des Aussehens aufgrund der folgenden Beschreibung und durch Vergleich mit anderen Schreinen bei Hamann, Schrein des hl. Aegidius, S. 117-136, Nachdruck S. 302-320, mit Hinweisen zur künstlerischen Nachfolge in St-Junien, Angers, St-Guilhelm und anderen Orten.

134 Die beiden lateinischen Hexameter sind lediglich möglichst wortgetreu übersetzt. Gemeint sind die Ältesten der Apk 4,4 ff. vgl. Hamann, Schrein des hl. Aegidius, S. 117, Nachdruck S. 302.

135 Auch hier sind die zwei elegischen Distichen in unvollständigem leonischem Reim möglichst wortgetreu übersetzt.

Wer sie verletzt, sei vom Herrn auf ewig verdammt, ebenso vom hl. Aegidius sowie von der gesamten Heiligenschar.

Das Dach des Schreins ist oben und allseitig in der Art von Fischschuppen gearbeitet. Auf seinem First sind dreizehn Felskristalle befestigt, einige schachbrettartig, andere in der Art von Äpfeln oder von Paradiesäpfeln; ein großer Kristall hat die Form eines kräftigen Fisches, wohl einer aufrechten Forelle[136], die ihren Schwanz nach oben richtet. Der erste dieser Kristalle sieht wie eine große Schale aus, auf der ein kostbares, glänzendes Kreuz angebracht ist. In der Mitte des Schreinvorderteils thront der Herr, umgeben von einem goldenen Kreis, segnet mit der rechten Hand und hält in seiner Linken[137] ein Buch, in dem geschrieben steht: *Liebet den Frieden und die Wahrheit*[138]. Unter der Bank, auf der seine Füße ruhen, glänzt ein goldener Stern, und um seine Schultern stehen links und rechts zwei Buchstaben geschrieben, A und Ω. Über seinem Thron erstrahlen unermeßlich hell zwei wertvolle Edelsteine.

Die vier Evangelisten mit Flügeln umrahmen seinen Herrschersitz und haben unter ihren Füßen jeweils ein Buch, auf dem in der richtigen Reihenfolge die Anfänge ihrer Evangelien geschrieben stehen; Matthäus befindet sich in Menschengestalt rechts oben, Lukas in Form eines Ochsen darunter, Johannes erscheint als Abbild eines Adlers links oben und Markus ist in Löwengestalt darunter.

Neben dem Thron des Herrn sind zwei wunderbare Engelsskulpturen: Cherubim rechts mit den Füßen über Lukas, Seraphim links mit den Füßen über Markus. Zwei Reihen mit wertvollen Edelsteinen jeglicher Art — eine umgibt den Thron des Herrn, eine weitere säumt die Ränder des Schreins ebenso rundherum — sowie drei Steine als Zeichen für die Dreifaltigkeit Gottes bilden ein wunderbares Ganzes.

Eine gewisse vornehme Person befestigte aus Liebe zu dem hl. Bekenner am Schrein auf der Altarseite mit goldenen Nä-

---

136 Lateinisch *trostea*, jedoch wohl *tructa* (Forelle) gemeint.
137 Im lateinischen Text wir irrig erneut „rechts" wiederholt.
138 Sach 8,19 (mit Wortumstellung).

geln sein ebenfalls goldenes Abbild, das dort zur Ehre Gottes bis zum heutigen Tag erscheint.

Auf der Rückseite des Schreines befindet sich eine Skulptur von der Himmelfahrt des Herrn. In der unteren Reihe sind sechs Apostel, die mit erhobenen Gesichtern dem in den Himmel aufsteigenden Herrn nachsehen; über ihren Köpfen sind folgende Worte geschrieben: Oh, *ihr Männer von Galiläa! Dieser Jesus, der von euch weg hinaufgenommen worden ist, wird ebenso kommen, wie ihr gesehen habt*[139]. In der zweiten Reihe sind die weiteren sechs Apostel in derselben Haltung abgebildet, aber zwischen ihnen befinden sich goldene Säulen. In der dritten Reihe steht der Herr auf einem goldenen Thron, zwei Engel sind rechts und links davon und zeigen den Aposteln den Herrn, indem sie mit einer Hand nach oben, mit der anderen nach unten deuten. Über dem göttlichen Haupt − außerhalb des Thrones − gibt es eine Taube, gleichsam über ihm schwebend. In der vierten, obersten Reihe ist der Herr auf einem anderen goldenen Thron dargestellt, umgeben von den vier Evangelisten; unten auf der südlichen Seite Lukas in Form eines Ochsen, darüber Matthäus in Menschengestalt; auf der anderen, nördlichen Seite findet man Markus als Löwen unten und Johannes als Abbild des Adlers oben. Die göttliche Majestät sitzt nicht auf ihrem Thron, wie es zu beachten gilt, sondern steht mit dem Rücken nach Süden. Sie hat den Kopf zum Himmel gerichtet; mit erhobener rechter Hand und mit einem kleinen Kreuz in der linken Hand steigt sie zum Vater empor, der sie auf der Schreinspitze empfängt.

So sieht das Grab des hl. Bekenners Aegidius aus, in dem dessen Leichnam ehrenhaft ruht. Die Ungarn[140], die seine Gebeine angeblich zu eigen haben, sollten vor Scham erröten, ebenso wie die Mönche von Chamalières[141], die vorgeben, seinen Leichnam vollständig zu besitzen. Ebenso müssen sich

---

139 Apg 1, 12 (mit kleinen Umstellungen).
140 Das 1078 gegründete ungarische Kloster Sirmich war laut einer Urkunde von Papst Paschalis II. (vom 2. November 1106) (Jaffé-Löwenfeld, n. 6098; ed. Goiffon, Bullaire de l'abbaye de St-Gilles. Nîmes 1882, S. 41 n. 23) der südfranzösischen Abtei St-Gilles unterstellt.
141 Das 937 gegründete Kloster Chamalières-sur-Loire stand unter dem Patronat des hl. Aegidius, vgl. Cottineau, Répertoire, I S. 677.

die Bewohner von Saint-Seine[142] schämen, die über dessen Kopf zu verfügen glauben, und auch die Normannen von der Halbinsel Cotentin[143] rühmen sich zu Unrecht mit dem Besitz von dessen gesamten Reliquien, denn die Überreste des hl. Aegidius können in keiner Weise von diesen Orten fortgetragen worden sein, wie von vielen bezeugt wird. Allerdings haben einige versucht, den äußerst verehrungswürdigen Arm des hl. Bekenners aus St-Gilles[144] in eine weit entfernte Gegend zu bringen, ohne jedoch weit zu kommen.

Wie man sagt, und wie vielfach bestätigt wird, können die Gebeine von vier Heiligen überhaupt nicht aus ihrer Sarkophagen entfernt werden: diejenigen des hl. Jakobus Zebedäus, des hl. Martin von Tours, des hl. Leonhard von Limoges und die des hl. Bekenners Aegidius. Man erzählt, daß der französische König Philipp[145] einst diese Leichname nach Gallien[146] zu bringen versuchte; es gelang ihm jedoch nicht, sie in ihren Sarkophagen zu bewegen.

Diejenigen, die über die Straße von Toulouse[147] nach Santiago gehen, müssen den Leichnam des hl. Wilhelm[148] be-

---

142 Laut Vielliard, Guide, S. 46 Anm. 3 und S. 148 die Abtei von Saint-Seine (Diözese Langres).

143 Die gewagte Übersetzung von *Constanciani Normanni* beruht auf dem Vorschlag von Vielliard, Guide, S. 47, die diesen Anspruch einer nicht näher bezeichneten Kollegiatkirche im Bistum Coutances (Kirchenprovinz Rouen) zuschreibt, vgl. auch den Nachtrag ebenda, S. 148.

144 Ungeklärte Anspielung; laut den Acta Sanctorum September I, S. 289 besaß die Heiliggrabkirche in Cambrai den Arm des hl. Aegidius; im 15. Jh. wurde ein Arm nach Brügge übertragen (BHL n. 98); jedoch ist ein vergeblicher Translationsversuch sonst nicht belegt.

145 Philipp I. (1060-1108), allerdings ist nichts über eine Pilgerfahrt dieses französischen Königs nach Compostela bekannt.

146 Das lateinische *Gallia* meint hier wohl das Kerngebiet der *Francia*, die Ile-de-France; sonst wäre die Ortsbestimmung bei den zuvor genannten Orten unsinnig.

147 Gemeint ist immer noch der südlichste der vier Wege (Kapitel I., S. 86), vgl. La Coste-Messelière/Jugnot, Toulouse, S. 118.

148 Wilhelm von Aquitanien, Graf von Toulouse († 28. Mai 812) gründete im Dezember 804 das Kloster Gellone, wo er selbst 806 Mönch wurde. Nach seinem Tod erhielt Gellone den Namen St-Guilhem-du-Désert. Vor allem durch sein kriegerisches Wirken gegen moslemische „Glaubensfeinde" ging er auch als „Guillaume d'Orange" in die epische Dichtung ein, vgl. Bédier, Légendes, I passim, der auch die Bedeutung des Klosters für Entwicklung und Verbreitung der epischen Dichtung — vielleicht etwas überschätzend — hervorhebt.

suchen. Dieser Mann, ein einflußreicher Graf und Heerführer Karls des Großen, im Kriegswesen äußerst erfahren und tüchtig, zählt zu den bedeutendsten Heiligen. Wie man berichtet, unterwarf er durch seinen Mut Nîmes, Orange und weitere Städte der christlichen Herrschaft[149]. Er brachte auch das Kreuzesholz des Herrn ins Tal Gellone, wo er das Leben eines Einsiedlers führte und als Bekenner Christi seit seinem Tode ehrenhaft ruht. Sein Fest begeht man am 28. Mai.

Auf dem gleichen Weg sind die Leichname der hl. Märtyrer Tiberius, Modestus und Florentia[150] aufzusuchen, die zur Zeit Diokletians[151] unter verschiedenen Qualen das Martyrium für den christlichen Glauben erlitten. Sie ruhen am Ufer des Hérault[152] in einem sehr schönen Grab; ihr Gedächtnis wird am 10. November gefeiert.

Auf der gleichen Straße muß man ebenfalls die ehrwürdigen Gebeine des hl. Bischofs und Märtyrers Saturninus[153] besuchen. Er wurde im Kapitol der Stadt Toulouse von Heiden festgehalten, an wilde und ungezähmte Stiere gebunden und dann von der höchsten Bogenspitze des Kapitols etwa eine Meile lang alle Steinstufen hinuntergestürzt. Mit zertrümmertem Kopf, herausgequollenem Gehirn und zerstückeltem Körper gab er Christus seine Seele zurück. Er ist an einem vornehmen Ort bei der Stadt Toulouse beigesetzt. Dort errichteten die Gläubigen eine große Basilika, in der die Kanonikerregel

---

Die Lebensbeschreibung Wilhelms (BHL n. 8916) aus dem 12. Jh. basiert auf derjenigen über Benedikt von Aniane (ca. 750-821), vgl. Tisset, Abbaye de Gellone, S. 8 sowie Poulin, Sainteté, S. 34.

149 Vgl. Bédier, Légendes, I S. 171 und Tisset, Abbaye de Gellone, S. 14, die diese Passage auf die Chanson de geste „Charroi de Nîmes" zurückführen.

150 Alle drei Personen predigten Ende des 3. Jh. in Agde (Département Hérault) und erlitten 304 das Martyrium, vgl. A. Rastoul, Agde (Dictionnaire d'Histoire et Géographie ecclésiastiques I, 1912, S. 925).

151 Römischer Kaiser (285-305).

152 In dem Ende des 8. Jh. gegründeten Kloster St-Thibéry, nordwestlich von Agde.

153 Französisch: Sernin, erster Bischof und Patron von Toulouse, lebte im 3. Jh. und erlitt etwa 250 das Martyrium. Der nachfolgende Bericht stimmt mit der ca. 420 verfaßten Passio weitgehend überein, vgl. Labrousse/Wolff, Temps obscurs, S. 45. Die verschiedenen Entwicklungsstufen der Legende wurden aufgearbeitet von Gilles, L'hagiographie de Saint-Saturnin. — Das im folgenden genannte Kapitol findet sich südlich der Kathedrale St-Sernin (Place du Capitol).

des hl. Augustinus befolgt wird[154]. An diesem Ort erlangen die Bittenden vom Herrn zahlreiche Wohltaten. Das Fest des hl. Saturninus feiert man am 29. November.

Die Burgunder und Deutschen, die über die Straße von Le Puy nach Santiago ziehen, müssen das Grab der hl. Jungfrau und Märtyrerin Fides[155] besuchen. Sie wurde von Henkern auf dem Berg der Stadt Agen enthauptet, dann brachten Engelchöre ihre heiligste Seele in Form einer Taube zum Himmel und schmückten sie mit dem Lorbeer der Unsterblichkeit. Als der Bischof der Stadt Agen, der hl. Caprasius[156], dies sah — er hielt sich, um den grausamen Verfolgungen zu entgehen, in einer Höhle verborgen — eilte er, von dem Gedanken an ein eigenes Martyrium beseelt, an den Leidensort der seligen Jungfrau. Dort verdiente er sich in einer mutigen Schlacht den Lohn des Martyriums, indem er sogar seine Verfolger der Langsamkeit zichtigte. Der kostbare Leichnam der hl. Jungfrau und Märtyrerin Fides wurde in einem Tal, das gemeinhin Conques heißt[157], von den Christen ehrenhaft beigesetzt; über dem Grab errichteten sie eine schöne Basilika, in der bis

---

154 Der Martyriumsbericht findet sich mit teilweise wörtlichen Übereinstimmungen auch in der aus dem 13. Jh. (vor 1264) stammenden Legenda aurea des Jakobus von Varazze, lateinisch S. 797, deutsch S. 927. Die Einführung der Kanonikergemeinschaft erfolgte 1083, vgl. Labrousse/Wolff, Temps obscurs, S. 63. — Zu St-Sernin als Pilgerbasilika, die im 11. Jh. gebaut wurde, vgl. oben S. 46 und Ph. Wolff/M. Durliat, Le premier essor urbain (Histoire de Toulouse, Toulouse 1974, S. 67-117) S. 80-94. — Toulouse als Pilgeretappe wurde von La Coste-Messelière/Jugnot, Toulouse, behandelt.

155 Französisch: Foy, ihr Martyrium ist auf die Jahre 286-287 anzusetzen, vgl. hierzu Bernoulli, Conques, S. 16. Zu den verschiedenen Fassungen der *Passio*, die auf das 5. Jh. zurückgehen, vgl. die Übersichten bei Poulin, Sainteté, S. 169 f., 178 sowie die dort S. 194 verzeichnete Spezialliteratur. — Zum Weg von Le Puy, der wohl die beschwerlichste und deshalb oft gemiedene Route war, vgl. Cohen, Roads, S. 325-331 und Jugnot, Du Velay aux Pyrénées.

156 Ob der hl. Caprasius wirklich Bischof von Agen war und in diesen Zusammenhang gehört, ist fraglich, vgl. die verschiedenen Fassungen der Fides-*Passio* (BHL n. 2928-2938 sowie Fros, Inédits, S. 186) und die Caprasius-*Passio* (BHL n. 1558), vgl. ferner Poulin, Sainteté, S. 169 f. und 174. Sein Tod soll am 20. Oktober 303 erfolgt sein.

157 Die Gebeine der hl. Fides wurden 864 oder 866, jedoch vor 883 geraubt und von Agen nach Conques gebracht, vgl. Bernoulli, Conques, S. 17 f. sowie Geary, Thefts of Relics, S. 169-174 unter Berücksichtigung der Ergebnisse von Lot, Levillain und Angély.

heute zum Ruhme Gottes die Benediktregel unverändert befolgt wird[158]. Dort erfahren Gesunde und Kranke zahlreich Wohltaten. Vor den Toren der Basilika sprudelt eine Quelle, deren Wunderkraft unbeschreiblich ist. Das Fest der hl. Fides wird am 6. Oktober begangen.

Auf dem Jakobsweg, der über St-Léonard[159] führt, müssen Pilger zunächst die ehrwürdigen Reliquien der hl. Maria Magdalena[160] verehren. Sie ist die glorreiche Maria, die im Hause des aussätzigen Simon die Füße des Erlösers mit Tränen benetzte, diese mit ihren Haaren trocknete und sie mit einem kostbaren Balsam einrieb und küßte[161]; ihr wurden zahlreiche Sünden vergeben, weil sie Jesus Christus, ihren Retter, der alle Menschen liebt, so sehr liebte. Nach der Himmelfahrt des Herrn verließ sie die Jerusalemer Gegend mit dem hl. Maximinus[162] und weiteren Jüngern des Herrn. Sie gelangte auf dem Seeweg über den Hafen Marseille in die Provence. Dort lebte sie einige Jahre lang in Abgeschiedenheit. Später wurde sie dann in Aix von dem inzwischen Bischof gewordenen Maximinus beigesetzt. Ein edler Streiter des mönchischen Lebens namens Badilo übertrug jedoch viele Jahre später ihre kostbaren Gebeine nach Vézelay, wo sie bis zum heutigen Tag in einem ehrenhaften Grab ruhen[163]. An diesem Ort errichtete

---

158 Zu dieser „Pilgerbasilika" vgl. Bernoulli, Conques, S. 25 ff., der einen ersten Bau auf die Jahre 942-984 und die weitgehende Fertigstellung des noch heute bestehenden dritten Baues auf die Jahre 1031-1065 datiert; vgl. auch ebenda S. 77-90 zur Stellung von Conques innerhalb der „Pilgerstraßenarchitektur" (vgl. auch oben Kapitel 3. Anm. 82-85). Zum Bauwerk auch Sauerländer, Sainte-Foy.

159 Bei Limoges; zu dieser, ähnlich wie die *via Podensis* weniger bedeutenden der vier Pilgerstraßen, vgl. Cohen, Roads, S. 329. Insbesondere verlor die Straße an Bedeutung nach dem Niedergang des Magdalenenkultes in Vézelay (vgl. Anm. 163) im 13. Jh., als die Echtheit der dortigen Reliquien angezweifelt wurde.

160 In Vézelay; zur Passionsgeschichte vgl. neben BHL n. 5439-5458 und Fros, Inédits, S. 361 auch die spätere Fassung des Jacobus von Varazze, Legenda aurea, lateinisch S. 408-515, deutsch S. 471-480.

161 Vgl. Mt 26,6-13.

162 Bischof von Aix, der jedoch nur in der legendären Tradition verzeichnet wird. Er zählt zu den im Lukasevangelium (Lk 10,1 und 17) genannten 72 Jüngern.

163 Zwischen Aix (-en-Provence) und Vézelay herrschte im Hochmittelalter ein Streit über den Besitz der Reliquien, vgl. L. Boehm, Geschichte Burgunds

man eine große und schöne Basilika sowie eine Mönchsabtei[164]. Sündern werden dort durch die Liebe dieser Heiligen ihre Missetaten von Gott vergeben, Blinden wird das Augenlicht geschenkt, Stummen die Zunge gelöst, Lahme werden aufgerichtet, Besessene befreit und vielen Gläubigen unauslöschliche Wohltaten gewährt. Das Fest der hl. Maria Magdalena wird am 22. Juli begangen.

Auch muß man die Reliquien des hl. Bekenners Leonhard[165] besuchen, der aus einem hochadeligen fränkischen Geschlecht stammte und am königlichen Hof erzogen wurde. Aus Liebe zum Allerhöchsten entsagte er der gewalttätigen Welt, um an einem Ort in der Gegend von Limoges, der gemeinhin Noblat[166] genannt wird, lange Zeit ein Einsiedlerleben zu führen, das durch häufiges Fasten, zahlreiche Nachtwachen in Kälte und Nacktheit und durch unauslöschliche Leiden gekennzeichnet war. Nach seinem Heimgang ruhte er

(Stuttgart ²1979) S. 95. Der Mönch Badilo, der zur Zeit des einflußreichen Grafen Gerhard von Vienne († 877) gelebt haben soll, brachte nach einer älteren Fassung der *Translatio* die Magdalenenreliquien von Jerusalem nach Südfrankreich, hingegen entsprach eine hochmittelalterliche Version dem Bericht des Pilgerführers. In den Annalen des Hugo von Poitiers aus dem 12. Jh. steht dieser Passus auf Rasur und wurde erst im 13. Jh. geändert, vgl. R.B.C. Huygens, Monumenta Vizeliacensia S. XXVII, Anm. 53. Zu diesen „notwendigen" Änderungen im Hochmittelalter vgl. die Spezialbehandlungen von V. Saxer, der auch die Personen Badilo und Gerhard von Vienne samt ihrem Nachleben in der epischen Dichtung mitbehandelt: V. Saxer, L'origine des reliques de sainte Marie Madeleine à Vézelay dans la tradition historiographique du Moyen Âge (Revue des sciences religieuses 29/1955, S. 1-18); ders., Culte de Marie Madeleine; ders., Le dossier vézelien de Marie Madeleine. Invention et translation des reliques en 1265-1267 (Subsidia hagiographica 57, Brüssel 1975). Knapper Geary, Thefts of Relics, S. 91-95.

164 Zur Kirche von Vézelay vgl. F. Salet/J. Adhémar, La Madeleine de Vézelay (Melun 1948) sowie P. Diemer, Stil und Ikonographie von Ste-Madeleine Vézelay (Diss. Heidelberg 1975) mit Datierungsvorschlägen für die Fertigstellung des Schiffes (1135-1140) und des Narthex (1145-1151) (S. 40). Vgl. auch Saxer, Culte de Marie Madeleine, S. 93 f. mit Hinweisen auf die Erweiterung der Kirche 1140-1150 anläßlich der Predigt zum zweiten Kreuzzug (1146).

165 Leonhard lebte wohl im 6. Jh.; gesicherte Nachrichten besitzen wir nicht, auch die legendarische Lebensbeschreibung, die ihn ebenfalls aus hochadeligem, fränkischen Geschlecht stammen läßt, ist erst aus dem 11. Jh., vgl. BHL n. 4862 sowie Poulin, Sainteté, S. 179, Vgl. auch die ähnliche Lebensbeschreibung bei Jakobus von Varazze, Legenda aurea, lateinisch S. 688 f., deutsch S. 854-856.

166 Heute St-Léonard de Noblat, 22 km östlich von Limoges.

auf einer Wiese, seine Reliquien blieben an dieser Stelle. Deshalb sollen die Mönche von Corbigny[167], die den Leichnam des hl. Leonhard zu besitzen vorgeben, vor Scham erröten, weil auch nicht der kleinste Teil seiner Knochen oder seiner Asche bewegt werden konnte, wie wir bereits oben gesagt haben. Die Mönche von Corbigny und viele andere werden durch seine Wohltaten und Wunder beglückt, sie entbehren jedoch der körperlichen Anwesenheit des Heiligen. Weil sie dessen Leichnam nicht erhalten konnten, verehren sie die Gebeine eines gewissen Mannes namens Leotard[168], die ihnen aus Anjou in einem Silberschrein gebracht wurden, anstelle derjenigen des hl. Leonhard von Limoges. Sie haben den Namen nach seinem Tod geändert und ihm wie bei einer erneuten Taufe den Namen Leonhard gegeben, damit durch das Ansehen eines so großen, bekannten Namens, nämlich durch den des hl. Leonhard von Limoges, die Pilger dorthin strömen und ihre Gaben darbringen[169]. Seinen Festtag begehen sie am 15. Oktober. Zuerst machten sie aus dem hl. Leonhard von Limoges ihren Kirchenpatron, dann legten sie einen anderen an seiner Statt in ein Grab, wie neidische Hörige, die ihrem Herrn das Erbe entreißen, um es einem unwürdigen Fremden zu schenken. Auch ähneln sie einem schlechten Vater, der seine Tochter dem rechtmäßigen Bräutigam nimmt, um sie einem anderen zu geben. *Und sie tauschten*, sagt der Psalmist, *ihre Herrlichkeit ein gegen das Bild eines Stiers*[170]. Ein Weiser tadelt diejenigen, die so handeln, mit den Worten: *Sonst gibst du anderen deine Würde preis*[171]. Die fremden und einheimischen Beter, die dorthin kommen, glauben ihren geliebten Leichnam des hl. Leonhard von Limoges zu finden, und sie sehen — ohne es zu wissen — einen anderen an dessen Stelle. Wer auch immer in Corbigny Wunder vollbringt, es muß der

---

167 Das Kloster Corbigny wurde 864 durch Abt Egil von Flavigny gegründet, erhielt laut Cottineau, Répertoire, I S. 870 f. Reliquien des hl. Leonhard, so daß im 12. Jh. gewiß konkurrierende Ansprüche bestanden haben mögen.
168 Die Tradition in Corbigny gab dem Heiligen wohl immer den Namen Leonhard; es handelt sich um zwei gleichnamige Heilige; Leonhard von Corbigny starb ca. 570, vgl. BHL n. 4859-4861, sein Fest fällt auf den 15. Oktober.
169 Vgl. dazu oben S. 36.
170 Ps. 106(105),20.
171 Spr. 5,9. Das Buch der Sprüche wird auch Salomo zugeschrieben.

hl. Leonhard von Limoges sein, der Gefangene befreit und dorthin führt, wenn er auch nicht selbst in ihrer Kirche weilt[172]. Die Leute von Corbigny machen sich doppelt schuldig, sie erkennen nämlich weder denjenigen, der sie durch seine Wunder großzügig bereichert, noch feiern sie dessen Fest, sondern verehren in ihrer Unordnung einen anderen.

Göttliche Milde verbreitete den Ruf des hl. Bekenners Leonhard von Limoges schon weit und breit auf dem ganzen Erdkreis; seine Stärke führte schon unzählbare Tausende aus Gefängnissen. Zu Tausenden sind eiserne Fesseln in dessen Basilika vereint, die teils so fremdartig wirken, daß man sie kaum beschreiben kann. Man sieht sie rundherum, zur Rechten, zur Linken, innen und außen, als Zeugnis für die überaus zahlreichen Wunder des hl. Leonhard. Wenn du dort die Säulen mit so zahlreichen, ja unzähligen Eisenteilen beladen siehst, wirst du noch mehr staunen, als ich jetzt zu sagen vermag. Dort hängen nämlich eiserne Handfesseln, Halseisen, Ketten, Fußeisen, Fußfesseln, Brechstangen, Joche, Helme, Sicheln und verschiedene Instrumente, von denen der mächtige Bekenner Christi durch seine Stärke Gefangene befreit hat[173]. Vor allem ist an ihm bewundernswert, daß er in sichtbarer, menschlicher Gestalt den Gefangenen in Kerkern erscheint; sogar jenseits des Meeres, wie die von ihm durch Gottes Macht Befreiten bezeugen[174]. Durch ihn wird erfüllt, was der göttliche Prophet mit folgenden Worten verkündete: *Sie saßen im Dunkel und Todesschatten, gefesselt in Elend und Eisen, und er errettete sie oft. Sie schrien zu ihm in ihrer Bedrängnis, und er befreite sie aus all ihren Ängsten.* Er hat sie vom Weg des Verderbens geführt, *denn er sprengte die ehernen Tore, die Eisenriegel brach er entzwei. Sie lagen in Ketten,* viele *Fürsten in eisernen Fesseln,* und er befreite sie[175].

---

172 Der hl. Leonhard gilt als Patron der Gefangenen, vgl. J. Dünninger, Leonhard von Noblac (Lex. Ikonographie VII Sp. 394-398) (mit Literatur).

173 Diese Ex-voto Gaben waren auch nach körperlichen Heilungen als Wachsspenden beliebt, z.B. in Form des geheilten Körperteils. Aufgrund der Bedeutung des hl. Leonhard als Gefangenenpatron sind auch die sogenannten „Kettenkirchen" (mit Ketten außen umspannte oder innen geschmückte Sakralbauten) häufig Leonhardskirchen, vgl. A. Dörrer, Kettenkirchen (LThK VI Sp. 130).

174 Vgl. die Wunder des hl. Leonhard, BHL n. 4863-4879.

Schon oft befanden sich besiegte Christen wie Boemund[176] in den Händen der Heiden; ihre Feinde bemächtigten sich ihrer, haßten sie, quälten sie und demütigten sie mit eigener Hand. Er befreite sie aber oft und führte sie aus dem Dunkel und der Finsternis des Todes, indem er ihre Fesseln sprengte. *So sagte er denen, die gefangen waren: „Kommt heraus", und denen, die im Finstern sitzen: „Kommt ans Licht"*[177]! Sein hl. Fest wird am 6. November gefeiert.

Nach St-Léonard ist in der Stadt Périgueux der Leichnam des hl. Bekenners Fronto[178] zu besuchen. In Rom wurde er vom hl. Apostel Petrus zum Bischof geweiht und mit einem Priester namens Georg[179] zur Verkündigung in diese Stadt gesandt. Als sie zusammen aufbrachen, starb Georg auf dem Weg und wurde bestattet, der hl. Fronto kehrte jedoch zum Apostel zurück und meldete den Tod seines Begleiters. Darauf gab Petrus ihm einen Stab mit den Worten: „Wenn du diesen meinen Stab auf den Körper deines Gefährten legst, so sprich: ‚Erhebe dich in Christi Namen aufgrund des Auftrages, den du vom Apostel erhalten hast, und führe ihn aus.' " Und so geschah es. Durch den Stab des Apostels erweckte der hl. Fronto auf dem Weg seinen Begleiter vom Tode, bekehrte die genannte Stadt durch seine Predigt zu Christus, erleuchtete sie durch zahlreiche Wunder und wurde nach einem würdigen Tod in dieser Stadt in der Basilika beigesetzt, die in sei-

---

175 Ps 107(106),10,13,16; Ps 106(105),43 und Ps 149,8 (mit teilweise leichten Umstellungen).
176 Boemund I., Fürst von Antiochia (1098-1111) wurde 1100-1103 Gefangener der „Heiden", vgl. H.E. Mayer, Geschichte der Kreuzzüge ⁴1976, S. 73 und 76; das Wunder ist verzeichnet in der BHL n. 4874.
177 Jes 49,9.
178 Fronto gilt als erster Bischof von Périgueux. Die folgende Legende ist seit dem Ende des 8. Jh. in ihren Grundzügen nachweisbar, wie H. Coens, La vie ancienne de s. Front de Périgueux (Analecta Bollandiana 48/1930, S. 324-360) durch die Entdeckung einer neuen Fassung nachgewiesen hat (Druck der *Vita* S. 343-360). Dieser *Vita* steht auch das Martyrologium des Florus von Lyon aus dem 9. Jh. nahe, vgl. Poulin, Sainteté, S. 155 f. Eine spätere Fassung (frühestens aus dem 11. Jh.) (BHL 3183) macht den Begleiter Georg zum ersten Bischof von Le Puy, vgl. Duchesne, Fastes, II S. 135. Vgl. zu Georg auch A. Fayard, „Saint Georges": les légendes et l'histoire (Cahiers de la Haute-Loire 1971, S. 7-70) (dazu allerdings ablehnend Poulin, Sainteté, S. 195). — Zur Basilika vgl. Roux, Basilique St-Front.
179 Manchmal als erster Bischof von Le Puy bezeichnet, vgl. die vorige Anm.

nem Namen errichtet wurde. Dort werden allen Bittenden zahlreiche Wohltaten gewährt. Seine Begräbnisstätte ähnelt keinem Grab anderer Heiliger; sie ist mit äußerster Sorgfalt wie das Heilige Grab als Rotunde[180] gearbeitet und übertrifft durch ihre handwerkliche Schönheit alle Ruhestätten der übrigen Heiligen. Sein hl. Fest wird am 25. Oktober begangen.

Dagegen müssen die, welche über den Weg von Tours nach Santiago gehen, in Orléans das Kreuzesholz und den Kelch des hl. Bischofs und Bekenners Evurtius in der Heiligkreuzkirche besuchen[181]. Als nämlich der hl. Evurtius einstmals die Messe feierte, erschien über dem Altar in der Höhe die Rechte des Herrn in menschlicher Gestalt, so daß alle Helfer sie sahen, und alles, was der Bischof auf dem Altar vollzog, machte sie ebenso. Als er über das Brot und den Kelch ein Kreuzzeichen machte, tat sie es auch; als er Brot und Kelch emporhob, erhob die Hand Gottes auch wahrhaftig Brot und Kelch. Nach dem Ende des Meßopfers verschwand die hl. Hand des Retters. Daraus ist zu ersehen: Wer auch immer die Meßfeier ausführen mag, Christus ist es, der die Messe selbst singt.

Deshalb sagt der hl. Doktor Fulgentius: „Nicht der Mensch opfert den Leib und das Blut Christi, sondern jener, der für

---

180 Rundbau innerhalb eines Gebäudes. Das Grabmal wurde 1077 durch den Mönch Guinamond vom Kloster Chaise-Dieu gefertigt und in den Glaubenskriegen 1575 zerstört, vgl. Roux, Basilique St-Front, S. 71, der dort auch eine Beschreibung des Grabmals nach dem *Livre noir* des Stadtarchives gibt. Demnach war das Grabmal rund und mit einem pyramidenförmigen Dach versehen, außen mit Figuren, Ungeheuern und Tieren verziert sowie mit Edelsteinen, Glas, Emaillearbeiten und anderem Schmuck ausgestattet. Roux, Basilique St-Front, verweist ferner (S. 50 f.) darauf, man habe das von Guinamond geschaffene Grabmal oftmals mit dem eigentlichen Grab verwechselt, jedoch sei der Leichnam des hl. Fronto erst 1463 an den Ort des Grabmals gekommen.

181 Bischof von Orléans (374-391) (französisch: Euverte). Ihm wird laut Berichten aus dem 6./7. Jh. die Gründung einer Heiligkreuzkirche zugeschrieben, für die er in Rom und Jerusalem eine Reliquie des hl. Kreuzes holen ließ; jedoch ist eine Kirche archäologisch frühestens für das 7. Jh. nachweisbar, vgl. A. Frolow, La relique de la vraie Croix. Recherches sur le développement d'un culte (Archives de l'Orient latin 7, Paris 1961) S. 187 n. 46. Vgl. auch Bernois, Saint-Euverte, S. 1 ff. und S. 10 f. zu dem auch anderweitig bezeugten Wunder von der „wunderbaren Hand" während der Meßfeier anläßlich einer Reliquientranslation.

uns gekreuzigt wurde, nämlich Christus"[182]. Und der hl. Isidor drückt es folgendermaßen aus: „Weder durch die Heiligkeit eines guten Priesters verbessert sich das Opfer, noch verliert es an Wert durch die Bosheit eines schlechten"[183]. Der erwähnte Kelch wird gewöhnlich sowohl für einheimische als auch für fremde Gläubige, die kommunizieren wollen, in der Heiligkreuzkirche bereitgehalten. Ebenso muß man in derselben Stadt die Reliquien des hl. Bischofs und Bekenners Evurtius[184] besuchen sowie in der Kirche des hl. Samson[185] die Patene verehren, die beim Abendmahl des Herrn wirklich verwendet wurde.

Besuche auf diesem Wege auch die Reliquien des hl. Bischofs und Bekenners Martin[186]. Er soll drei Tote wunderbar zum Leben erweckt haben und Aussätzigen, Epileptikern, Schwachen, Mondsüchtigen, Besessenen und anderen Kranken die Gesundheit wiedergeschenkt haben. Sein Schrein mit den hl. Reliquien ruht bei der Stadt Tours; er erstrahlt durch viel Silber, Gold und Edelsteine und ist wegen vieler Wunder berühmt[187]. Darüber wurde die ehrwürdige Basilika zu seiner

---

182 Gemeint wohl Fulgentius, Bischof von Ruspe (ca. 467-527); die Textstelle ist nicht identifiziert, jedoch ähnlich in dessen Werk: De fide ad Petrum (ed. J. Fraipont, Corpus Christianorum, Series latina 91, Turnhout 1968, S. 750 f.).

183 Isidor von Sevilla (570?-636), die Passage konnte in dessen Werken nicht identifiziert werden.

184 Das Kloster St-Euverte befand sich außerhalb der Stadt östlich von Sainte-Croix, vgl. Bernois, Saint-Euverte, S. 12 ff.

185 St-Samson et St-Symphorien, ein Priorat von St-Martin-des-Champs, wurde 1067 gegründet, 1152 die Regel der Augustiner eingeführt, vgl. Cottineau, Répertoire, II Sp. 2143 f.

186 Martin, Bischof von Tours (371-397), Schüler des Bischofs Hilarius von Poitiers (vgl. Anm. 189) war einer der populärsten Heiligen des Frankenreiches. Vgl. zu seinem Leben insbesondere die Lebensbeschreibung des Sulpicius Severus (ed. J. Fontaine, Vie de Saint Martin, Sources Chrétiennes 133-135, Paris 1967-1969) (= BHL n. 5610); hierzu C. Stancliffe, St. Martin and His Hagiographer. History and Miracle in Sulpicius Severus (Oxford 1983); vgl. zum Leben Martins Ch. Donaldson, Martin of Tours, Parish Priest, Mystic and Exorcist (London 1980). – Zum Pilgerweg über Tours vgl. die Beobachtungen von La Coste-Messelière, Importance, S. 467, die in diesem Weg die Umkehrung der von Süden kommenden Pilgerstraße zum Grab des hl. Martin sieht. Das Martinsgrab war seit dem 5. Jh. Ziel von Pilgerfahrten.

187 Zu den Wundern des hl. Martin zu Lebzeiten und nach dessen Tod vgl. BHL n. 5619-5623, 5653-5656, 5660-5663. Zur Frühzeit des Kultes vgl. E. Ewig, Le culte de saint Martin à l'époque franque (Revue d'histoire de l'Église de France 47/1961, S. 1-18) mit weiteren Nachweisen.

Ehre nach dem Abbild der Kirche des hl. Jakobus wunderbar erbaut[188]. Dorthin kommen Kranke und werden geheilt, vom Teufel Besessene befreit, Blinde sehend gemacht, Lahme aufgerichtet und alle möglichen Krankheiten geheilt; allen ehrfürchtig Bittenden wird vollkommene Stärkung zuteil. Deshalb wird der ehrenhafte Ruf des hl. Martin durch würdige Lobreden zum Ruhme Christi überall verbreitet. Sein Fest feiert man am 11. November.

Darauf gilt es, den Leichnam des hl. Bischofs und Bekenners Hilarius[189] in der Stadt Poitiers zu besuchen. Unter anderen Wundern besiegte dieser Heilige voll göttlicher Gnade die arianische[190] Häresie und lehrte, die Einheit des Glaubens zu üben. Der Häretiker Leo[191] wollte jedoch die hl. Schriften

---

188 Die hier vom Verfasser vertretene These bezüglich der baulichen Abhängigkeit von St-Martin beeinflußte die kunsthistorische Forschung nachhaltig, ist jedoch heute nuancierteren Erklärungen gewichen, vgl. Durliat, Pèlerinages et architecture; Sedlmayer, Saint-Martin de Tours im elften Jahrhundert (Bayerische Akademie der Wissenschaften, phil.-hist. Kl., Neue Folge, Heft 69, München 1970) sowie Kapitel 3., Anm. 84.

189 Hilarius, Bischof von Poitiers († 368). – Zu ihm vgl. die beiden Sammelbände: Hilaire de Poitiers. Évêque et docteur (Paris 1968) sowie: Hilaire et son temps (Actes du Colloque de Poitiers 1968, Paris 1969). – Die anschließende Legende behandelt Fuhrmann, Fabel, mit Vorgeschichte (S. 133-136) und Nachwirkung (S. 131-133), wo auch alle einschlägigen mittelalterlichen Autoren zitiert werden. – Zur Verbreitung des Kultes vgl. die Übersicht von R. Gazeau, Contribution à l'étude de l'histoire de la diffusion du culte de saint Hilaire de Poitiers, in dem zitierten Band: Hilaire et son temps, S. 113-126. – Die Kirche St-Hilaire war 1049 durch den Baumeister Gautier Coorland neu errichtet worden, vgl. D. Claude, Topographie und Verfassung der Städte Bourges und Poitiers bis in das 11. Jahrhundert, Lübeck und Hamburg 1960, S. 127.

190 Arianismus bezeichnet die Lehre des alexandrinischen Priesters Arius (260?-336), die Jesus das Gottsein absprach und bereits auf dem Konzil von Nizäa (325) als Häresie verurteilt wurde, aber dennoch weiterhin verbreitet blieb.

191 In der Handschrift wurde *Arrius* durch Punktierung getilgt und darüber interlinear *Leo* geschrieben. Zu Arius vgl. die vorige Anm. In den meisten Fassungen der Legende wird dieser Leo als Papst bezeichnet, jedoch gibt es keinen zeitgleichen Papst dieses Namens, so daß Fuhrmann, Fabel, S. 137-140 den Streit zwischen Papst Leo I. (440-461) und Bischof Hilarius von Arles (428/429-449) als historischen Kern der Erzählung vermutet. – Die Tatsache, daß (auch durch die Verschreibung) der Arianismus als Diskussionsgegenstand im Pilgerführer so wichtig erscheint, läßt am ehesten die Nähe unserer Fassung zu dem frühesten aus dem 11. Jh. stammenden Bericht des Pseudo-Justus (vgl. Fuhrmann S. 134 f.) vermuten. Vgl. auch bei Fuhrmann die Deutung vom Tod Leos als hagiographischen Topos, dem derjenige vom Tod des Arius entsprach (S. 144-146).

nicht annehmen, verließ das Konzil[192] und starb schändlich an Durchfall auf den Latrinen. Für den hl. Hilarius, der während des Konzils sitzen wollte, erhob sich der Boden und gewährte ihm so eine Sitzfläche. Auch brach er allein durch seine Stimme die Schlösser an den Flügeltüren des Konzilsraumes. Wegen des katholischen Glaubens war er vier Jahre auf einer friesischen Insel[193] im Exil, dort vertrieb er durch seinen Befehl zahlreiche Schlangen; einer weinenden Mutter schenkte er in der Stadt Poitiers ihr Kind zurück, das doppelt gestorben war[194]. Das Grab, in dem seine heiligsten und ehrwürdigen Gebeine ruhen, ist aufwendig mit Gold, Silber und Edelsteinen verziert; seine große und schöne Basilika wird durch zahlreiche Wunder geheiligt[195]. Sein Fest begeht man am 13. Januar.

Dann muß man das Haupt Johannes des Täufers besuchen, das gläubige Männer von Jerusalem bis zu einem Ort im Land der Poiteviner, nach Angély[196], brachten. Dort wurde eine große Basilika mit seinem Patrozinium errichtet, das heilige Haupt wird dort Tag und Nacht von einem Chor der hundert Mönche verehrt und wurde durch unzählige Wunder berühmt. Auch als das Haupt zu Wasser und zu Land transportiert wurde, gewährte es vielfache Beweise seiner Wunderkraft. Auf dem Meer half es bei zahlreichen Meeresgefahren und auf dem Land — so berichtet sein Translationsbuch[197] — erweck-

---

192 Die Erzählung bezieht sich vielleicht auch auf die Konzilien von Mailand (355) oder von Béziers (356), auf denen sich Hilarius gegen den Arianismus in Gallien wandte. Möglicherweise ist jedoch auch die in der vorigen Anm. zitierte Auseinandersetzung zwischen Papst Leo I. und Bischof Hilarius von Arles gemeint.

193 Eine Verbesserung von *Frisiam* in *Phrygiam,* wie Moralejo/Torres/Feo, Liber, S. 540 Anm. 2 vorschlagen, entspräche der Nachricht von der Exilierung des hl. Hilarius nach Phrygien in den Jahren 356-360, im Anschluß an die Synode von Béziers (356). — Nach dem Wort *insula* Foliowechsel, es folgt erneut die Schrift eines 2. Schreibers, vgl. Kapitel 2., S. 19 mit Anm. 2.

194 Gemeint ist der Tod vor der erfolgten Taufe, also der Tod an Seele und Leib.

195 Die Kirche wurde seit 1049 als „Pilgerkirche" erbaut und 1869-1875 wiederhergestellt.

196 Heute St-Jean d'Angély. Zur Erhebung des Hauptes in der Kirche im Jahre 1010 durch Abt Alduin vgl. den Bericht bei Ademar von Chabannes, Chronicon (ed. J. Chavanon, Paris 1897, S. 179 ff.) (bereits mit Zweifeln an der Echtheit der Reliquien) sowie E. Sackur, Die Cluniacenser (Halle 1894, Nachdruck Darmstadt 1965) II S. 68 f. und Töpfer, Reliquienkult, S. 430.

197 Vgl. Gallia christiana (Paris 1720) II Sp. 1096; ein Translationsbuch scheint

te es Tote zum Leben. Man glaubt deshalb, daß dies wirklich das Haupt des ehrwürdigen „Vorläufers" sei. Seine Entdeckung ereignete sich am 24. Februar, zur Zeit des Kaisers Martian[198], als dieser „Vorläufer" erstmals zwei Mönchen anzeigte, wo sein Haupt verborgen liegt.

In der Stadt Saintes auf dem Jakobsweg müssen die Pilger ehrfürchtig den Leichnam des hl. Bischofs und Märtyrers Eutropius[199] besuchen. Seine hl. Passion schrieb dessen Mitstreiter und Bischof von Paris, der hl. Dionysius[200], in Griechisch auf und schickte sie durch Vermittlung des hl. Papstes Clemens[201] an seine Eltern, die inzwischen schon an Christus glaubten. Diese Passion lernte ich einstmals in Konstantinopel kennen. Sie fand sich in einem Buch mit den Leidensgeschichten mehrerer hl. Märtyrer. Zur Ehre unseres Herrn Jesus Christus habe ich sie so gut ich konnte vom Griechischen ins Lateinische übersetzt. Sie beginnt folgendermaßen:

Dionysius, Bischof der Franken, von Geschlecht jedoch Grieche, grüßt den hochwürdigen Papst Clemens[202] in Christus. Wir geben Euch bekannt, daß Eutropius, den Ihr zusammen mit mir in diese Gegend zur Predigt des Namens Christi geschickt hattet, bei der Stadt Saintes durch die Hände der Heiden die Krone des Martyriums für den Glauben des Herrn angenommen hat. Deshalb bitte ich Eure väterliche Güte ehrerbietig, dieses Buch seiner Passion so schnell wie möglich meinen Verwandten, Bekannten und besten Freunden in Grie-

---

nicht mehr erhalten zu sein.

198 Kaiser Martian (450-457); einige Geschichtsschreiber berichten über die Auffindung der Reliquien in dessen Regierungszeit, so z.B. Dionysius Exiguus im 6. Jh. (BHL n. 4290). Zum Festtag am 24. Februar bei den Griechen vgl. T. Straniare, Giovanni Battista (Bibliotheca Sanctorum VI, Rom 1965) Sp. 610.

199 Eutropius gilt seit dem 6. Jh. als erster Bischof von Saintes im 1. Jh., vgl. Gaiffier, Sources, S. 57.

200 Der hl. Dionysius (französisch: Denis) soll im 3. Jh. Bischof von Paris gewesen sein. Zur Verwechslung mit Dionysios Areopagites vgl. die nächste Anm.

201 Papst Clemens I. (92-102?). Nur weil man den hl. Dionysius seit dem 8. Jh. oft mit Dionysios Areopagites (1. Jh.), der vom Apostel Paulus zum Christentum bekehrt wurde (vgl. Apg 17,34), verwechselte, scheinen beide Personen ungefähr in dieselbe Zeit zu gehören.

202 Vgl. die vorige Anmerkung. Bereits in den Acta Sanctorum, April III, S. 735 wird dieses Schreiben als Phantasie eingeschätzt, vgl. auch BHL n. 2784.

chenland, besonders in der Gegend von Athen, zu senden, damit sie und die übrigen, die einstmals mit mir vom hl. Apostel Paulus die Taufe eines neuen Lebens empfingen[203], vom grausamen Tod des glorreichen Märtyrers für den christlichen Glauben erfahren. So können sie sich freuen und selbst Trübsal und Not im Namen Christi auf sich nehmen. Wenn jenen vielleicht irgendeine Art des Martyriums durch die Leidenschaft der Heiden zuteil würde, könnten sie es geduldig für Christus ohne jede Furcht annehmen. Alle, die fromm in Christus leben wollen, müssen nämlich Schimpf und Schande von Ungläubigen und Häretikern erdulden und sich gleichsam als töricht und dumm schmähen lassen, denn wir müssen durch zahlreiche Anfechtungen in das Reich Gottes eintreten.

Leiblich entfernt, mit Seele und Wünschen jedoch nah, sage ich Dir ein Lebewohl auf ewig[204].

Beginn der Passion des hl. Bischofs und Märtyrers Eutropius von Saintes[205]

Der glorreiche Märtyrer Christi, Eutropius, der liebenswerte Bischof von Saintes, entstammte einem adeligen persischen Geschlecht, der hervorragendsten Rasse der ganzen Welt, und wurde von einem bewundernswerten Babylonier namens Xerses mit der Königin Guiva gezeugt[206]. Niemand übertraf ihn in seiner vornehmen Abkunft, niemand konnte in Glauben und Werken demütiger sein als er nach seiner Bekehrung. Schon als Kind erlernte er die Sprache der Chaldäer[207] und

---

203 Vgl. Anm. 201.
204 Der Schlußwunsch ist im lateinischen Text als Hexameter verfaßt.
205 Zu dieser wohl nachträglich in den Text eingefügten Passion vgl. Gaiffier, Sources. Demnach hat der Verfasser vor allem aus drei Quellen geschöpft, der Passion der hl. Simon und Judas (Thaddäus), der Passion des hl. Dionysius (BHL n. 2175) und der Abgarlegende (BHL n. 4214). – Auf eine Kennzeichnung der wörtlichen Übernahmen wird hier verzichtet, besser sind diese in den lateinischen Paralleldrucken bei Gaiffier erkennbar. Bemerkenswert bleibt, daß der Kompilator nicht nur an dieser Stelle aus Traditionen von St-Denis schöpft, vgl. Herbers, Jakobuskult, S. 41-43.
206 Im lateinischen Text wird Xerses als *Babilonis admirandus* bezeichnet, was Viellard, Guide, S. 67 mit „Emir" übersetzt; jedoch ist für das 1. Jh. kein Emirat in Babylonien bezeugt.
207 Stamm der Aramäer in Babylonien.

126

der Griechen und war den Größten des gesamten Reiches an Weisheit und Wißbegier ebenbürtig. So wollte er ergründen, ob es am Hofe des Königs Herodes[208] etwas von Interesse oder etwas Fremdes gebe, und also begab er sich nach Galiläa. Als er im Palast des Herodes einige Tage weilte und vom Ruf der Wunder des Retters hörte, suchte er diesen von Ort zu Ort. Der Herr war jedoch bereits jenseits des galiläischen Meeres, das *Tiberiadis*[209] heißt, zusammen mit einer großen Volksmenge, die ihm[210] seiner Wunder wegen folgte, und so folgte auch er ihm. (…)

Als er dieses Wunder gesehen hatte …, kehrte er zum Haus seines Vaters zurück. Und er erzählte ihm alles, was er in dem Land, aus dem er kam, mit Aufmerksamkeit gesehen hatte. (…)

Kaum hatte es vom König die Erlaubnis, ging das Kind in der Sehnsucht, den Herrn erneut zu sehen, wiederum nach Jerusalem, um im Tempel Lobgebete zu sprechen. (…)

Nach 45 Tagen kehrte er erneut nach Jerusalem zurück. Bald hörte er mit Schmerzen, daß der Herr, den er insgeheim liebte, von den Juden gekreuzigt und getötet worden sei[211]. (…)

An Pfingsten erfuhr er von den Jüngern des Herrn, denen er sich zugesellt hatte, der Hl. Geist sei in Gestalt von Feuerzungen auf jene herabgekommen, habe ihre Herzen erfüllt und sie die Sprachen aller Völker gelehrt. Voll des Hl. Geistes kehrte Eutropius wieder nach Babylon zurück und tötete mit dem Schwert die Juden, die er in seinem Vaterland fand. (…)

Das hl. Kind Eutropius freute sich über die Ankunft (der Apostel Simon und Thaddäus[212]), ermahnte den König, vom Irrtum der Heiden und ihrer Götzen zu lassen und den christ-

---

208 Herodes I., jüdischer Fürst († 44).
209 See Genesareth.
210 In der Handschrift irrig *cum* statt *eum*.
211 Eine Zeile später Foliowechsel, wiederum Schrift des 1. Schreibers, vgl. Kapitel 2., S. 19 mit Anm. 2.
212 Simon (Zelotes) und Judas Thaddäus, auf deren *Passio* der Bericht auch basiert (vgl. Anm. 205), werden in dem zuvor ausgelassenen Abschnitt als Glaubensboten in Persien genannt.

lichen Glauben anzunehmen, durch den er sich die Erlangung des Himmelreiches verdiene. Was bleibt noch zu erzählen? Bald nach den Predigten der Apostel empfingen der König, sein Sohn und eine große Menge der Bürger von Babylon durch deren Hände die Gnade der Taufe.

Nachdem Eutropius den Ruf von den Wundern und Tugenden des hl. Apostelfürsten Petrus[213] vernommen hatte, der damals in Rom das apostolische Amt ausübte, ließ er alles Weltliche zurück, erbat vom Bischof die Erlaubnis und begab sich ohne Wissen seines Vaters nach Rom. Dort wurde er vom hl. Petrus wohlwollend empfangen und von ihm mit den Vorschriften des Herrn vertraut gemacht. Nachdem Eutropius einige Zeit mit Petrus zusammen verbracht hatte, ging er auf dessen Befehl und Rat mit anderen Brüdern nach Gallien, um zu predigen. Und er kam in eine Stadt, die Saintes genannt wird. (...)

Deshalb begann er, auf Plätzen und Straßen das Wort Christi eindringlich zu predigen. Bald erkannten die Bürger ihn jedoch als einen Fremden und hörten in seinen Predigten ihnen unbekannte Worte wie Dreifaltigkeit und Taufe, so daß sie ihm Brandwunden sowie Schläge zufügten und dann aus der Stadt vertrieben. Jener ertrug jedoch die Verfolgungen geduldig, errichtete eine hölzerne Hütte auf einem Berg bei der Stadt, in der er lange weilte. Tagsüber predigte er nämlich in der Stadt, und nachts blieb er unter Gebeten und Tränen wachend in jener Hütte. Da er nach langer Zeit nur wenige durch seine Mission zu Christus bekehren konnte, erinnerte er sich des Ratschlages unseres Herrn: *Und wenn man euch nicht aufnimmt und auf eure Worte nicht hört, so verlaßt jenes Haus oder jene Stadt und schüttelt den Staub von euren Füßen*[214]. Also ging er erneut nach Rom, wo nach der Kreuzigung des hl. Petrus bereits Clemens Papst geworden war[215], der ihn ermahnte, in die genannte Stadt zurückzukehren, um dort die Lehren des Herrn zu verkünden und die Krone des Martyriums zu erlangen. Vom Papst zum Bischof erhoben,

---

213 Petrus († 64/67?), Apostel, gilt als erster Bischof von Rom.
214 Mt 10,14 (mit leichter Abweichung).
215 Vgl. Anm. 201. Laut der offiziellen, für diese Zeit jedoch unsicheren Papstliste war Papst Clemens I. erst der dritte Nachfolger Petri.

schickte Clemens ihn mit dem hl. Dionysius[216], der von Griechenland nach Rom gekommen war, und anderen Brüdern zur Mission nach Gallien. Er gelangte bis nach Auxerre, wo sie sich unter Tränen trennten; Dionysius ging mit seinen Begleitern nach Paris und der hl. Eutropius kehrte nach Saintes zurück. (...)

Am 30. April kamen die Metzger der Stadt mit vielen anderen Heiden zu der erwähnten Hütte, steinigten den hl. Mann Gottes zunächst, schlugen dann den Entblößten mit Stöcken und bleiernen Riemen, um ihn schließlich durch die Enthauptung mit Äxten und Beilen zu töten. (...)

Später wurde über den hl. Leichnam des seligen Eutropius eine große Basilika zu seiner Ehre von den Christen in bewundernswerter Arbeit im Namen der heiligen und unteilbaren Dreifaltigkeit errichtet[217]. Dort werden die von den verschiedensten Krankheiten Geplagten befreit: Lahme werden aufgerichtet, Blinde sehend gemacht, Tauben wird das Gehör zurückgegeben, Besessene werden erlöst und allen, die reinen Herzens bitten, wird heilbringende Hilfe gewährt. Eisenketten, Handfesseln und weitere Eiseninstrumente, von denen der hl. Eutropius Gefangene befreite, sind dort aufgehängt[218]. Er möge deshalb durch seine würdigen Verdienste und Gebete für uns bei Gott Vergebung erbitten, unsere Laster beseitigen, die Tugenden in uns beleben, unser Leben lenken, in Todesgefahr uns dem Höllenschlund entreißen, am Jüngsten Tag den Zorn des Ewigen Richters für uns zähmen und uns zum Himmelreich führen. Durch unseren Herrn Jesus Christus, der mit dem Vater und dem Hl. Geist lebt und herrscht, Gott von Ewigkeit zu Ewigkeit. Amen.

In Blaye, am Meer, muß man die Hilfe des hl. Romanus[219]

---

216 Vgl. Anm. 200 f.
217 Die romanische Kirche wurde im 6. Jh. begonnen, die heutige Unterkirche und der östliche Teil der Oberkirche stammen aus dem 11. Jh., der übrige Bau aus dem 12. Jh., vgl. R. Crozet, Saint-Eutrope de Saintes (Congrès archéologique de France, 114e session à La Rochelle, Orléans 1956, S. 97-105) S. 97-99.
218 Vgl. die Mirakelsammlung (BHL n. 2787).
219 Romanus († ca. 385), Schüler des hl. Martin von Tours (vgl. Anm. 186). Zu

erflehen. In dessen Basilika[220] ruhen die Reliquien des hl. Märtyrers Roland[221], der — aus adeliger Sippe stammend — als Graf im Gefolge Karls des Großen mit zwölf weiteren Kämpfern aus Glaubenseifer zur Vertreibung der Ungläubigen nach Spanien zog[222]. Wie man berichtet, war er so stark, daß er in Roncesvalles einen Felsblock mit seinem Schwert durch drei Hiebe von oben bis unten in der Mitte spaltete; und als er in sein Horn blies, sei es ebenfalls durch den Stoß seines Atems in der Mitte zerbrochen. Dieses gerissene Horn aus Elfenbein wird in Bordeaux in der Basilika des hl. Severin aufbewahrt[223]; auf dem Felsen von Roncesvalles wird eine Kirche errichtet[224]. Nachdem nämlich Roland viele Kriege gegen Könige und Völker siegreich beendet hatte, durch Hunger, Kälte und sengende Hitze erschöpft war und ohne Unterlaß heftige Schläge sowie wiederholt Geißelungen für den Namen Gottes erlitten hatte, starb dieser edle Märtyrer Christi in dem genannten Tal, wie man berichtet, von Pfeilen und Lanzen durchbohrt. Den heiligsten Leichnam bestatteten seine Gefährten ehrfürchtig in der Basilika des hl. Romanus in Blaye.

In Bordeaux sind die Reliquien des hl. Bischofs und Bekenners Severinus[225] zu besuchen, dessen Fest man am 23. Oktober feiert.

---

seiner Legende vgl. BHL n. 7306-7308 sowie Lemoing, Saint Romain, S. 153 f.

220 Vor 593 wurde dort ein Augustinerkloster gegründet, vgl. Cottineau, Répertoire, I S. 393. Die Reste der ersten Kirche aus dem 6. Jh., der zweiten aus dem 11./12. Jh. und der dritten aus dem 14. Jh. beschreibt Lacoste, Blaye, S. 53-56. – Laut dem Bericht des Pseudo-Turpin (Hämel, Pseudo-Turpin, S. 86-88) baute Karl der Große dort eine Basilika und führte eine Regularkanonikergemeinschaft ein, die jedoch erst 1135 belegt ist, vgl. Lacoste, ebenda S. 53 (unkritisch Lemoing, Saint Romain, S. 162-164).

221 Zu Roland vgl. Anm. 77.

222 Zum Spanienfeldzug Karls des Großen vgl. Anm. 73.

223 Gemäß dem Bericht des Rolandsliedes brachte Karl der Große das Horn nach St-Seurin, auch der Pseudo-Turpin (Hämel, Pseudo-Turpin, S. 86 f.) berichtet entsprechend. Vgl. hierzu Higounet, Bordeaux, S. 121. Vielleicht gehört auch in diesen Zusammenhang eine um 1100 geschriebene *Vita* des hl. Severinus, die wohl hauptsächlich Propagandzwecken diente, vgl. ebenda.

224 Vgl. Anm. 11 und Anm. 76. Insbesondere Lambert, Monastère de Roncevaux, S. 170 ff. hat darauf hingewiesen, daß zur Abfassungszeit des Pilgerführers (ca. 1130-1140) in Roncesvalles Hospiz und Kirche gebaut wurden. – Zu dem im folgenden berichteten Tod Rolands vgl. auch die ausführlichere Schilderung im Pseudo-Turpin (Hämel, Pseudo-Turpin, S. 76-81).

In den Landes von Bordeaux muß man auch in einem Dorf namens Belin[226] die Gebeine einiger hl. Märtyrer besuchen. Dort liegen: Oliver[227], Gondebold, König von Friesland[228], Ogier, König von Dänemark[229], Arastagnus, König der Bretagne[230], Garinus[231], Herzog von Lothringen, sowie zahlreiche andere Kämpfer Karls des Großen, die nach dem Sieg über die Heiden für den christlichen Glauben in Spanien ermordet wurden. Ihre Mitstreiter brachten die Leichname nach Belin, um sie dort mit Umsicht beizusetzen. Sie ruhen alle in einem Grab, aus dem ein milder Geruch emporsteigt und Kranke heilt.

In Spanien muß man die Reliquien des hl. Dominikus[232] be-

225 Der hl. Severinus (französisch: St-Seurin) soll etwa 410-420 Bischof in Bordeaux gewesen sein. Zur früheren Geschichte der Kirche St-Seurin vgl. Higounet, Bordeaux, S. 89-91. Um 1027-1032 war das Domkapitel als Kanonikergemeinschaft organisiert (ebenda, S. 115 f.). Ein Kloster mit den Reliquien des Heiligen lag außerhalb der Stadt (ebenda, S. 91), und seit 1182 verfügte man über ein Hospiz, das auch der Aufnahme von Pilgern diente (ebenda, S. 135).

226 Das Rolandslied berichtet über das Grab von Oliver und von Turpin in Blaye, während die Pseudo-Turpin (Hämel, Pseudo-Turpin, S. 87) deren letzte Ruhestätte nach Belin, einem kleinen Ort, verlegt. In Belin gab es allerdings ein Pilgerhospiz, vgl. Bédier, Légendes, III S. 340 f.

227 Vgl. Anm. 79.

228 Auch Gondebold ist nur aus Werken der epischen Dichtung bekannt.

229 Ogier der Däne, legendärer König in der epischen Dichtung, der auch z.B. in der nordischen „Karlamagnussaga" auftaucht.

230 *Arastagnus* ist nur aus dem Pseudo-Turpin und als Arastein aus der „Chanson d'Agolant" bekannt.

231 Auch Garin ist nur aus der epischen Dichtung bekannt, der Zusatz *de Lotharingia* ist anachronistisch, da dieser Name erst seit Lothar II. (855-869) für das Reich zwischen dem Ost- und Westfrankenreich gebräuchlich wurde. Vgl. zu den Anm. 227-230 genannten Personen Bédier, Légendes, III und IV sowie Moralejo/Torres/Feo, Liber, S. 430-436 mit weiteren Belegen zu den einzelnen Personen.

232 Domingo de la Calzada († 1109), der Beiname stammt von seiner Tätigkeit als Straßenbauer (*qui calciatam ... fecit*), vgl. auch Kapitel 4.3.5., S.91. Zu seiner Lebensbeschreibung vgl. BHL n. 2237. – Zum Werk des Dominikus vgl. Vázquez/Lacarra/Uría, Peregrinaciones, II S. 162-165. Eine Wundergeschichte, die sich an Jakobspilgern ereignet haben soll, ist mit dem Ort Santo Domingo verknüpft und ist als „Hühnerwunder" bekannt. Eine kurze deutsche Zusammenfassung bei Hell, Wallfahrt, S. 180, wo auch die bildlichen Darstellungen in Überlingen und Winnenden (Abb. 115 und 117) zu finden sind. – Noch heute werden in der Kirche in Santo Domingo Hühner gehalten. Eine erste Form dieses Wunders findet sich im *Liber Sancti Jacobi* II 5 (Whitehill, Liber, S. 267 f.); vgl. zu den unterschiedlichen Entwicklungsstufen die bei Herbers, Jakobuskult, S. 112 Anm. 21 zitierte Literatur.

suchen, der eine Straße anlegte zwischen Nájera und Redecilla; er ruht am letztgenannten Ort.

Ebenso sind die Leichname der hl. Märtyrer Facundus und Primitivus[233] zu verehren, deren Basilika von Karl erbaut wurde[234]. Bei ihrer Stadt gibt es mit Bäumen bestandene Wiesen, auf denen die Lanzen der Kämpfer sich belaubten, wie man berichtet[235]. Ihr Fest feiert man am 27. November.

Dann muß man in der Stadt León die ehrwürdigen Reliquien des hl. Bischofs, Bekenners und Doktors Isidor[236] besuchen, der eine fromme Regel für die kirchlichen Kleriker schuf[237], das spanische Volk mit seinen Lehren erfüllte und die ganze hl. Kirche mit seinen Früchte tragenden Büchern erfreute[238].

Schließlich ist der würdigste Leichnam des hl. Apostels Jakobus mit höchster Verehrung in der Stadt Compostela zu besuchen. Diese genannten Heiligen mögen uns mit allen anderen Heiligen Gottes durch ihre Verdienste und Bitten bei

---

233 In Sahagún. − Zu Facundus und Primitivus vgl. J.M. Fernández Canton, Datos para la historia del martirio y del culto de las reliquias de los mártires leoneses Facundo y Primitivo (Bivium. Homenaje a M.C. Díaz y Díaz, Madrid 1983, S. 67-80). − Eine Kirche bestand schon zur Westgotenzeit, wurde unter König Alfons III. neu erbaut, 904 nach Zerstörung wiederhergestellt. Unter König Alfons VI. wurde Sahagún Cluniazenserpriorat, vgl. hierzu Segl, Cluny, S. 93 ff. (mit weiterer Literatur zur Frühgeschichte). − 1195 ist erstmals ein Pilgerhospiz erwähnt, vgl. Vázquez/Lacarra/Uría, Peregrinaciones, II S. 223 f.

234 Dies berichtet der Pseudo-Turpin (Hämel, Pseudo-Turpin, S. 48), vgl. jedoch die vorige Anm.

235 Vgl. Kapitel 4.3.3., S. 89 mit Anm. 17.

236 Isidor, Erzbischof von Sevilla (599-636), vgl. über ihn J. Fontaine, Isidore. Zur Übertragung seiner Gebeine nach León unter König Ferdinand I. von Kastilien (1032-1065) im Jahre 1063 vgl. M.C. Díaz y Díaz, Isidoro en la Edad Media hispana (ders., De Isidoro al siglo XI, Barcelona 1976, S. 141-203), der S. 183 Anm. 120 mit guten Gründen die Bedeutung Ferdinands I. für die Zunahme der Isidorverehrung im 11. Jh. relativiert.

237 Von Isidor gibt es nur eine Mönchs-, jedoch keine überlieferte Kanonikerregel, wahrscheinlich ist diese und eine weitere Textstelle (Kapitel 4.3.10., S. 159 Anm. 376) als Ausdruck für die dem Verfasser fremden spanischen Gebräuche zu interpretieren, vgl. Herbers, Jakobuskult, S. 162.

238 Zum Werk Isidors vgl. die Arbeit von Fontaine, Isidore, den Sammelband Isidoriana (León 1961) sowie M.C. Díaz y Díaz, Introducción (San Isidoro de Sevilla, Etimologías, Biblioteca de autores cristianos 433, 434, Madrid 1982-1983, S. 1-257).

unserem Herrn Jesus Christus helfen, der mit dem Vater und dem Hl. Geist lebt und herrscht, Gott von Ewigkeit zu Ewigkeit. Amen.

4.3.9. Die Beschaffenheit der Stadt und der Basilika des hl. Jakobus, des Apostels Galiciens. Papst Calixt und Kanzler *Aymericus*[239]. (Kapitel IX)

Zwischen zwei Flüssen, von denen einer Sar heißt und der andere Sarela, liegt die Stadt Compostela. Der Sar fließt im Osten, zwischen dem „Berg der Freude"[240] und der Stadt, der Sarela im Westen. Sieben Tore bilden die Eingänge der Stadt. Das erste Tor wird *Porta Francígena*[241] genannt, das zweite *Porta Penne*[242], das dritte *Porta de Subfratribus*[243], das vierte *Porta de Sancto Peregrino*[244], das fünfte *Porta de Falgueriis*[245], das nach El Padrón[246] führt; das sechste Tor ist die *Porta de Susannis*[247] und das siebente die *Porta de Mace-*

---

239 Vgl. hierzu Anm. 7 und 28. Die folgenden Kapitel (9-11) edierte auch López Ferreiro, Historia, III Apéndice S. 8-24, auf dessen Anmerkungen zuweilen zurückgegriffen wird. Diesen Text legte Conant, Cathedral, S. 49-57 seiner englischen Übersetzung zugrunde.

240 Vgl. Anm. 49.

241 „Französisches Tor", heute *Puerta del Camino*, im Nordosten; vgl. zu allen im folgenden genannten Gebäuden, Kirchen usw. den Stadtplan S. 134. Dieses erstgenannte Tor war das für die aus dem Osten kommenden (meist französischen) Pilger der übliche Zugang der Stadt.

242 „Felsentor", heute *Puerta de la Peña* im Norden.

243 „Tor unterhalb der Brüder", heute *Puerta de San Martín*, im Norden. Laut López Ferreiro, Historia, V S. 101 f. sind mit den genannten Brüdern nicht die Mönche des nahegelegenen Klosters *San Martín Pinario* (vgl. Anm. 252) gemeint, sondern diejenigen des alten Jakobshospitals (vgl. Anm. 293).

244 „Tor des hl. Pilgers", heute *Puerta de la Trinidad*, im Westen.

245 Etwa „Tor an der Farnwiese", heute *Puerta Fajera*, im Südwesten, heute der meistbenutzte Zugang zur Altstadt. Die lateinische Form *falgueria* gibt es nicht, jedoch ist wohl aufgrund ähnlicher provenzalischer und katalanischer Wörter mit der Bedeutung „Farn" am ehesten eine falsche Latinisierung anzunehmen, vgl. Moraleja/Torres/Feo, Liber, S. 550 f. Anm. 13.

246 Lateinisch *Petronus*; wahrscheinlich jedoch das alte Iria Flavia gemeint, das heute El Padrón heißt.

247 Heute *Puerta de Mámoa*, im Südosten. Das lateinische Wort *susannus* könnte „Brachland" bedeuten, vgl. Vielliard, Guide, S. 85 Anm. 6.

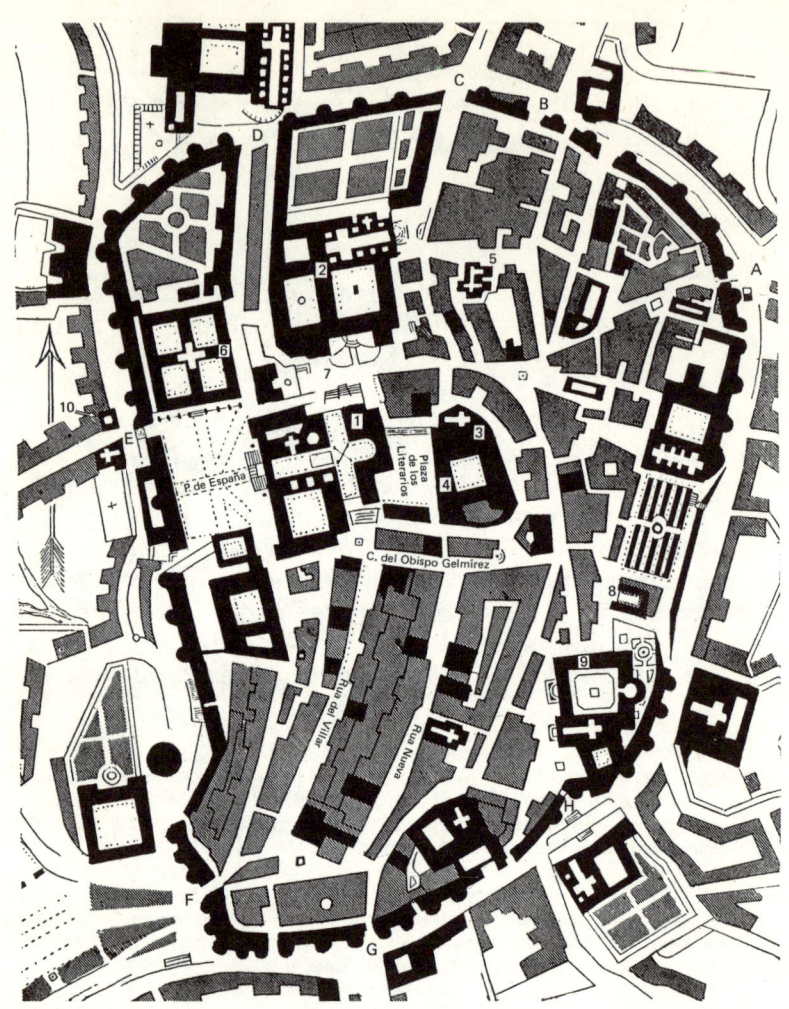

Abb. 8: Stadtplan von Santiago de Compostela (nach Vázquez/Lacarra/Uría, Peregrinaciones, II S. 407)

A *Puerta del Camino* ("Französisches Tor") — B *Puerta de San Roque* (existiert erst seit dem 16. Jh.) — C *Puerta de la Peña* ("Felsentor") — D *Puerta de San Martín* ("Tor unterhalb der Brüder") — E *Puerta de la Trinidad* ("Tor des hl. Pilgers") — F *Puerta de Fajera* ("Tor an der Farnwiese") — G *Puerta de Mazarelas* (vgl. Anm. 248) — H *Puerta de la Mámoa* ("Tor des Brachlandes")

1 Kathedrale — 2 San Martín Pinario — 3/4 Kirche und Kloster San Pelayo de Antealtares — 5 San Miguel dos Agros — 6 Hospital Real (Königl. Hospital) — 7 "Paradies" der Stadt — 8 San Felix — 9 Universität — 10 Kirche der hl. Dreifaltigkeit (abgerissen, vgl. Iglesia de la Trinidad, Anm. 153)

rellis[248], durch welches der wertvolle Wein[249] in die Stadt kommt.

Die Kirchen der Stadt

In dieser Stadt gibt es zehn Kirchen, deren erste, die des ruhmreichen Apostels Jakobus Zebedäus, inmitten der Stadt gelegen, in ihrer Herrlichkeit erstrahlt. Die zweite, die des hl. Apostels Petrus, eine Mönchsabtei, liegt nahe an der *via Francigena*[250]. Die dritte Kirche ist die des hl. Michael, die St. Michael von der Zisterne[251] genannt wird. Die vierte Kirche ist die des hl. Martin, die *San Martín Pinario*[252] heißt und ebenfalls Mönchsabtei ist. Die fünfte Kirche, die der hl. Dreifaltigkeit, ist eine Grabstätte für Pilger[253]. Die sechste, die Kirche der hl. Jungfrau Susanna[254], liegt an der *via Petroni*[255].

248 Heute *Puerta de Mazarelas*, im Süden; die Etymologie und Bedeutung des lateinischen Wortes *macerellus* konnte bisher nicht schlüssig geklärt werden, vgl. auch Moralejo/Torres/Feo, Liber, S. 550 f. Anm. 13 (Vielliard, Guide, S. 85 umschreibt es mit „Ziegenhändler").

249 Lateinisch *baccus*, jedoch ist wohl keine spezieller Wein oder Likör gemeint.

250 *San Pedro de Fora* lag an der *Rúa de San Pedro* außerhalb der Stadt nahe beim „Französischen Tor" am *camino francés* (vgl. Anm. 6) und wurde 1839 abgerissen, vgl. Moralejo/Torres/Feo, Liber, S. 551 f. Anm. 4. Eine handschriftliche Notiz aus dem 14. Jh., die *Petrus* in *Pelagius* verbessert, ist irrig. − Zu den in diesem Abschnitt genannten Kirchen vgl. auch Vázquez/Lacarra/Uría, Peregrinaciones, II S. 377 f.

251 Heute *San Miguel dos Agros*, nordöstlich der Kathedrale, wurde von Diego II. Gelmírez wieder erbaut, vgl. López Ferreiro, Historia, IV S. 65. Sie wurde im 19. Jh. renoviert und enthält nur noch eine Kapelle aus dem 15. Jh.

252 Die bedeutende, im 9. Jh. gegründete Benediktinerabtei *San Martín Pinario* wurde unter Bischof Diego II. Gelmírez neu erbaut und 1105 neu geweiht. Sie liegt nördlich der Kathedrale und ist nach der Jakobsbasilika die bedeutendste Kirche Compostelas. Seinen Namen verdankt das Kloster dem dort früher befindlichen Pinienwäldchen.

253 Kapelle bei der *Porta de Sancto Peregrino*, (vgl. Anm. 224), etwa 1930 abgerissen. Erzbischof Diego II. Gelmírez verlieh 1128 Land zum Bau einer Kirche und Grabstätte für Pilger, vgl. Hist. Comp. II 94 (ES XX 472), vielleicht wurde die genannte Kirche auf diesem Land erbaut, vgl. Moralejo/Torres/Feo, Liber, S. 552, Anm. 4 (anders López Ferreiro, Historia, IV S. 145).

254 Noch heute *Santa Susanna*; 1105 mit dem Patrozinium des Heiligen Grabes errichtet. Später wurden hierher die 1102 in Braga geraubten Reliquien der hl. Susanna (vgl. Hist. Comp. I 15 [ES XX S. 36-41]) übertragen, vgl. hierzu Vones, Hist. Comp., S. 219-270.

255 Wohl wiederum die Straße nach El Padrón gemeint, vgl. Anm. 246.

Die siebente ist dem hl. Märtyrer Felix geweiht[256], die achte dem hl. Benedikt[257]. Die neunte, die des hl. Märtyrers Pelagius[258], liegt hinter der Basilika des seligen Jakobus. Die zehnte Kirche, ebenfalls hinter der Basilika des hl. Jakobus gelegen, ist der hl. Jungfrau Maria[259] geweiht und besitzt einen Zugang in diese Basilika zwischen dem Altar des hl. Nikolaus und dem Heiligkreuzaltar.

Die Maße der Kirche

Die Basilika des hl. Jakobus[260] mißt in der Länge dreiundfünfzigmal die Größe eines Menschen, vom Westportal bis zum Altar des hl. Erlösers[261]. In der Breite mißt sie neununddreißig Mannslängen, von der *Porta Francigena*[262] bis zum Südportal. Die Innenhöhe beträgt vierzehn Mannslängen[263]. Wieviel Länge und Höhe außen betragen, kann niemand erfassen.

---

256 Heute *San Félix de Solovio,* im östlichen Teil der ummauerten Stadt gelegen, sie ist die älteste Kirche der Stadt, wurde von Al Mansūr 997 zerstört und Anfang des 12. Jh. von Bischof Diego II. Gelmírez wieder aufgebaut, vgl. López Ferreiro, Historia, IV S. 65.

257 Heute *San Benito del Campo*, wurde ebenfalls unter Diego II. Gelmírez neu erbaut, vgl. die vorige Anmerkung.

258 Kloster *San Pelayo de Antealtares*, 813 als Benediktinerkloster von Alfons II., dem Keuschen (791-842), gegründet, liegt wenige Schritte östlich von der Jakobskathedrale. Es beherbergt heute ein Benediktinerinnenkloster und birgt — obwohl im 17. und 18. Jh. neu gestaltet — den ehemaligen Altar der Jakobsbasilika.

259 Heute die Kapelle *Santa María de la Corticela*, wie im weiteren Text angedeutet, mit einer (heute anderen) Verbindung zur Kathedrale (vgl. Anm. 327). Sie bestand seit dem 9. Jh. als Benediktinerkirche und wurde später auch von den Mönchen aus *San Martín Pinario* (vgl. Anm. 252) benutzt. Zu den Altären in der Jakobsbasilika vgl. S. 149 f.

260 Zu der folgenden minutiösen und weitgehend verläßlichen Beschreibung der Kathedrale vgl. fortlaufend López Ferreiro, Historia, III S. 47-147 sowie grundlegend Conant, Cathedral. Vgl. auch den Plan S. 138. — Ferner ist auch die in Kapitel 3. S. 46 mit Anm. 82-85 zitierte Literatur zu den „Pilgerbasiliken" zu vergleichen.

261 Zum Westportal vgl. S. 147 f., zum Altar *San Salvador* in der Apsis Anm. 265 und S. 149, Anm. 331. Die Maße geben Moralejo/Torres/Feo, Liber, S. 554 Anm. 1 mit 93 Metern an.

262 Nicht das Anm. 241 genannte Stadttor, sondern das Nordportal, vgl. S. 143; Moralejo/Torres/Feo, Liber, S. 554 Anm. 1 verzeichnen als Breite 63 Meter.

263 Vgl. Moralejo/Torres/Feo, Liber, S. 554 Anm. 1: 24 Meter bis zum Abschluß der Säulen im Mittelschiff, weitere 32 Meter bis zur Kuppel.

Die Kirche besitzt im unteren Geschoß neun Schiffe, im oberen Geschoß sechs, sowie ein großes Haupt[264], in dem sich der Altar des hl. Erlösers[265] befindet, einen Kranz[266], einen Körper[267], zwei Glieder[268] und acht weitere kleine Häupter[269], die alle je einen Altar besitzen.

Von diesen neun Schiffen bezeichnen wir sechs als klein und drei als groß. Das erste große Schiff reicht vom Westportal bis zu den vier Pfeilern in der Mitte, welche die ganze Kirche beherrschen[270]. Es hat ein kleines Schiff zur Rechten, und ein weiteres zur Linken. Die beiden anderen großen Schiffe befinden sich in den beiden Querhausarmen; das erste erstreckt sich von der *Porta Francigena* bis zu den vier Pfeilern in der Vierung der Kirche, das zweite von diesen Pfeilern bis zum Südportal. Jedes dieser beiden Schiffe wird von zwei seitlichen kleineren Schiffen flankiert.

Die drei großen Schiffe steigen bis zum Himmel[271] der Kirche auf, die sechs kleinen Seitenschiffe nur bis zu den *medie cindrie*[272]. Jedes der großen Schiffe hat eine Breite von elfeinhalb Mannslängen. Als eine Mannslänge bezeichnen wir genau acht Handlängen[273].

---

264 Gemeint ist die Stirnkapelle der Apsis.

265 *Capilla San Salvador*, auch *Capilla del rey de Francia* (Kapelle des Königs von Frankreich) genannt, weil sie von Ludwig XI. (1461-1483) noch vor dessen Regierungszeit im Jahre 1447 mit einer Rente ausgestattet wurde.

266 Das lateinische *laurea* (Lorbeerkranz) bezeichnet den Chorumgang.

267 Gemeint ist das Langhaus.

268 Die beiden Querhäuser sind gemeint.

269 Neben der gesondert genannten Kapelle *San Salvador* befinden sich vier weitere im Chorraum, die übrigen vier an beiden Querhäusern. Im folgenden sind die symbolischen Bezeichnungen mit den in Anm. 264-268 vorgeschlagenen Ausdrücken übersetzt.

270 Gemeint ist die Stärke der vier Säulen, welche die Vierung bilden.

271 Das Deckengewölbe.

272 Diese im weiteren Text noch zweimal vom Verfasser verwendete Bezeichnung ist sonst nicht belegt, beinhaltet jedoch wohl den Sinn von Bogen und (stützender) Säule. An dieser Stelle würde vielleicht die Bezeichnung „Halbtonnen" am ehesten passen; Lambert vermutet, daß hiermit eine besondere Art von Stütze oder eine Verstärkung gemeint sei. — Wahrscheinlich übernahm der Verfasser den Ausdruck von Steinmetzen, wie Vieilliard, Guide, S. 88 f. vermutet. Vgl. auch ebenda S. 148 sowie unten Anm. 279 und 281.

273 Laut den Berechnungen von López Ferreiro, Historia, III S. 63 gibt der Verfasser hier irrig die Breite von Mittelschiff und Seitenschiffen an, die 19,5 Meter beträgt, das Mittelschiff selbst mißt lediglich 9,79 Meter, vgl. auch Moralejo/Torres/Feo, Liber, S. 555 Anm. 4.

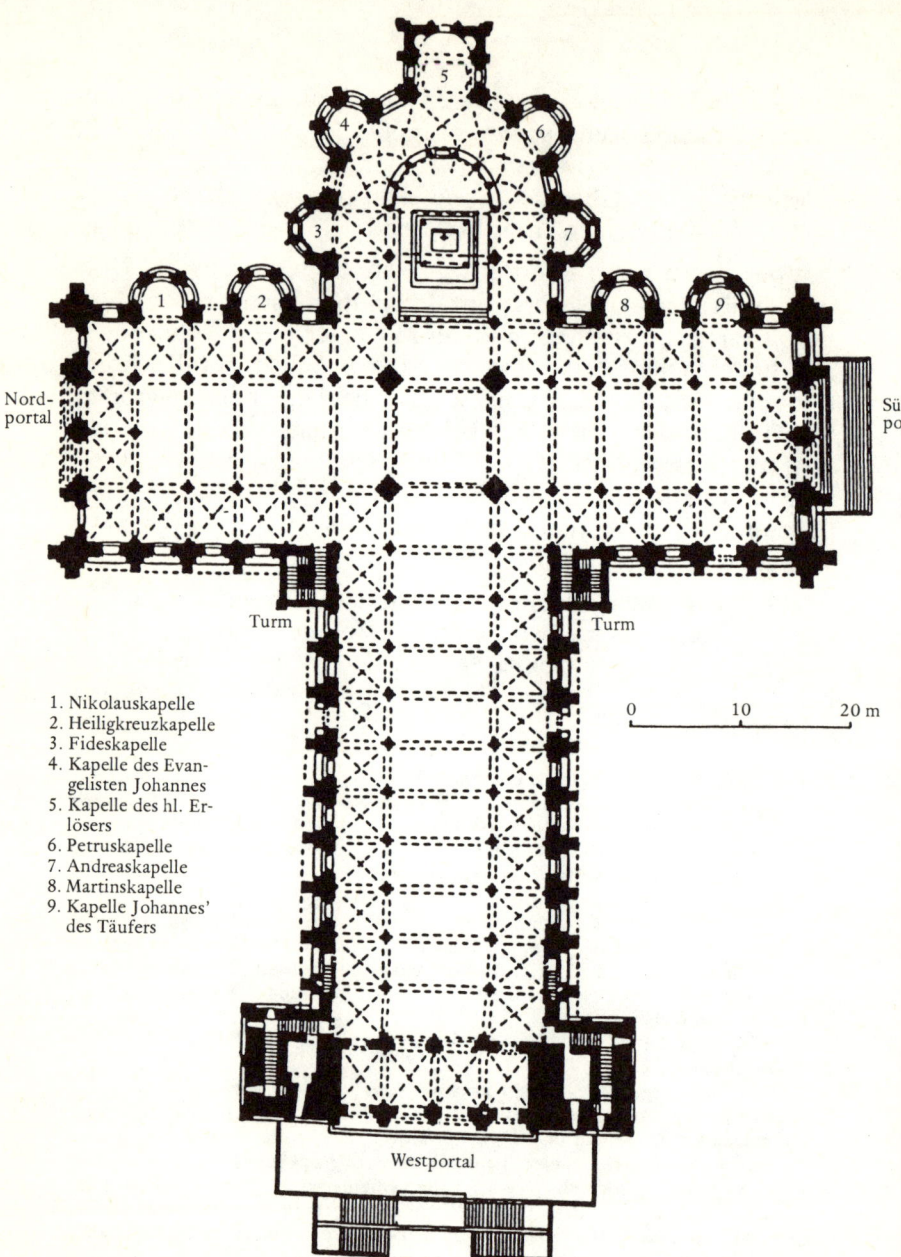

1. Nikolauskapelle
2. Heiligkreuzkapelle
3. Fideskapelle
4. Kapelle des Evangelisten Johannes
5. Kapelle des hl. Erlösers
6. Petruskapelle
7. Andreaskapelle
8. Martinskapelle
9. Kapelle Johannes' des Täufers

Nordportal

Südport.

Turm

Turm

0   10   20 m

Westportal

Abb. 9: Grundriß der romanischen Kathedrale von Santiago de Compostela (nach Conant, Cathedral, Faltplan)

Im größeren Schiff erheben sich neunundzwanzig Pfeiler, vierzehn auf der rechten Seite, ebensoviele auf der linken Seite, und einer im Innenraum gegen Westen[274] zwischen den beiden Eingangstoren; er trennt die Eingangsräume[275] voneinander. In den Schiffen des Querhauses[276] der Kirche, von der *Porta Francigena* bis zum Südportal, befinden sich sechsundzwanzig Pfeiler, zwölf auf der rechten Seite, ebensoviele auf der linken Seite, und zwei innen vor den Portalen; sie trennen die Eingangsräume[277] und die Eingangstore voneinander. Im Chorumgang[278] der Kirche stehen acht einzelne Säulen um den Altar des hl. Jakobus. Die sechs kleinen Schiffe, die sich im oberen Geschoß, in den Emporen der Kirche befinden, entsprechen in Länge und Breite den anderen kleinen Schiffen, die unter den Jochen darunterliegen. An einer Seite werden sie von den Wänden begrenzt, auf der anderen Seite von den Pfeilern, die von unten aus den großen Schiffen in die Höhe streben, sowie von den Doppelsäulen über den von den Steinmetzen so genannten *medie cindrie*[279]. In den oberen Schiffen sind ebensoviele Pfeiler wie unten in der Kirche; und man zählt auf den Emporen ebensoviele Gurtbögen[280] wie unten, aber in den Schiffen der Emporen erheben sich zwischen den einzelnen Pfeilern noch jeweils zwei Doppelsäulen, die von den Steinmetzen *columpne cindrie*[281] genannt werden.

In dieser Kirche findet man keine Risse oder Brüche; sie ist wunderbar gearbeitet, groß, geräumig, hell, von entsprechen-

---

274 Lateinisch *aquilo*, was den Norden bezeichnet, jedoch muß hier der Westen gemeint sein, vgl. Vielliard, Guide, S. 89 Anm. 4. Conant, Cathedral, S. 50 übersetzt *adversus aquilonem* mit: ,,against the weather", räumt aber auch die hier bevorzugte Übersetzung als Möglichkeit ein.

275 Das lateinische Wort *ciborium* bezeichnet in der Regel einen Baldachin, manchmal auch ein Gewölbe, muß hier jedoch auf die Eingänge bezogen werden, vgl. Vielliard, Guide, S. 89 f. Anm. 5.; vgl. auch Anm. 351.

276 Lateinisch *in navibus ... crucis.*

277 Vgl. Anm. 275.

278 Lateinisch *corona*, vgl. Anm. 266.

279 Vgl. Anm. 272.

280 Lateinisch *cingula*, eventuell auch einfach als ,,Bogen" zu übersetzen, vgl. Vielliard, Guide, S. 91 Anm. 4. Die Passage *cingule inferius tot sunt in palacio* als Randnotiz von gleicher Hand, vgl. Herbers, Jakobuskult, S. 205.

281 Vgl. Anm. 272 und 279, hier ist mit Sicherheit eine bestimmte Säulenart gemeint.

den Ausmaßen, Breite, Länge und Höhe sind harmonisch aufeinander abgestimmt; eine unbeschreiblich herrliche Anlage, die sogar wie der Palast eines Königs doppelt gebaut worden ist[282]. Wer oben durch die Schiffe der Emporen geht, wird, wenn er traurig hinaufgestiegen ist, froh und glücklich werden, nachdem er die vollkommene Schönheit dieses Gotteshauses geschaut hat[283].

Die Fenster

Die Zahl der Glasfenster in dieser Basilika beträgt dreiundsechzig. An jedem einzelnen Altar im Chorumgang sind es drei. Hoch über dem Altar des hl. Jakobus befinden sich fünf Fenster, durch welche der Altar des Apostels hell beleuchtet wird. Oben in den Emporen zählt man dreiundvierzig Fenster[284].

Die Portale

Drei Hauptportale und sieben kleine Portale besitzt diese Basilika; ein Hauptportal, das nach Westen, eines, das nach Süden, und eines, das nach Norden gerichtet ist. An jedem einzelnen Hauptportal gibt es zwei Eingänge, und jeder einzelne Eingang hat zwei Türen.

Das erste der sieben kleinen Portale wird „Portal der hl. Maria"[285] genannt, das zweite „Portal des hl. Weges"[286], das

---

282 Laut Vielliard, Guide, S. 92 Anm. 1 ist wohl der Bau von Emporen gemeint.

283 Vgl. zur Darstellung des heiligen Raumes am Ziel der Pilgerfahrt Kriss-Rettenbeck/Illich, Homo viator, S. 15.

284 López Ferreiro, Historia, III S. 125 kommt auf die Gesamtzahl von 111, weil er die 63 Fenster auf den unteren Teil bezieht, denen er die fünf Altarfenster und diejenigen auf der Empore hinzuzählt, jedoch würden die 15 Fenster der Apsis, die fünf Altarfenster und die 43 Fenster des Obergeschosses genau die Zahl von 63 Fenstern ergeben vgl. Moralejo/Torres/Feo, Liber, S. 556 Anm. 12.

285 *Puerta de Santa María*, zwischen der Nikolaus- und Heiligkreuzkapelle gelegen; das Tor bot Zutritt zur Kirche *Santa Maria de la Corticela*, vgl. Anm. 327. Zu dieser und den weiteren Pforten vgl. López Ferreiro, Historia, III S. 124, sowie den Plan S. 138.

286 Zwischen Fides- und Nikolauskapelle; die Pforte wurde 1934 durch A.K. Porter neu entdeckt und wieder geöffnet.

dritte „Portal des hl. Pelagius"[287], das vierte „Portal des Kapitels"[288], das fünfte „Portal des Steinbruchs"[289], das sechste ebenfalls „Portal des Steinbruchs"[290] und das siebente „Portal der Grammatikschule"[291], das auch zum Palast des Erzbischofs Zutritt gewährt.

Der Brunnen des hl. Jakobus

Wenn wir Franzosen[292] in die Basilika des Apostels hineingehen wollen, treten wir von Norden her ein. Vor diesem Eingang, neben der Straße, liegt das Hospital der armen Pilger des hl. Jakobus[293]; dort befindet sich auch jenseits der Straße ein Vorhof, zu dem man neun Stufen hinabsteigt[294]. Am

---

287 *Puerta de San Pelayo,* diente den Mönchen von *San Pelayo de Anteltares* als Zugang, vgl. zur Lage zwischen Stirn- und Peterskapelle Anm. 331. Heute ist es die hl. Pforte *(Puerta Santa),* vgl. Kapitel 1., S. 7. Allerdings lag die Pforte laut J. Carro García, Don Diego Pelaez. La construcción de la actual basilica (Galicia 4,19/1935, S. 27-30) S. 29 unmittelbar neben der zuvor genannten Tür, die hl. Pforte sei hingegen im 16. Jh. an eine andere Stelle gelegt worden.

288 *Puerta de la Canónica,* in nördlichen Querhaus, zwischen den Kapellen des hl. Martin und Johannes' des Täufers; heute liegt dort die *Capilla del Pilar.* Der mittelalterliche Name deutet darauf hin, daß dieser Eingang von den Mitgliedern des Domkapitels benutzt wurde. Vom dort gelegenen Kanonikat zeugt noch der galicische Straßenname *Calle de la Conga.*

289 *Puerta de la Pedrera,* vielleicht so genannt, weil die Steinmetzen im Kreuzgang ihre Werkstatt hatten; das Tor führt heute in den Kreuzgang und heißt entsprechend *Puerta del claustro.*

290 Vgl. vorige Anm.; an der südlichen Wand des Seitenschiffes gelegen, heute nur noch der Bogen erkennbar.

291 *Puerta de la escuela,* gegenüber an der nördlichen Wand des Seitenschiffes, heute nur noch der Bogen erkennbar. Vgl. zu dieser Passage und zu der wohl von Diego II. Gelmírez intensiv geförderten Bischofsschule M.C. Díaz y Díaz, Problemas de la cultura, S. 199 f. sowie Kapitel 2., Anm. 36.

292 Vgl. Kapitel 2., S. 29. Eine Randnotiz in der Handschrift aus dem 14. Jh. vermerkt, daß Papst Calixt (II.) (!) französischer Herkunft war.

293 Von diesem Hospiz beim Nordportal weiß man nur, daß es von Bischof/Erzbischof Diego II. Gelmírez 1105 und 1138 restauriert und dotiert wurde, vgl. Hist. Comp. I 19; II 94 (ES XX S. 53 und 472) und López Ferreiro, Historia, III S. 193, IV S. 145 sowie Jetter, Spanien, S. 88. In seinem Vorhof waren wohl die Läden der *azabacheros,* welche die Pilgerzeichen verkauften. Im 17. Jh. wurde es an das Kloster *San Martín Pinario* (vgl. Anm. 252) verkauft, vgl. Moralejo/Torres/Feo, Liber, S. 379 Anm. 8.

294 Im 18. Jh. wurden der Vorplatz und das Nordportal umgebaut.

Ende der Stufen zu diesem Vorhof befindet sich ein wunderbarer Brunnen[295], der auf der ganzen Welt nicht seinesgleichen findet. Er ruht auf einem dreistufigen Sockel, welcher ein wunderschönes Steinbecken trägt; dieses ist wie eine Schale oder Schüssel rund und hohl und so groß, daß, wie ich glaube, fünfzehn Menschen bequem darin baden können[296]. Aus seiner Mitte erhebt sich eine bronzene Säule, welche unten breiter ist; sie liegt sieben Grundsteinen auf[297] und ist von angemessener Höhe. Aus der Spitze gehen vier Löwengestalten hevor, aus deren Mäulern vier Wasserfontänen entspringen, um die Jakobspilger und die Einwohner zu erfrischen. Dieses Wasser fällt, nachdem es aus den Löwenmäulern entsprungen ist, sogleich in die darunterliegende Schale, fließt von dort durch eine Öffnung in der Schale und verschwindet unter die Erde. So kann man weder sehen, woher das Wasser kommt, noch kann man sehen, wohin es geht. Es ist jedoch ein weiches Wasser, kräftig, gesund, klar und sehr gut; im Winter ist es warm, im Sommer frisch. Auf der oben erwähnten Säule aber ist unter den Pranken der Löwen folgende Schrift in zwei Zeilen rundherum eingraviert:

Ich, Bernhard, Schatzmeister[298] des hl. Jakobus, habe dieses Wasser hierher geleitet und das vorliegende Werk geschaffen, zu meinem und meiner Verwandten Seelenheil, im Jahre der Ära 1160, am dritten Tag vor den Iden des April[299].

---

295 Über den Brunnen vgl. López Ferreiro, Historia, IV S. 65-67 sowie Fletcher, St. James's Catapult, S. 177. Er wurde im 15. Jh. zerstört, ein neuer Brunnen vor dem Südportal errichtet.

296 Die Schale befindet sich heute im Innenhof des Kreuzganges.

297 Sie hatte wohl heptagonale Form, wie Vielliard, Guide, S. 95 und Moralejo/Torres/Feo, Liber, S. 558 annehmen; anders Conant, Cathedral, S. 52: „of seven pieces fitted together".

298 In der Handschrift TS, interlinear von fremder Hand als *thesaurarivs* aufgelöst. Der Schatzmeister Bernhard war Vertrauter des Bischofs/Erzbischofs Diego II. Gelmírez, Kanzler von König Alfons VII. sowie Verfasser des *Tumbo A*, der ältesten Handschrift des Compostelaner Kathedralarchivs. Eventuell war er mit dem später genannten Baumeister identisch, vgl. S. 157 Anm. 360. Zu Bernhard vgl. Vones, Hist. Comp., S. 497 f. sowie zu dessen dramatischer Ernennung als Kanzler P. Rassow, Die Urkunden Kaiser Alfons' VII. von Spanien (Archiv für Urkundenforschung 10/1926-1928, S. 327-468) S. 340-342 und B.F. Reilly, The Chancery of Alfonso VII of León-Castila: The Period 1116-1135 Reconsidered (Speculum 51/1976, S. 243-261).

Das Paradies der Stadt

Hinter dem Brunnen breitet sich, wie wir schon erwähnt haben, das Paradies[300] aus, das mit Steinen gepflastert ist; dort werden den Pilgern kleine Schalen von Meerestieren[301] als Abzeichen des hl. Jakobus verkauft, ebenso Weinschläuche[302], Schuhe, hirschlederne Pilgertaschen[303], Beutel, Riemen, Gürtel, jede Art von Heilkräutern und andere Arzneien, sowie noch vieles andere mehr wird dort zum Verkauf angeboten. Wechsler, Wirte und weitere Händler sind an der *via Francigena* zu finden. Jenes Paradies aber ist in jede Richtung einen Steinwurf groß.

Das Nordportal

Nach jenem Paradies gelangt man an die *Porta Francigena*, das Nordportal[304] der Basilika des hl. Jakobus. Es besitzt zwei Eingänge, die mit Skulpturen herrlich verziert sind. An jedem Eingang befinden sich außen sechs Säulen, einige aus

---

299 11. April 1122; die in Spanien geläufige Ära zählt 38 Jahre voraus.

300 Die Bezeichnung war im Mittelalter besonders für die Vorhallen der Kirchen gebräuchlich, wurde jedoch auch im weiteren Sinne für den Vorhof verwendet.

301 Lateinisch *crusille piscium*. Vgl. zur Jakobsmuschel Kapitel 3. Anm. 91 sowie Kapitel 4.2., S. 66 mit Anm. 28.

302 Moralejo/Torres/Feo, Liber, S. 559 übersetzen mit *bota*, was noch heute ein Gefäß in Spanien bezeichnet, in dem kleinere Mengen von Wein transportiert werden.

303 Lateinisch *pere*, hiermit sind die oft abgebildeten Beutel der Pilger gemeint, vgl. den Segen über die *pera* in Kapitel 4.2., S. 64 f. mit Anm. 24.

304 Heute *Puerta de la Azabacheria*, die anstelle des hier beschriebenen Portals im 18. Jh. gebaut wurde. Einige der hier beschriebenen Figuren und Reliefs befinden sich heute an der *Puerta de las Platerías*, dem Südportal, vgl. die folgenden Anm. Das ursprüngliche Aussehen dürfte der in diesem Abschnitt gegebenen Beschreibung weitgehend entsprochen haben, wie durch Kombination der Quelle mit anderen Beobachtungen herausgefunden worden ist. Das zusammen mit der *Puerta de las Platerías* zu interpretierende Programm wurde als Spannungsfeld von Sünde und Erlösung bezeichnet, vgl. S. Moralejo Alvarez, La primitiva fachada norte de la catedral de Santiago (Compostellanum 14/1969, S. 623-668). Vgl. weitgehend zustimmend M. Durliat, La porte de France à la cathédrale de Compostelle (Bulletin monumental 130/1972, S. 137-142) sowie die erneute Zusammenfassung von Moralejo Alvarez, Saint-Jacques, S. 91-98.

Marmor, die anderen aus Stein; auf der rechten Seite sind es drei, und auf der linken Seite sind es drei, so daß sechs an einem Eingang und sechs am anderen Eingang stehen; es sind also zwölf Säulen. Über der Säule zwischen den beiden Eingängen thront außen auf der Mauer majestätisch der Herr, macht mit der Rechten das Zeichen des Segens und hält in der Linken ein Buch[305]. Um seinen Thron sind die vier Evangelisten angeordnet, gleichsam als wollten sie den Thron halten; an seiner rechten Seite ist das Paradies dargestellt, worin der Herr selbst wieder in einem anderen Bild zu sehen ist, wie er Adam und Eva der Sünde anklagt[306]; auf der linken Seite erscheint er gleichfalls in Gestalt einer anderen Person, wie er diese aus dem Paradies vertreibt[307]. Ringsherum sind viele Bilder von Heiligen, Tieren, Männern, Engeln, Frauen, Blumen und anderen Kreaturen gemeißelt, deren Wesen und Beschaffenheit wir wegen ihrer Vielzahl nicht wiedergeben können. Aber über dem Tor, das zur Linken liegt, wenn wir in die Basilika eintreten, ist im Tympanon die Verkündigung der seligen Jungfrau Maria dargestellt[308]; auch der Engel Gabriel spricht dort zu ihr; links über den Türen, an der Seite des Eingangs, sind die Monate des Jahres[309] und viele andere herrliche Werke gemeißelt.

Zwei große wilde Löwen stehen außen an den Wänden; sie betrachten ständig die Türen, als wollten sie diese bewachen, einer auf der rechten Seite und einer auf der linken. Über den innersten Gewändepfeilern sind vier Apostel dargestellt: jeder hält in der linken Hand ein Buch, und erteilt denen, die die Basilika betreten, mit der erhobenen rechten Hand den Segen. Petrus ist auf der rechten Seite des linken Eingangs,

---

305 Die *Majestas Domini* befindet sich heute am Südportal, vgl. Moralejo Alvarez, Saint-Jacques, S. 93 (mit Abbildung).
306 Heute im Kathedralmuseum, vgl. ebenda S. 94 f.
307 Heute an der linken Seite des Frieses am Südportal, vgl. ebenda S. 94 f. (mit Abbildung).
308 Eventuell mit zwei kaum noch erkennbaren Figuren am linken Bogen des Südportals zu identifizieren, wie Moralejo Alvarez, Saint-Jacques S. 95 f. in Nachfolge von Durliat (gegen Gaillard) vorschlägt.
309 Ein Fragment des Februarbildes dieser Jahresreihe befindet sich im Kathedralmuseum, vgl. ebenda, S. 96. Vgl. auch dort S. 96-98 zu weiteren kleineren Teilen, die von diesem Portal stammen könnten.

Paulus auf der linken Seite; am rechten Eingang steht der Apostel Johannes rechts, und der hl. Jakobus links. Über den einzelnen Häuptern der Apostel sind aus den Pfeilern hervorspringende Stierköpfe gemeißelt.

Das Südportal

Das Südportal[310] der Basilika des Apostels besitzt, wie wir schon erwähnt haben, zwei Eingänge und vier Türen. Am rechten Eingang außen, in erster Reihe über den Türen, ist der Verrat des Herrn in wunderbarer Weise dargestellt; dort wird der Herr von den Händen der Juden an einen Pfeiler gebunden; dort wird er mit Peitschen geschlagen; dort sitzt Pilatus auf dem Stuhl, gleichsam als sein Richter[311]. Darüber ist in zweiter Reihe die selige Maria, die Mutter des Herrn, mit ihrem Sohn in Bethlehem dargestellt, sowie die drei Könige, die kommen, um den Knaben mit seiner Mutter zu sehen; sie schenken ihm ihre dreifache Gabe; auch der Stern ist dargestellt und der Engel, der sie ermahnt, nicht zu Herodes zurückzukehren[312].

Auf den innersten Gewändepfeilern dieses Eingangs stehen zwei Apostel, gleichsam als Torwächter, einer rechts, der andere links. Ebenso sind am anderen, dem linken Eingang, auf den innersten Gewändepfeilern zwei weitere Apostel zu se-

---

310 Die *Puerta de las Platerías* (Tor der Silberschmiede), als einziges Portal der hier beschriebenen noch heute erhalten und von zahlreichen Kunsthistorikern beschrieben; neben den Studien von Naesgaard, St-Jacques, S. 11-18 (insbesondere zu den zeitlichen Etappen der Entstehung) findet sich die beste neuere, knappe Darstellung wiederum (mit Nennung der bisherigen wichtigsten Arbeiten) bei Moralejo Alvarez, Saint-Jacques, S. 98-100 mit Identifizierung der noch heute sichtbaren Figuren und Skulpturen. – Als Baumeister gilt ein Meister namens Stephan (um 1105), jedoch wurden gegen 1120 noch weitere Zufügungen und Veränderungen vorgenommen.

311 Noch heute als Flachrelief vorhanden. Die Szene ist nicht gut zu erkennen und wurde teilweise als die Krönung Jesu mit der Dornenkrone interpretiert, jedoch erachten Naesgaard, Saint-Jacques, S. 11-17 und Moralejo Alvarez, Saint-Jacques, S. 99 die hier gegebene Beschreibung im Großen und Ganzen als glaubwürdig.

312 Ebenso noch heute vorhanden. Die Bearbeitung dieser Szene ist wohl der Steinmetzwerkstatt zuzuschreiben, die auch die Geißelungsszene ausführte, vgl. Naesgaard, Saint-Jacques, S. 16.

hen[313]. In die erste Reihe über den Türen dieses Eingangs hat man die Versuchung des Herrn gemeißelt[314]; vor dem Herrn sieht man häßliche Engel, gleichsam Ungeheuer, die ihn auf die Zinne des Tempels stellen; andere bieten ihm Steine an und fordern ihn auf, daraus Brot zu machen; und wieder andere zeigen ihm die Reiche der Welt und geben vor, sie ihm zu schenken, wenn er niederfällt und sie anbetet, was er von sich weist. Aber andere, reine Engel, die guten, sind hinter seinem Rücken und über ihm, und dienen ihm mit Weihrauchfässern.

Vier Löwen schmücken dieses Portal; einer befindet sich auf der rechten Seite des einen Eingangs, und einer am anderen Eingang; über dem Mittelpfeiler zwischen den beiden Eingängen sind die beiden anderen wilden Löwen dargestellt; der eine berührt mit seinem Hinterteil dasjenige des anderen[315].

An diesem Portal gibt es insgesamt elf Säulen: am rechten Eingang auf der rechten Seite fünf, und am linken Eingang auf der linken Seite ebensoviele; die elfte Säule befindet sich zwischen beiden Eingängen und trennt die Eingangsräume voneinander. Diese Säulen, einige aus Marmor, die anderen aus Stein, sind wunderbar behauen mit Bildern von Blumen, Menschen, Vögeln und Tieren. Der Marmor dieser Säulen ist weiß.

Es darf auch nicht in Vergessenheit geraten, daß eine Frau neben der Versuchung des Herrn steht; sie hält in ihren Händen das stinkende Haupt ihres Versuchers, das von ihrem eigenen Ehemann abgeschlagen wurde; zweimal am Tag küßt

---

313 Es ist fraglich, ob alle vier Personen mit Apostelgestalten identifiziert werden können, nur der hl. Andreas ist sicher zu erkennen, daneben wohl Moses, ein Bischof und eine Frau. Möglicherweise beobachtete der Verfasser schlecht oder sprach in Analogie zum Nordportal (vgl. S. 144) von vier Aposteln, wie Vielliard, Guide, S. 101 Anm. 2 im Anschluß an Gaillard für möglich hält. Moralejo Alvarez, Saint-Jacques, S. 100 ist unsicher.

314 Noch heute vorhanden, jedoch aus einer anderen Steinmetzwerkstatt stammend, vgl. Naesgaard, Saint-Jacques, S. 16. Von den Engeln ist heute nur noch einer sichtbar, vgl. Moralejo Alvarez, Saint-Jacques, S. 99. Vgl. Mt 4-11.

315 Die Löwen sind noch heute vorhanden, wahrscheinlich wurden sie erst 1120 den übrigen Arbeiten zugefügt, vgl. Naesgaard, Saint-Jacques, S. 17.

316 Die Erklärung entspricht wohl nicht der künstlerischen Absicht; Moralejo Alvarez, Saint-Jacques, S. 98 glaubt eher, die Frau mit Eva als „Mutter des Todes" identifizieren zu können.

sie jenes Haupt, von ihrem Mann dazu gezwungen[316]. Oh welch ungeheure und bewundernswert gerechte Strafe für die ehebrecherische Frau; man sollte sie allen erzählen!

In der oberen Reihe über den vier Türen, zur Empore[317] der Basilika hin, leuchtet aus dem Stein eine wunderbare Reihe aus weißem Marmor: aufrecht steht dort der Herr und zu seiner Linken der hl. Petrus mit den Schlüsseln in der Hand; auf der rechten Seite sieht man den seligen Jakobus zwischen zwei Zypressenbäumen und neben ihm seinen Bruder, den hl. Johannes[318]. Rechts und links davon befinden sich die übrigen Apostel. Oben und unten, rechts und links hat man die Wand also herrlich verziert mit Blumen, Menschen, Heiligen, Tieren, Vögeln, Fischen und anderen Kunstwerken; wir können sie nicht alle beschreiben. Doch zu erwähnen sind vier Engel über den Torbögen; jeder bläst eine Posaune, um den Tag des Gerichts zu verkünden[319].

Das Westportal

Das Westportal[320] mit seinen beiden Eingängen übertrifft an Schönheit, Größe und Reichtum der Darstellung die anderen Portale. Es ist größer und schöner als die anderen und noch

---

317 Gemeint ist wohl das Gesims über dem Portal.
318 Vgl. Moralejo Alvarez, Saint-Jacques, S. 100 und S. 102, der durchaus überzeugend vermutet, daß die Darstellung des Jakobus zwischen Zypressenbäumen (sowie eine hier nicht erwähnte Abbildung Abrahams mit Inschrift) ursprünglich zur Szene der Verklärung auf dem Berg Tabor am Westportal gehörte, vgl. Anm. 320.
319 Noch heute vorhanden, um 1120 zugefügt, vgl. Naesgaard, Saint-Jacques, S. 17.
320 Das hier beschriebene Westportal wurde noch im 12. Jh. durch den heute noch bestehenden *Portico de la Gloria* ersetzt. Davor befindet sich heute die im 18. Jh. erbaute Westfassade, *El Obradoiro*. Zum ,,alten'' Westportal vgl. Moralejo Alvarez, Saint-Jacques, S. 100-103, der durchaus überzeugend darlegt, daß dieses ,,ersetzte'' Portal wohl niemals fertiggestellt wurde und ursprünglich auch mit den Figuren von Abraham und Jakobus geschmückt war, die vielleicht nach den Zerstörungen der Kathedrale von 1117 an das Südportal kamen, vgl. Anm. 318. Verstärkt wird diese Vermutung dadurch, daß die Beschreibung im Pilgerführer sehr allgemein gehalten ist und zu einem guten Teil auf Zitat und Paraphrase der einschlägigen Bibelstellen beruht, vgl. die nächste Anm.

herrlicher gearbeitet, verziert mit einer großen Freitreppe, verschiedenen Marmorsäulen, und vielfältigem Schmuckwerk der verschiedensten Art; Bilder von Männern, Frauen, Tieren, Vögeln, Heiligen, Engeln, Blumen und verschiedene Kunstwerke aller Art sind in Stein gehauen. Die Zahl der Kunstwerke ist so groß, daß sie in unserer Beschreibung nicht alle erfaßt werden können. Doch in der Höhe ist in wunderbarer Weise die Verklärung des Herrn dargestellt, wie sie auf dem Berg Tabor stattgefunden hat. Dort ist der Herr in einer weißen Wolke sichtbar, das Antlitz glänzend wie die Sonne, das Gewand strahlend weiß wie Schnee, und über ihm Gott Vater, der zu ihm spricht; und *Moses* und *Elias,* die mit diesem *erschienen* sind, *sprechen* mit ihm über seinen *Tod, der sich in Jerusalem erfüllen sollte*[321]. Dort sind auch der selige Jakobus und Petrus und Johannes dargestellt, denen der Herr seine Verklärung vor allen anderen enthüllte.

Die Türme der Basilika

Neun Türme wird diese Basilika haben[322], zwei über dem Portal mit dem Brunnen[323] davor, zwei über dem Südportal, zwei über dem Westportal, zwei über den beiden Wendeltreppen[324], und einen großen über der Vierung in der Mitte der Basilika[325]. Durch diese und andere herrliche Werke erstrahlt der Ruhm der Basilika des seligen Jakobus wunderbar. Diese besteht ganz aus sehr starken, braunen Natursteinen, die so hart wie Marmor sind; innen ist sie mit verschiedenen Figuren bemalt, und außen ganz mit Ziegeln[326] und Blei bedeckt. Von dem, was wir geschildert haben, ist einiges bereits ganz vollendet, anderes muß noch fertiggestellt werden.

---

321 Mt 17,2-3 und Lk 9,31.
322 Für die Baugeschichte interessant ist die Verwendung des Futurs.
323 Das heißt dem Nordportal, vgl. S. 143 ff.
324 López Ferreiro, Historia, III S. 94 lokalisiert diese Türme zwischen Lang- und Querhaus, wo zwei Wendeltreppen in die Krypta führten; vgl. ein Photo der heute noch erhaltenen Fundamente bei Conant, Cathedral, nach S. 24, Abb. 13
325 Heute nicht mehr vorhanden.
326 Lateinisch *teola,* eine Form die wohl von *tegula* herzuleiten ist, vgl. Moralejo/Torres/Feo, Liber, S. 563 Anm. 21.

Die Altäre der Basilika sind folgendermaßen angeordnet: Zuerst trifft man nahe der *Porta Francigena,* welche auf der linken Seite liegt, auf den Altar des hl. Nikolaus[327] und anschließend auf den Altar des hl. Kreuzes[328]; dann folgt im Chorumgang der Altar der hl. Jungfrau Fides[329], dann der Altar des hl. Johannes, Apostel, Evangelist und Bruder des Jakobus[330]; dann folgt in der Stirnkapelle der Altar des hl. Erlösers[331], dann der Altar des hl. Apostels Petrus[332], dann der Altar des hl. Andreas[333], dann der Altar des hl. Bischofs Martin[334] und schließlich der Altar des hl. Johannes des Täufers[335]. Zwischen dem Altar des hl. Jakobus und dem Altar des hl. Erlösers befindet sich der Altar der hl. Maria Magdalena[336], wo die Morgenmessen für die Pilger gelesen werden.

---

327 Vgl. zu den folgenden Altären (deren Namen in der Regel denjenigen der Kapellen entsprechen) den Grundriß S. 138 sowie López Ferreiro, Historia, III S. 137-139. Sie werden — am nördlichen Querhaus beginnend — nacheinander aufgeführt. An der Stelle der heute nicht mehr bestehenden Nikolauskapelle *(Capilla de San Nicolas)* ist heute der Zugang zur *Capilla de la Corticela,* vgl. S. 136 mit Anm. 259. Die Wahl der Heiligen für die Kapellen ist äußerst interessant und verdiente eine eigene Untersuchung, wie auch Vielliard, Guide, S. 106 Anm. 2 bemerkt. Der hl. Nikolaus, Bischof von Myra (1. Hälfte des 4. Jh.), dessen Leichnam 1087 nach Bari übertragen wurde, gilt als Patron der Pilger und Reisenden.

328 Die *Capilla de Santa Cruz* wurde im 16. Jh. in die *Capilla de la Concepción* integriert.

329 *Capilla de Santa Fe,* seit dem 16. Jh. *Capilla de San Bartolomé,* zur hl. Fides vgl. oben S. 115 mit Anm. 154-157.

330 Die *Capilla de San Juan Evangelista,* heute *Capilla de Santa Susanna,* wurde im 16. Jh. erweitert, birgt jedoch noch Reste des romanischen Baues.

331 *Capilla de San Salvador,* als Stirnkapelle die größte aller genannten Kapellen; sie hat als einzige rechteckige Form. Sie heißt auch *Capilla del rey de Francia,* vgl. dazu Anm. 265. Sie wurde von den Altären der besonders „wichtigen" Apostel Petrus und Johannes eingerahmt.

332 *Capilla de San Pedro,* seit dem 16. Jh. nach Doña Mencía de Andrade benannt, die sie besonders ausstattete, heute in der Regel als *Capilla de Nuestra Señora de la Azucena* bezeichnet.

333 An der Stelle dieser als auch der folgenden Kapelle besteht seit dem 17. Jh. die *Capilla de la Virgen del Pilar.*

334 Vgl. die vorige Anm. sowie zum hl. Martin S. 122 mit Anm. 186. Seit dem 12. Jh., als dort die Reliquien des hl. Fructuosus, Erzbischof von Braga (656-665), nach einem Reliquienraub (vgl. Anm. 254) niedergelegt wurden, erhielt die Kapelle den Namen dieses Heiligen.

335 An dieser Stelle ist heute die *Puerta Real* (auch *Puerta de la Quintana*).

Oben auf den Emporen der Kirche sind drei Altäre errichtet[337], deren größter der Altar des hl. Erzengel Michael[338] ist; rechts von diesem befindet sich ein weiterer Altar, der des hl. Benedikt[339]. Der dritte Altar, auf der linken Seite, ist dem hl. Apostel Paulus und dem hl. Bischof Nikolaus[340] geweiht; dort befindet sich auch die Kapelle des Erzbischofs[341].

Der Leichnam und der Altar des hl. Jakobus

Bis jetzt haben wir über die Beschaffenheit der Kirche geschrieben; nun müssen wir über den verehrungswürdigen Altar des Apostels sprechen. In der schon erwähnten verehrungswürdigen Basilika ruht nach der Überlieferung der anbetungswürdige Leichnam des hl. Jakobus unter einem Hochaltar, der zu seiner Ehre geschaffen wurde; er ruht, von einem Marmorsarg[342] umschlossen, in einem herrlich gewölbten Grabmal, das in wunderbarer Kunstfertigkeit und gebührender Größe gearbeitet ist. Den Leichnam soll man nicht von der Stelle bewegen können, nach dem Zeugnis des hl. Theodomir, eines Bischofs dieser Stadt[343], der ihn einst gefunden hat und in keiner Weise bewegen konnte. Mögen daher die Neider jenseits der Berge vor Scham erröten, die da behaupten, sie be-

---

336 Dieser Altar lag hinter dem Hochaltar; zu Maria Magdalena vgl. S. 116 mit Anm. 160-163.

337 Diese drei Altäre lagen hinter der Westfassade.

338 Seit der Karolingerzeit war es üblich, einen Altar den Engeln zu widmen, besonders häufig, dem hl. Michael, vgl. Vielliard, Guide, S. 107 Anm. 10.

339 Vielleicht dem hl. Benedikt von Nursia (ca. 480-547) geweiht.

340 Unklar, welcher Nikolaus gemeint, da bereits ein anderer Nikolausaltar (Anm. 327) erwähnt wurde.

341 Der Bischofspalast des 12. Jh. grenzte an den Nordturm der Westfassade, vgl. den Plan bei Conant, Cathedral.

342 Im lateinischen Text heißt es, wie in den früheren Überlieferungen, *arca marmorea;* diese Bezeichnung, die auch in den Zeugnissen über die Entdeckung des Grabes in dieser oder ähnlicher Form zu verzeichnen sind, harrt bislang einer stichhaltigen Erklärung. Vgl. hierzu am ausführlichsten Plötz, Apostel Jacobus, S. 99-104, der sich im Anschluß an jüngere Forschungen am ehesten für eine Angleichung der in den Apostelakten verwendeten Bezeichnung *achaia marmarica* an die äußere Gestaltung des Grabes ausspricht.

343 Ca. 800-847, vgl. oben S. 13. Zu seiner Zeit wurde gemäß der Jakobuslegende das Grab entdeckt, vgl. oben S. 13. Ab hier schrieb wieder der 2. Schreiber, vgl. Kapitel 2., S. 19 mit Anm. 2.

säßen Reliquien oder Teile des Leichnams[344]. Denn der Leichnam des Apostels ist hier vollständig vorhanden; er leuchtet herrlich von paradiesischen Karfunkelsteinen, und ohne Unterlaß wird er durch göttliche Düfte verehrt; vom himmlischen Kerzenglanz wird er geschmückt, und Engel feiern ihn durch ihre Gunstbezeugungen.

Über seinem Grabmal steht ein kleiner Altar[345], den, wie man berichtet, seine Schüler bauten; aus Liebe zum Apostel und zu seinen Schülern wollte ihn später niemand zerstören. Darüber erhebt sich ein großer, wunderbarer Altar, der in der Höhe fünf, in der Länge zwölf, und in der Breite sieben Handlängen mißt. So habe ich es mit meinen eigenen Händen gemessen.

Der kleine Altar ist an drei Seiten, rechts, links und hinten, durch den großen Altar eingeschlossen; vorne aber ist er frei, so daß man, wenn die silberne Tafel entfernt ist, deutlich den älteren Altar sehen kann.

Wenn jemand eine Decke oder ein Tuch aus Liebe zum hl. Jakobus schicken will, um den Altar des Apostels zu bedecken, muß er eines von neun Handlängen in der Breite, und von einundzwanzig Handlängen in der Länge senden. Wenn jemand aus Liebe zu Gott und dem Apostel ein Tuch schenken will, um das Vorderteil des Altares zu schmücken, so möge er darauf achten, daß die Breite sieben und die Länge dreizehn Handlängen beträgt.

Die silberne Tafel

Die Tafel, die an der Vorderseite des Altars angebracht ist[346], ist wunderbar aus Gold und Silber gearbeitet. In ihrer Mitte

---

344 Vgl. zu Ansprüchen jenseits der Pyrenäen auf den Besitz von Jakobusreliquien Herwaarden, Roemrijke Jacobus, S. 112, Anm. 109 mit Nennung von Orten in Frankreich und Italien.

345 Dieser kleine Altar wurde laut López Ferreiro, Historia, I S. 277 und III S. 307-309 im Jahre 1105 von dem hier beschriebenen großen Altar ersetzt.

346 Die folgenden drei Unterkapitel sind nach der Edition von Whitehill auch von Moralejo Alvarez, Ars sacra, S. 237 f. wiedergegeben. Vgl. auch dort

Abb. 10: Vorsatztafel am Altar des hl. Jakobus in Compostela (Moralejo Alvarez, Ars sacra, nach S. 238 Abb. 2)

ist der Thron des Herrn eingraviert, um den die vierundzwanzig Ältesten in der Anordnung stehen, in der sie der selige Johannes, der Bruder des hl. Jakobus, im Buch seiner Geheimen Offenbarung gesehen hat[347]: zwölf auf der rechten Seite und zwölf auf der linken Seite bilden einen Kreis; sie halten Lauten und goldene Duftfläschchen in den Händen. In ihrer Mitte sitzt der Herr, gleichsam auf einem majestätischen Thron; er hält in der Linken das Buch des Lebens und macht mit der Rechten das Zeichen des Segens. Um seinen Thron herum, so als ob sie ihn halten wollten, befinden sich die vier Evangelisten. Auch die zwölf Apostel sind rechts und links angeordnet, drei in der ersten Reihe auf der rechten Seite und drei in der darüberliegenden Reihe. Ebenso sind auf der linken Seite drei unten in erster Reihe und drei in der oberen Reihe dargestellt. Ringsherum blühen herrliche Blumen, und zwischen den Aposteln erheben sich wunderschöne Säulen.

S. 204-210 die Interpretation und Rekonstruktion der wohl im 17. Jh. eingeschmolzenen Vorsatztafel: das Programm, insbesondere die Darstellung des Thrones mit den 24 Ältesten, rückt Moralejo Alvarez in die Nähe der Justuskirche von Segovia. Vgl. auch dort nach S. 238 (Abb. 2) die von Moralejo Alvarez vorgeschlagene Rekonstruktion sowie Abb. 10.

347 Vgl. Apk 4,4.

Die durch ihre Kunstwerke wirkungsvolle und vortreffliche Tafel ist oben mit folgenden Zeilen beschriftet:

Diese Tafel ließ Diego II., Bischof von Santiago,
im fünften Jahr seines Episkopats[348] *schaffen.*
Er hat aus dem Schatz des hl. Jakobus
fünfundsiebzig Silbermark bezahlt.

Und unten finden sich folgende Worte:

Als dieses Werk vollendet wurde, war Alfons[349] *König,*
dessen Schwiegersohn Raimund[350] *Herzog und der*
Obengenannte Bischof.

Das Ziborium des Apostel-Altars

Das Ziborium, das diesen verehrungswürdigen Altar überdacht[351], ist innen und außen wunderbar mit Malereien, Zeichnungen, und verschiedenen Figuren verziert. Es ist quadratisch, ruht auf vier Säulen, Höhe und Breite sind harmonisch abgestimmt.

Innen sind in erster Reihe in Gestalt von Frauen jene besonderen Tugenden dargestellt, acht an der Zahl, die Paulus[352] erwähnt; in jeder Ecke sind es zwei. Über dem Haupt jeder einzelnen steht aufrecht ein Engel, der mit erhobenen Händen einen Thron im oberen Teil des Ziboriums hält. Mitten auf diesem Thron ruht das Lamm Gottes und hält mit seinem Fuß ein Kreuz; es sind genauso viele Engel wie Tugenden.

---

348 Diego II. Gelmírez, 1098 gewählt, 1099 geweiht (vgl. S. 29), woraus sich das Jahr 1103 als Datierung ergibt.
349 Alfons VI. (1072-1109), bei Vielliard, Guide, S. 113 Anm. 1 irrig Alfons I. von Aragonien, der wegen des Zeitpunktes und des genannten Raimund ausscheidet.
350 Raimund von Burgund, Graf von Galicien († 1107), erster Gemahl von Urraca, einer Tochter Alfons' VI.
351 Das Ziborium, über das auch die Hist. Comp. informiert, überdachte den Altar bis ins 15. Jh. und wurde von López Ferreiro, Historia, III S. 236 nach den schriftlichen Beschreibungen rekonstruiert; vgl. jedoch die Nuancierungen bei Moralejo Alvarez, Ars sacra, S. 210-229 (mit Nachweis weiterer Rekonstruktionsversuche), die dort nach S. 238 gegebene Abb. 5 sowie Abb.11.
352 Vgl. 1 Kor. 13, 4-13 sowie Gal. 5,22, wo jedoch drei oder zwölf Tugenden genannt werden; zur Sache auch Moralejo Alvarez, Ars sacra, S. 214 Anm. 84.

Abb. 11: Rekonstruktion des Ziboriums des Jakobsaltars nach der Beschreibung des Pilgerführers (López Ferreiro, Historia, III S. 236, vgl. auch Anm. 351)

Außen sind in erster Reihe vier Engel dargestellt, die posaunenblasend die Auferstehung am Tage des Gerichts verkünden. Zwei befinden sich auf der Vorderseite und zwei auf der Rückseite. In derselben Reihe sind auch vier Propheten dargestellt: Moses und Abraham auf der linken Seite, Isaak und Jakob auf der rechten; jeder hält eine Schriftrolle mit den zugehörigen Prophezeihungen in Händen. In der oberen Reihe sitzen rund um das Ziborium die zwölf Apostel. Auf der Vorderseite thront in der Mitte der hl. Jakobus; er hält in der linken Hand ein Buch und macht mit der rechten das Zeichen des Segens[353]. In derselben Reihe befindet sich zu seiner Rechten ein zweiter Apostel, zu seiner Linken ein dritter; ebenso sind auf der rechten Seite des Ziboriums drei weitere Apostel dargestellt, auf der linken Seite drei, und auf der Rückseite gleichermaßen drei.

Auf dem darüberliegenden Dach sitzen vier Engel, als wollten sie den Altar bewachen. In den vier Ecken des Ziboriums, dort, wo das Dach beginnt, befinden sich die Skulpturen von vier Evangelisten mit ihren charakteristischen Symbolen. Innen ist das Ziborium bemalt, außen aber ist es mit Gravierungen und Malereien verziert[354].

Auf seinem Gipfel besitzt das Ziborium außen eine dreifache Arkatur, in der die göttliche Dreifaltigkeit dargestellt ist: unter dem ersten Bogen, der nach Westen gerichtet ist, steht die Person des Vaters; unter dem zweiten Bogen, der nach Südosten gerichtet ist, die Person des Sohnes, und unter dem dritten, nach Norden gerichteten Bogen die Person des hl. Geistes. Über dieser Spitze[355] aber leuchtet ein silberner Apfel, auf dem sich ein wertvolles Kreuz erhebt.

---

353 Eventuell eine ähnliche Darstellung wie im *Liber Sancti Jacobi* auf fol. 4 (Abb. 4), vgl. Moralejo Alvarez, Ars sacra, S. 218.

354 Vgl. zu den Engeln auch die Darstellung des Südportals (S. 145); die Parallelität der Beschreibung bis in die Wortwahl betont Moralejo Alvarez, Ars sacra, S. 221 f. – Unter den Malereien muß man sich, da die Hist. Comp. I 18 (ES XX S. 52) vermerkt, das Ziborium sei aus Gold und Silber gewesen, wohl vor allem Emailarbeiten vorstellen. Allerdings bot auch vielleicht das teilweise noch sichtbare Holz Platz für Malereien, vgl. Moralejo Alvarez, Ars sacra, S. 212.

355 Ab hier ist die Handschrift wieder vom ersten Schreiber geschrieben, vgl. Anm. 343.

Die drei Lampen

Vor dem Altar des seligen Jakobus hängen drei große silberne Lampen zum Ruhme Christi und seines Apostels. Die mittlere ist ungeheuer groß und wunderbar als Nachbildung eines großen Mörsers gearbeitet. Sie birgt sieben Gefäße, welche die sieben Gaben des Hl. Geistes versinnbildlichen und mit sieben Lichtern ausgestattet sind. In diese Gefäße gibt man nur Balsamöl, Myrtenöl, Behenöl[356] oder Olivenöl. Das Gefäß in der Mitte ist größer, und an jedem Gefäß um dieses herum sind außen zwei Apostelbilder eingraviert. Die Seele von Alfons, König von Aragonien[357], der sie, wie berichtet wird, dem hl. Jakobus geschenkt hat, ruhe in ewigem Frieden!

Die Würde der Kirche des hl. Jakobus und ihrer Kanoniker

Am Altar des hl. Jakobus pflegt niemand die Messe zu feiern, der nicht Bischof, Erzbischof, Papst oder Kardinal[358] dieser Kirche ist. Sieben Kardinäle zelebrieren gewöhnlich an diesem Altar die hl. Messe; sie wurden von vielen Päpsten eingesetzt, anerkannt und insbesondere von Papst Calixt[359] bestätigt. Diese Würde, welche die Basilika des hl. Jakobus nach gutem Recht besitzt, darf ihr wegen der Liebe zum Apostel niemand nehmen.

---

356 Das lateinische *balanus* wird hier in Anlehnung an Forcellini, Lexicon, übersetzt; vgl. auch Vielliard, Guide, S. 115 Anm. 4 und Moralejo/Torres/Feo, Liber, S. 568 Anm. 26 mit weiteren, jedoch unwahrscheinlicheren Übersetzungsvorschlägen.

357 Alfons I., el Batallador (1104-1134), vgl. Anm. 34.

358 Papst Paschalis II. erlaubte mit einem Privileg vom 30. Mai 1108 (Jaffé-Löwenfeld n. 6208, ed. Hist. Comp. I 45 [ES XX S. 93 f.]) die Ernennung von sieben Kardinalpriestern mit dem Recht, am Apostelaltar die Messe zu lesen. Zur Sache vgl. Vones, Hist. Comp., S. 269 und 287; Fletcher, St. James's Catapult, S. 170 sowie Herbers, Jakobuskult, S. 94 mit Verweis auf eine weitere Urkunde von 1101, die jedoch laut Vones zweifelhaft ist. — Das Vorrecht wurde erst 1851 von Papst Pius IX. auf die Chorherren des Kathedralkapitels ausgedehnt, vgl. Vielliard, Guide, S. 115 f. Anm. 6.

359 Von Papst Calixt II. ist kein Privileg dieses Inhaltes erhalten.

Die Baumeister der Kirche, sowie Beginn und Abschluß des Werkes

Die Baumeister, welche die Basilika des seligen Jakobus zu erbauen begannen, hießen Bernhard der Ältere[360], ein wunderbarer Meister, und Robert[361]; mit den übrigen Steinmetzen und Bildhauern, ungefähr fünfzig an der Zahl, arbeiteten sie da fleißig, treue Diener ihrer Herren, des Wicart[362], des Priors Segered[363] und des Abtes Gundesind[364], in der Regierungszeit des spanischen Königs Alfons[365], und unter dem Bischof Diego I.[366], einem überaus tüchtigen Krieger und freigebigen Mann.

Die Kirche wurde begonnen im Jahr der Ära 1116[367]. Vom Jahr des Baubeginns bis zum Tode Alfons', des tapferen und

360 Laut López Ferreiro, Historia, III S. 37 vielleicht identisch mit dem in Anm. 298 identifizierten Schatzmeister, vgl. jedoch Moralejo/Torres/Feo, Liber, S. 569 Anm. 15, die in Anlehnung an Portela Pazos wegen des Zusatzes „der Ältere" eher an Vater und Sohn denken.

361 Nicht identifiziert; die Namensform läßt vielleicht wie der Name Bernhard den Rückschluß auf eine französische Herkunft zu, vgl. Vielliard, Guide, S. 117 Anm. 2.

362 Nicht identifiziert; die Handschrift läßt eventuell auch die Lesart *wicario* zu, jedoch sprechen die Großschreibung des Namens sowie das Fehlen des Amtes eines Vikars in Compostela (David, Etudes, III S. 212 f. Anm. 2) trotz der etwas ungewöhnlichen Form des „*t*"-Balkens dagegen.

363 Vor 1111 gestorben, vgl. López Ferreiro, Historia, III 37 Anm. 2 und David, Etudes, III S. 212 f. Anm. 2. Fraglich bleibt, ob dieser Segered mit dem von Vones, Hist. Comp., S. 550 genannten Schatzmeister (belegt 1077-1097) identisch ist. Zu den wohl aufgrund französischen Einflusses entstandenen Ämterbezeichnungen innerhalb des Compostelaner Domkapitels vgl. zuletzt Fletcher, St. James's Catapult, S. 168 f.

364 Gestorben 1111 (oder kurz vorher), vgl. López Ferreiro, Historia, III S. 37 Anm. 2 sowie David, Etudes, III S. 212 f. Anm. 2. Laut David war der Abt besonders für liturgische Aufgaben zuständig. Fletcher, St. James's Catapult, S. 168 f. verweist jedoch darauf, daß hiermit der Vorsteher der an der Kathedrale bestehenden Kanonikergemeinschaft gemeint war.

365 Alfons VI. von León und Kastilien, vgl. Anm. 349.

366 Diego I. Pelaez, Bischof von Compostela (1070-1088).

367 Aus der spanischen Ära, die 38 Jahre vorauszählt, ergibt sich das Jahr 1078 nach Christi Geburt. An der *Puerta de las Platerías* der Kathedrale sowie in der Hist. Comp. I 78 (ES XX S. 138) findet sich ebenso diese Datierung, in letzterem Zeugnis mit dem Tagesdatum des 11. Juli. Aus den im folgenden gegebenen Jahreszahlen zu den Regierungszeiten wollte man hingegen auf die Jahre 1074, 1075 oder 1076 datieren, wie auch aus einigen Inschriften in der *Capilla del Salvador* hervorzugehen scheint (vgl. besonders López Ferreiro, Historia, III S. 40-42). Allerdings stehen im *Liber Sancti Jacobi* die folgenden Jahreszahlen auf Rasur, so daß am Datum 1078 festzuhalten ist, vgl.

berühmten Königs von Aragonien, vergingen neunundfünfzig Jahre[368], bis zum Tode des englischen Königs Heinrich 62 Jahre[369], bis zum Tode Ludwigs des Dicken, Königs von Frankreich, 63 Jahre[370] und von dem Jahr, in dem der erste Stein des Fundaments gelegt wurde, bis zu dem Jahr, in dem der letzte Stein gelegt wurde, 44 Jahre[371]. Die Kirche leuchtet seit der Zeit, in der sie begonnen wurde, bis zum heutigen Tag durch den Ruhm der Wunder des seligen Jakobus; denn Kranken wird darin Gesundheit geschenkt, Blinden die Sehkraft wiedergegeben, die Zunge der Stummen wird gelöst, Tauben öffnet sich das Ohr, Lahmen wird der rechte Gang zurückgegeben, vom Teufel Besessenen wird Befreiung zuteil, und, was bedeutender ist, die Gebete der Gläubigen werden erhört, Gelübde erfüllen sich, die Fesseln der Sünde lösen sich, denen, die anklopfen, öffnet sich der Himmel, Trauernden wird Trost gespendet, und alle fremden Völker aus allen Gegenden der Erde strömen dort in Scharen zusammen und überbringen dem Herrn Geschenke des Lobes[372].

Die Würde der Kirche des hl. Jakobus

Es darf auch nicht in Vergessenheit geraten, daß der selige Papst Calixt guten Angedenkens[373] die Würde des Erzbistums von der Stadt Mérida im Land der Sarazenen, welche vorher Sitz des Erzbischofs war, auf die Basilika des hl. Jakobus und seine Stadt übertragen hat; er hat sie ihr gegeben aus Liebe zum Apostel und zu dessen Ehre und hat dadurch Diego, einen Mann des höchsten Adels, zum ersten Erzbischof des

---

Whitehill, Date, sowie David, Etudes, III S. 211 ff. Die Vermutungen von David, daß diese Passagen einem schon bestehenden Text später zugefügt wurden, sind durchaus wahrscheinlich.

368 Alfons I., „el Batallador", König von Aragonien und Navarra (1104-1134), zum Rechenfehler vgl. Anm. 367.

369 Heinrich I. (1100-1135), zum Rechenfehler vgl. Anm. 367.

370 Ludwig VI. (1108-1137), zum Rechenfehler vgl. Anm. 367.

371 Nimmt man das Datum des Baubeginns mit 1078 an (Anm. 367), so ergibt sich hieraus das Jahr 1122.

372 Vgl. hierzu Kriss-Rettenbeck/Illich, Homo Viator, S. 15. Es gilt die rangmäßige Einordnung der Wunder durch den Verfasser zu beachten, vgl. auch Kapitel 4.2. mit Anm. 11.

373 Calixt II. (1119-1124).

apostolischen Sitzes Compostela eingesetzt und ihn bestätigt. Dieser Diego war vorher Bischof des hl. Jakobus[374].

4.3.10. Die Zahl der Kanoniker des hl. Jakobus (Kapitel X)

Wie berichtet wird, gehören zu dieser Kirche gemäß der Zahl der 72 Jünger Christi 72 Kanoniker[375], welche der Regel des seligen Doktors Isidor von Spanien folgen[376].

Jede Woche werden die Opfergaben des Jakobsaltares unter ihnen verteilt[377]. Dem ersten werden die Opfergaben in der ersten Woche gegeben, dem zweiten in der zweiten Woche, dem dritten in der dritten Woche, dann den anderen bis zum letzten. An jedem Sonntag machen sie, wie es heißt, aus den Opfergaben drei Teile; den ersten Teil erhält der Hebdomadar[378], dem dieser zusteht; die beiden anderen zusammengelegten Teile werden wiederum in drei Summen geteilt; die erste wird gewöhnlich den Kanonikern zum Essen, die zweite wird für den Bau der Basilika, und der dritte Teil wird dem Erzbischof der Kirche gegeben.

---

374 Die beiden Urkunden Calixts II. von 1120 (Jaffé-Löwenfeld n. 6823, ed. Robert, Bullaire, n. 146) und von 1124 (Jaffé-Löwenfeld n. 7160, ed. Mansilla, Documentación, n. 63) unterscheiden sich dadurch, daß mit der ersten der Erzbistumsrang auf die Zeit bis zur Rückeroberung der „alten" Metropole Mérida beschränkt war. Zu beiden Urkunden vgl. Vones, Hist. Comp., S. 365 und 454-473 mit Diskussion der verschiedenen Fassungen. Die Erzbistumswürde blieb auch noch nach der Rückeroberung Méridas (1228) der Compostelaner Kirche erhalten.

375 Die Kanonikergemeinschaft mit dieser Zahl ist seit 1102 belegt, vgl. Biggs, Diego, S. 241 mit den Belegstellen der Hist. Comp. sowie Fletcher, St. James's Catapult, S. 167-169 mit Hinweis auf französische Vorbilder, die einen Einfluß ausgeübt haben könnten.

376 Vgl. zu Isidor als angeblichem Verfasser einer Kanonikerregel Anm. 237.

377 Zur Reform der Einnahmenverwaltung unter Diego II. Gelmírez, vgl. Biggs, Diego, S. 241 (mit weiteren Belegen aus der Hist. Comp.). Demnach standen in früherer Zeit den sieben oder zwölf Hebdomadaren (vgl. Anm. 378) alle Einnahmen zu; die Reform wird in der Hist. Comp. allerdings nicht so klar wie im Text des Liber Sancti Jacobi dargestellt. – Zur Aufteilung des Vermögens an Domkirchen generell, vgl. R. Schieffer, Die Entstehung von Domkapiteln in Deutschland (Bonn 1976) S. 261-288.

378 Durch dieses Amt waren einzelne Kanoniker durch wöchentlich zu versehende Dienste (insbesondere liturgische) aus der Kanonikergemeinschaft hervorgehoben.

Nach gutem Brauch müssen jedoch die Gaben der Karwoche den armen Jakobspilgern im Hospital[379] gespendet werden. Wenn allerdings göttliche Gerechtigkeit walten soll, so müßte der zehnte Teil der Opfergaben des Jakobsaltares zu jeder Zeit den Armen, die im Hospital ankommen, überlassen werden. Alle armen Pilger müssen nämlich in der ersten Nacht nach dem Tag, an dem sie am Altar des hl. Jakobus angekommen sind, im Hospital um der Liebe zu Gott und zum Apostel willen vollständige Gastfreundschaft genießen. Die Kranken müssen dort bis zu ihrem Tod oder bis zu ihrer vollständigen Genesung betreut werden[380]. So wird es auch beim hl. Leonhard[381] gemacht; wieviele arme Pilger dort auch eintreffen, sie werden dort alle gestärkt. Es müssen auch nach alter Sitte die Opfergaben, die vom Beginn der Matutin bis zur Terz[382] auf den Altar gelangen, an jedem einzelnen Sonntag den Aussätzigen der Stadt gegeben werden.

Wenn nun ein Prälat der Basilika einen Betrug beginge oder die Opfergaben anders weitergäbe, als wir es oben geschildert haben, so hätte er sich vor Gott wegen dieser Sünde zu verantworten.

4.3.11. Weshalb die Pilger des hl. Jakobus aufgenommen werden müssen[383] (Kapitel XI)

Die Pilger, seien sie nun arm oder reich, die vom Grab des hl. Jakobus zurückkehren oder dorthin unterwegs sind, müssen

---

379 Hiermit muß das gegenüber der *Puerta de la Azabachería* der Kathedrale gelegene Hospital gemeint sein, das 1104 gegründet und von Diego II. Gelmírez 1129 dotiert und ausgestattet wurde, vgl. López Ferreiro, Historia, III S. 193 und IV S. 145; Moralejo/Torres/Feo, Liber, S. 573 Anm. 17 sowie Jetter, Spanien, S. 88.
380 Zur Gastung von Armen und Pilgern vgl. Kapitel 3., S. 42.
381 Vgl. oben S. 117 ff.
382 Diese beiden Bezeichnungen für die Stunden des gemeinsamen Chorgebetes grenzen etwa die Zeit zwischen Mitternacht und 9 Uhr vormittags ein.
383 Unter sachlichen Gesichtspunkten gehört dieses Kapitel eigentlich in die Wundersammlung (Buch II) des *Liber Sancti Jacobi*, wohin es auch manche Abschreiber eigenmächtig gesetzt haben. Alle drei im folgenden genannten Wunder gehören zur Kategorie der Strafwunder. Der geographische Horizont

von allen Menschen mildtätig und barmherzig aufgenommen und hochgeachtet werden. Denn wer jene aufnimmt und mit Eifer beherbergt, wird nicht nur den hl. Jakobus, sondern den Herrn selbst als Gast haben, wie es der Herr selbst im Evangelium sagt: *Wer euch aufnimmt, nimmt mich auf*[384].

Es gab einst viele, die sich den Zorn Gottes zuzogen, weil sie Pilger des hl. Jakobus und Arme nicht aufnehmen wollten. In Nantua, einer Stadt zwischen Genf und Lyon, verweigerte ein Weber einem Pilger des hl. Jakobus das Brot, das dieser für sich erbat; plötzlich fiel der Webstoff, in der Mitte entzweigerissen, auf den Boden.

In Villeneuve bat ein armer Pilger des hl. Jakobus eine Frau, die unter heißer Asche Brot hatte, um ein Almosen aus Liebe zu Gott und dem seligen Jakobus; sie antwortete, daß sie kein Brot habe; darauf sprach der Pilger: Wollte Gott das Brot, das du hast, in einen Stein verwandeln! Als der Pilger jenes Haus verlassen hatte und schon weit entfernt war, ging die leichtfertige Frau zur Asche in der Absicht, das Brot zu holen; an Stelle des Brotes fand sie einen runden Stein. Mit reumütigem Herzen eilte sie sofort dem Pilger nach, fand ihn aber nicht.

In Poitiers baten zwei französische Herren, die einst ohne jede Habe vom hl. Jakobus zurückkehrten, vom Hause des Johannes Gautier bis zur Kirche St-Porchaire[385] um Gastfreundschaft aus Liebe zu Gott und dem hl. Jakobus, fanden jedoch keine. Als sie im letzten Haus jener Straße, neben der Basilika des hl. Porcarius, schließlich bei einem Armen Aufnahme fanden, vollzog sich die Strafe Gottes, und ein rasendes Feuer brannte die ganze Straße in jener Nacht nieder, beginnend bei jenem Haus, in dem sie zuerst um Gastfreundschaft gebeten hatten, bis zu dem Haus, in dem sie bewirtet worden waren.

---

verweist auf die Herkunft bzw. auf die genaue Ortskenntnis des Zusammenstellers, vgl. Kapitel 2., S. 28. – Zur Pflicht der Aufnahme von Pilgern vgl. Kapitel 3., S. 42.

384 Mt 10,40.

385 Die Kirche St-Porchaire besteht heute noch in Poitiers; sie wurde im 16. Jh. neu errichtet, nur das Portal und der Turm zeugen noch vom ursprünglichen Bau. Das Haus des Johannes Gautier ist nicht identifiziert.

Es waren ungefähr tausend Häuser. Jenes Haus aber, in dem die Diener Gottes aufgenommen worden waren, blieb durch die Gnade Gottes unversehrt.

Deshalb sollte man wissen, daß die Jakobspilger, seien sie arm oder reich, zu Recht aufgenommen und gewissenhaft umsorgt werden müssen.

Hier endet das vierte Buch[386] *des hl. Apostels Jakobus. Ruhm sei dem, der es geschrieben, und dem, der es liest.*

Dieses Buch hat zuerst die römische Kirche nach sorgfältiger Prüfung angenommen; es wurde in der Tat an mehreren Orten geschrieben, in Rom natürlich, in der Gegend um Jerusalem, in Frankreich, in Italien, in Deutschland und Friesland, und vor allem in Cluny[387].

---

386 Eigentlich fünftes Buch, das ursprüngliche *quintus* wurde nach der Heraustrennung von Buch IV (Pseudo-Turpin) im 17. Jh. in *quartus* geändert, vgl. auch Anm. 1.

387 Die Schlußbemerkung hat der Forschung einiges Kopfzerbrechen bereitet, insbesondere wurde der maßgebliche Einfluß von Cluny bei der Abfassung des *Liber Sancti Jacobi* aus dieser Passage hergeleitet, vgl. Kapitel 2., S. 25. Die Aufzählung der Länder entspricht weitgehend derjenigen im Prolog der Wundersammlung (vgl. Kapitel 2. Anm. 9), sie könnte ein Hinweis auf die Reiseerfahrungen des Zusammenstellers sein. – Der im *Codex Calixtinus* im Anschluß an den Pilgerführer folgende Anhang stammt wohl noch bis zum Brief des Papstes Innozenz II. (vgl. oben S. 27) aus der Werkstatt des Kompilators; der Rest wurde wohl im Compostela noch im 12. Jh. zugefügt, vgl. Herbers, Jakobuskult, S. 26.

5. Abkürzungs- und Literaturverzeichnis

Das Literaturverzeichnis soll eine Auswahl wichtiger Literatur zum Thema bieten. Gleichzeitig findet sich hier der jeweils volle Titel der in den Anmerkungen abgekürzt zitierten Schriften. Literatur zu speziellen Fragen ist jedoch in der Regel nur am jeweiligen Ort zitiert.

Abkürzungen

Abb.	Abbildung
Acta Sanctorum	Acta Sanctorum quotquot toto orbe coluntur ...
Anm.	Anmerkung(en)
BHL	Bibliotheca Hagiographica Latina
ders.	derselbe
dies.	dieselbe
ES	España Sagrada
fol.	Folio
Hg. (Hgg.), hg.	Herausgeber, herausgegeben
Hist. Comp.	Historia Compostelana
Jh.	Jahrhundert
Lex.	Lexikon
LThK	Lexikon für Theologie und Kirche
MG	Monumenta Germaniae Historica
AA	Auctores antiquissimi
SS	Scriptores
n.	numerus, Nummer
RGG	Die Religion in Geschichte und Gegenwart
S.	Seite
Sp.	Spalte
s.v.	sub voce
vgl.	vergleiche

Hilfsmittel

Bibliotheca Hagiographica Latina antiquae et mediae aetatis, 2 Bände (Brüssel 1899-1901), Supplement (Brüssel 1911) (zitiert als BHL) (vgl. auch Fros)

Bibliotheca Sanctorum, 12 Bände (Rom 1961-1969)

Böhmer, J.F./Zimmermann, H., Papstregesten (Regesta Imperii II,5, Wien-Köln-Graz 1969)

Cottineau, L.H., Répertoire topo-bibliographique des abbayes et prieurés, 2 Bände (Mâcon 1935-1937)

Dictionnaire d'Histoire et de Géographie Ecclésiastiques, Band 1-18 (A-Frères) (Paris 1912-1977)

Du Cange, Ch. (Carolo du Fresne), Glossarium Mediae et Infimae Latinitatis, 10 Bände (1883-1887, Nachdruck Graz 1954)

Duchesne, L., Fastes épiscopaux de l'ancienne Gaule, Band 1 (Paris [2]1907), 2 (Paris [2]1910), 3 (Paris 1915)

Forcellini, Aeg., Totius Latinitatis Lexicon, 6 Bände (1831-1920)

Fros, H., Inédits non recensés dans la BHL (Analecta Bollandiana 102/1984, S. 163-196 und 355-380)

Guerra Campos, J., Bibliografía (1950-1969). Veinte años de Estudios Jacobeos (Compostellanum 16/1971, S. 575-736)

Jaffé, Ph., Regesta Pontificum Romanorum, 2. Auflage bearbeitet von S. Loewenfeld, F. Kaltenbrunner und P. Ewald (Leipzig 1885) (zitiert als Jaffé-Löwenfeld usw.)

Lexikon der christlichen Ikonographie, Band 1-4: Allgemeine Ikonographie, Band 5-8: Ikonographie der Heiligen (Rom-Freiburg-Basel-Wien 1968-1976)

Lexikon des Mittelalters, Band 1-2 (A-Codex) (München-Zürich 1980-1983)

Lexikon für Theologie und Kirche, 10 Bände (Freiburg 1957-1965) (zitiert als LThK)

Meyer-Lübke, W., Romanisches Etymologisches Wörterbuch ([3]1935) (zitiert als REW)

Niermeyer, J.F., Mediae latinitatis lexicon minus (Leiden 1976)

Die Religion in Geschichte und Gegenwart, Band 1-6 (Tübingen [3]1957-1962)

Robert, P., Dictionnaire alphabétique et analogique de la langue française, 9 Bände (Paris [2]1985)

Quellen

Acta Sanctorum quotquot toto orbe coluntur ..., Band 1-67 (Antwerpen-Brüssel 1643-1940, Paris-Rom [3]1863-1870)

Die Bibel. Deutsche Ausgabe der Jerusalemer Bibel, hg. von D. Arenhoevel/A. Deissler/A. Vögtle (Freiburg-Basel-Wien 1968)

Bouillet, A. (Hg.), Liber miraculorum sancte Fidis (Paris 1897)

Erasmus von Rotterdam, Opera omnia, Band I, 3 Colloquia (hg. von L.-E. Halkin/F. Bierlaire/R. Hoven, Amsterdam 1972)

Ders., Vertraute Gespräche (Colloquia familiaria), übertragen von H. Schiel (Köln 1947)

Fita y Colomé, F./Vinson, J. (Hgg.), Le Codex de St-Jacques. Livre IV (Paris 1882) (= Revue de linguistique et de littératures comparées 15/1882, S. 1-20, 225-268 und 268-270)

Hämel, A. (Hg.), Aus dem Liber Sancti Jacobi des Kapitelarchivs von Santiago de Compostela (Revue Hispanique 81/1933, S. 378-392)

Ders. (Hg.), Der Pseudo-Turpin von Compostela, aus dem Nachlaß von A. de Mandach (Bayerische Akademie der Wissenschaften, phil.-hist. Klasse, Heft 1, München 1965)

Herwaarden, J. van, O, roemrijke Jacobus — Bescherm uw volk. Pelgrimsgids naar Santiago (Amstelveen 1983)

Historia Compostelana (hg. von H. Florez, ES XX, Madrid 1765, Nachdruck Madrid 1965)

Huygens, R.B.C. (Hg.), Monumenta Vizeliacensia. Textes relatifs à l'histoire de l'abbaye de Vézelay (Corpus Christianorum. Continuatio Medievalis 42, Turnhout 1976)

Jacobus von Varazze (Voragine), Legenda aurea (hg. von Th. Graesse, [3]1890, Nachdruck Osnabrück 1965)

Ders., Die Legenda aurea, übertragen von R. Benz (Jena 1917, [9]1979)

Mansilla, D., La documentación pontificia hasta Innocencio III (965-1216) (Rom 1955)

Moralejo, A./Torres, C./ Feo, J. (Hgg.), Liber Sancti Jacobi, Codex Calixtinus (Santiago de Compostela 1951) (spanische Übersetzung)

Romero de Lecea, C. (Hg.) Libro de la peregrinación del Códice Calixtino (Madrid 1971)

Robert, U., Bullaire du pape Calixte II, 2 Bände (Paris 1891, Nachdruck Hildesheim-New York 1979)

165

Vielliard, J. (Hg.), Le Guide du pèlerin de Saint-Jacques de Compostelle (Mâcon [1]1938, [5]1981)

Whitehill, W.M. (Hg.), Liber Sancti Jacobi. Codex Calixtinus, 3 Bände (Santiago de Compostela 1944) (Zitate ohne weiteren Zusatz beziehen sich auf Band 1)

Literatur

Barret, P./Gurgand, J.-N., Unterwegs nach Santiago. Auf den Spuren der Jakobspilger (Freiburg-Basel-Wien 1982)

Baumer, I., Wallfahrt als Metapher (Wallfahrt kennt keine Grenzen, München-Zürich 1984, S. 55-64)

Bautier, R.H., La campagne de Charlemagne en Espagne (778). La réalité historique (Actes du Colloque de Saint-Jean-Pied-de-Port, 12 août 1978, Bulletin de la Société des Sciences, Lettres et Arts de Bayonne, n. 135, 1979, S. 1-51)

Bédier, J., Les légendes épiques. Recherches sur la formation des Chansons de geste, 4 Bände (Paris 1912, [3]1929, Nachdruck 1966)

Benoit, F., Les cimetières suburbains d'Arles dans l'antiquité chrétienne et au Moyen Age (Studi di antichità cristiana 11, Rom-Paris 1935)

Bernois, C., Histoire de l'abbaye royale de Saint-Euverte d'Orléans (Orléans 1918)

Bernoulli, Ch., Die Skulpturen der Abtei Conques (phil. Diss. Basel 1956)

Biggs, A.G., Diego Gelmírez. First Archbishop of Compostela (Washington 1949)

Boglioni, P., Pèlerinages et religion populaire au Moyen Age (Wallfahrt kennt keine Grenzen, München-Zürich 1984, S. 66-75)

Bonet Correa, A., Santiago de Compostela. Die Wege der Pilger (Freiburg-Basel-Wien 1981)

Bosl, K., Die horizontale Mobilität in der europäischen Gesellschaft im Mittelalter und ihre Kommunikationsmittel (Zeitschrift für bayerische Landesgeschichte 35/1972, S. 40-53)

Bottineau, Y., Les chemins de Saint-Jacques (Paris 1964, [2]1983)

Brown, P., The Cult of Saints. Its Rise and Function in Latin Christianity (Chicago 1981)

166

Brückner, W., Pilger, Pilgerschaft (Lex. Ikonographie III, Sp. 439-442)

Burger, A., Sur les relations de la Chanson de Roland avec le récit du faux Turpin et celui du Guide du pèlerin (Romania 73/1952, S. 242-247)

Cohen, E., In the Name of God and of Profit. The Pilgrimage Industry in Southern France in the Late Middle Ages (Brown Univ. Ph.D. 1977)

Dies., Roads and Pilgrimage. A Study in Economic Interaction (Studi medievali 21/1980, S. 321-341)

Dies., „In haec signa": Pilgrim-Badge Trade in Southern France (Journal of Medieval History 2/1976, S. 193-214)

Conant, K.J., The Early Architectural History of the Cathedral of Santiago de Compostela (Cambridge 1926)

Constable, G., Monachisme et pèlerinage au Moyen Age (Revue historique 258/1977, S. 3-27, Nachdruck mit Originalpaginierung: ders., Religious Life and Thought, London 1979, n. III)

Ders., Opposition to Pilgrimage in the Middle Ages (Studia Gratiana 19/1976, S. 125-146, Nachdruck mit Originalpaginierung: ders., Religious Life and Thought, London 1979, n. II)

David, P., Etudes sur le livre de St-Jacques attribué au pape Calixte II, I-IV (Bulletin des Etudes portugaises 10/1945, S. 1-41, 11/1947, S. 113-185, 12/1948, S. 70-223, 13/1949, S. 52-104) (auch separat)

Davies, H. und M.H., Holy Days and Holidays. The Medieval Pilgrimage to Compostela (London-Toronto 1982)

Defourneaux, M., Les Français en Espagne aux XIe et XIIe siècles (Paris 1949)

Díaz y Díaz, M.C., Problemas de la cultura en los siglos XI-XII. La escuela episcopal de Santiago (Compostellanum 16/1971, S. 187-200)

Diemer, D., Untersuchungen zu Architektur und Skulptur der Abteikirche von Saint-Gilles (Stuttgart 1978)

Domke, H., Frankreichs Süden. Im Bannkreis der Pyrenäen. Wege nach Santiago (München 1983)

Ders., Spaniens Norden. Der Weg nach Santiago (München 1973)

Dossat, Y., Types exceptionnels de pèlerins: l'hérétique, le voyageur déguisé, le professionnel (Le pèlerinage, Toulouse 1980, S. 207-225)

Dünninger, H., Was ist Wallfahrt? Erneute Aufforderung zur Diskussion um eine Begriffsbestimmung (Zeitschrift für Volkskunde 59/1963, S. 221-232)

167

Durliat, Marcel, Pèlerinages et architecture romane (Les dossiers de l'archéologie 20/1977, S. 22-35)

Ders., La porte de France à la cathédrale de Compostelle (Bulletin monumental 130/1972, S. 127-143)

Engels, O., Die Anfänge des spanischen Jakobusgrabes in kirchenpolitischer Sicht (Römische Quartalschrift 75/1980, S. 146-170)

Ennen, E., Stadt und Wallfahrt in Frankreich, Belgien, den Niederlanden und Deutschland (Festschrift M. Zender, Bonn 1972, S. 1057-1075, Nachdruck dies., Gesammelte Abhandlungen zum europäischen Städtewesen und zur rheinischen Geschichte, hg. von G. Droege u.a., Bonn 1977, S. 239-258)

Erdmann, C., Die Entstehung des Kreuzzugsgedankens (Stuttgart 1935, Nachdruck Darmstadt 1974)

Fichtenau, H., Zum Reliquienwesen im früheren Mittelalter (Mitteilungen des Instituts für österreichische Geschichtsforschung 60/1952, S. 60-89, Nachdruck ders., Beiträge zur Mediävistik I, Stuttgart 1975, S. 108-144)

Filgueira Valverde, J., Glosa a la „Guía del Peregrino" (C. Romero de Lecea, Libro de la peregrinación del Códice Calixtino, Madrid 1971, S. 31-58)

Finucane, R.C., Miracles and Pilgrims. Popular Beliefs in Medieval England (London-Melbourne-Toronto 1977)

Fita, F., Recuerdos de un viaje de Galicia (Madrid 1880)

Fletcher, R.A., Saint James's Catapult. The Life and Times of Diego Gelmírez of Santiago de Compostela (Oxford 1984)

Fontaine, J., Isidore de Séville et la culture classique dans l'Espagne wisigothique, 2 Bände (Paris 1959)

Fuhrmann, H., Die Fabel von Papst Leo und Bischof Hilarius. Vom Ursprung und der Erscheinungsform einer historischen Legende (Archiv für Kulturgeschichte 43/1961, S. 125-162)

Gaiffier, B. de, Les sources de la passion de St-Eutrope de Saintes dans le „Liber Sancti Jacobi" (Analecta Bollandiana 69/1951, S. 57-66)

Garrison, F., A propos des pèlerins et de leur condition juridique (Etudes d'histoire du droit canonique dédiées à G. Le Bras, Band 2, Paris 1965, S. 1165-1189)

Geary, P.J., La coercition des saints dans la pratique religieuse médiévale (La culture populaire au Moyen Age, hg. von P. Boglioni, Quebec 1979, S. 145-161)

Ders., Furta Sacra. Thefts of Relics in the Central Middle Ages (Princeton 1978)

Ders., L'humiliation des saints (Annales. Economies. Sociétés. Civilisations 34/1979, S. 27-42)

Ders., The Saint and the Shrine. The Pilgrims' Goal in the Middle Ages (Wallfahrt kennt keine Grenzen, München-Zürich 1984, S. 265-273)

Georges, A., Le pèlerinage à Compostelle en Belgique et le Nord de la France, suivi d'une étude sur l'iconographie de saint-Jacques en Belgique (Académie Royale de Belgique, Classe des Beaux Arts, Mémoires, 2e série, 13, Brüssel 1971)

Gilles, A.-V., L'évolution de l'hagiographie de Saint-Saturnin de Toulouse et son influence sur la liturgie (Liturgie et musique. Cahiers de Fanjeaux, 17, Toulouse 1982, S. 359-379)

Gilles, H., Lex peregrinorum (Le pèlerinage, Toulouse 1980, S. 161-189)

Gruber, R., Tagebuch eines Pilgers nach Santiago de Compostela, hg. im „año santo Compostellano" (Linz 1976)

Gurgand, J.-N., siehe Barret, P.

Hämel, A., Überlieferung und Bedeutung des Liber Sancti Jacobi und des Pseudo-Turpin (Sitzungsberichte der Bayerischen Akademie der Wissenschaften, phil.-hist. Klasse, Heft 2, München 1950)

Hamann, R., Der Schrein des hl. Aegidius (Marburger Jahrbuch für Kunstwissenschaft 6/1931, S. 114-136, Nachdruck ders., Die Abteikirche von St. Gilles und ihre künstlerische Nachfolge, Berlin 1955, S. 299-320)

Heinzelmann, M., Translationsberichte und andere Quellen des Reliquienkultes (Typologie des sources du Moyen Age occidental, 33, Turnhout 1979)

Hell, V. und H., Die große Wallfahrt des Mittelalters, mit einem Vorwort von H.J. Hüffer (Tübingen 1964, ³1979)

Herbers, K., Der Jakobuskult des 12. Jahrhunderts und der „Liber Sancti Jacobi". Studien über das Verhältnis zwischen Religion und Gesellschaft im hohen Mittelalter (Historische Forschungen, 7, Wiesbaden 1984)

Herrmann-Mascard, N., Les reliques des saints. Formation coûtumière d'un droit (Paris 1975)

Herwaarden, J. van, Opgelegde Bedevaarten. Een studie over de praktijk van oblegen van bedevaarten (met name in de stedelijke rechtspraak) in de Nederlande gerunde de late meddeleuwen (ca. 1300-ca. 1500) (Amsterdam 1978)

Ders., The Origins of the Cult of St. James of Compostela (Journal of Medieval History 6/1980, S. 1-35)

Ders., Saint James in Spain up to the 12th Century (Wallfahrt kennt keine Grenzen, München-Zürich 1984, S. 235-247)

Higounet, Ch., Bordeaux pendant le Haut Moyen Age (Bordeaux 1963)

Hohler, Ch., A Note on Jacobus (Journal of the Warburg and Courtauld Institutes 35/1972, S. 31-80)

Howard, D.R., Writers and Pilgrims: Medieval Pilgrimage Narratives and Their Posterity (Berkeley-Los Angeles-London 1980)

Hüffer, H.J., Die spanische Jakobusverehrung in ihren Ausstrahlungen auf Deutschland (Historisches Jahrbuch 74/1954, S. 124-138)

Ders., Sant'Jago. Entwicklung und Bedeutung des Jacobuskultes in Spanien und dem Römisch-Deutschen Reich (München 1957)

Ders. siehe auch Hell

Illich, I. siehe Kriss-Rettenbeck

Jetter, D., Spanien von den Anfängen bis um 1500 (Geschichte des Hospitals IV, Wiesbaden 1980)

Jugnot, G., Deux fondations augustiniennes en faveur des pèlerins: Aubrac et Roncevaux (Assistance et Charité, Cahiers de Fanjeaux 13, Toulouse 1978, S. 321-341)

Ders., Du Velay aux Pyrénées. La „via Podensis" du Guide du pèlerin de Saint-Jacques de Compostelle, 2 Bände (Publications du Centre d'Etudes Compostellanes, Paris 1981-1983)

Ders. siehe auch La Coste-Messelière

King, G.G., The Way of Saint James, 3 Bände (New York 1920)

Kirschbaum, E., Das Grab des Apostels Jakobus in Santiago de Compostela (Stimmen der Zeit 176/1965, S. 352-362)

Köster, K., Mittelalterliche Pilgerzeichen (Wallfahrt kennt keine Grenzen, München-Zürich 1984, S. 203-223)

Ders., Pilgerzeichen und Pilgermuscheln von mittelalterlichen Santiago-straßen (Neumünster 1983)

Kötting, B., Peregrinatio religiosa. Wallfahrten in der Antike und das Pilgerwesen in der alten Kirche (Forschungen zur Volkskunde 32-35, Münster 1950)

170

Ders., Reliquienverehrung, ihre Entstehung und Formen (Trierer Theologische Zeitschrift 67/1958, S. 321-334)

Kriss-Rettenbeck, L. und R./Illich, I., Homo viator — Ideen und Wirklichkeiten (Wallfahrt kennt keine Grenzen, München-Zürich 1984, S. 10-22)

Labande, E.R., Recherches sur les pèlerins dans l'Europe du XIe et XIIe siècles (Cahiers de Civilisation Médiévale 1/1958, S. 159-169, Nachdruck mit Originalpaginierung ders., Spiritualité et vie littéraire de l'Occident, Xe-XIVe siècles, London 1974, n. XII)

Ders., „Ad limina": Le pèlerin médiéval au terme de sa démarche (Mélanges R. Crozet, Poitiers 1966, S. 283-291, Nachdruck mit Originalpaginierung ders., Spiritualité et vie littéraire de l'Occident, Xe-XIVe siècles, London 1974, n. XI)

Labrousse, M./Wolff, Ph., Les temps obscurs (Histoire de Toulouse, Toulouse 1974, S. 43-65)

Lacarra, J.M., Espiritualidad del culto y de la peregrinación a Santiago antes de la primera cruzada (Pellegrinaggi e culto dei santi in Europa fino alla 1ª crociata. Convegni del centro di studi sulla spirtualità medievale, IV, Todi 1963, S. 113-145)

Lacoste, J., La résurrection de Saint-Romain de Blaye (Les dossiers de l'archéologie 20/1977, S. 50-57)

La Coste-Messelière, R. de, Le grand chemin de St-Jacques en Poitou (Compostellanum 10/1965, S. 407-419)

Ders., L'Europe et le pèlerinage de St-Jacques de Compostelle (Santiago en España, Europa y America, Santiago de Compostela 1971, S. 147-322)

Ders., Importance réelle des routes dites de Saint-Jacques dans le pays du sud de la France et l'Espagne du Nord (Bulletin philologique et historique du comité des travaux historiques et scientifiques 1969, Paris 1972, S. 452-470)

Ders./Jugnot, G., L'accueil des pèlerins à Toulouse (Le pèlerinage, Toulouse 1980, S. 117-135)

Lambert, E., Etudes médiévales, 4 Bände (Paris 1956-1957)

Ders., Le monastère de Roncevaux, la légende de Roland et le pèlerinage de Compostelle (Mélanges de la Société toulousaine d'Etudes classiques 2/1948, S. 163-178)

Ders., Roncevaux et ses monuments (Romania 61/1935, S. 17-54)

Ders., Le pèlerinage de Compostelle (Paris-Toulouse 1959)

Ders., Textes relatifs à Roncevaux et aux ports de Cize (Colóquios de Roncesvalles, Zaragoza 1956, S. 123-131)

Layton, T.A., The Way of Saint James, or the Pilgrims' Road to Santiago (London 1976)

Leclercq, J., Mönchtum und Peregrinatio im Frühmittelalter (Römische Quartalschrift 55/1960, S. 212-225)

Lemoing, Saint Romain, fondateur de l'église de Blaye (Revue historique de Bordeaux 1959, S. 153-182)

Löwe, H., Westliche Peregrinatio und Mission. Ihr Zusammenhang mit den länder- und völkerkundlichen Kenntnissen des früheren Mittelalters (Popoli e paesi nella cultura altomedievale, Settimane di studio del Centro italiano sull' alto Medioevo 29/1, Spoleto 1983, S. 327-376)

López Ferreiro, A., Historia de la santa a.m. Iglesia de Santiago de Compostela, Band 1-4 (Santiago de Compostela 1898-1901)

Mayer, H.E., Geschichte der Kreuzzüge (Stuttgart-Berlin-Köln-Mainz [4]1976, 6. überarbeitete Auflage erscheint 1986)

Mieck, I., Les témoignages oculaires du pèlerinage à Saint-Jacques de Compostelle. Etudes bibliographiques (du XIIe au XVIIIe siècle) (Compostellanum 22/1977, S. 1-32)

Ders., Zur Wallfahrt nach Santiago de Compostela zwischen 1400 und 1650. Resonanz, Strukturwandel und Krise (Spanische Forschungen der Görresgesellschaft, 1. Reihe, Gesammelte Aufsätze zur Kulturgeschichte Spaniens, 29, Münster 1978, S. 483-533)

Moralejo Alvarez, S., ,,Ars sacra" et sculpture romane monumentale: Le trésor et le chantier de Compostelle (Les Cahiers de St-Michel de Cuxa 11/1980, S. 189-238)

Ders., Saint-Jacques de Compostelle. Les portails retrouvés de la cathédrale romane (Les dossiers de l'archéologie 20/1977, S. 87-103)

Mullins, E., The Pilgrimage to Santiago (London 1974)

Naesgaard, O., Saint Jacques de Compostelle et les débuts de la grande sculpture vers 1100 (Aarhus 1962)

Ohler, N., Unterwegs nach Santiago de Compostela (Journal für Geschichte 1983, Heft 6, S. 48-52)

Oursel, R., Pèlerins du Moyen Age. Les hommes, les chemins, les sanctuaires (Paris 1963, [2]1978)

172

Passini, J., Villes médiévales du chemin de Saint-Jacques de Compostelle (de Pampelune à Burgos) (Paris 1984)

Le pèlerinage (Cahiers de Fanjeaux, 15, Toulouse 1980)

Pèlerins et chemins de Saint-Jacques en France et en Europe du Xe siècle à nos jours, hg. von R. de La Coste-Messclièrc (Ausstellungskatalog) (Paris 1965)

Pellegrinaggi e culto dei santi in Europa fino alla 1^a crociata (Convegni del centro di studi sulla spiritualità medievale, IV, Todi 1963)

Die Pilgerwege nach Compostella. Texte des hl. Augustinus und Auszüge aus den Miracula des hl. Jakobus, eingeleitet von R. Oursel (o.O., o.J. [Würzburg 1971])

Plötz, R., Der Apostel Jacobus in Spanien bis zum 9. Jahrhundert (Spanische Forschungen der Görresgesellschaft, 1. Reihe, Gesammelte Aufsätze zur Kulturgeschichte Spaniens, 30, Münster 1982, S. 19-145)

Ders., Peregrini — Palmieri — Romei, Untersuchungen zum Pilgerbegriff der Zeit Dantes (Jahrbuch für Volkskunde, Neue Folge 2/1979, S. 103-134)

Ders., Santiago-peregrinatio und Jacobuskult mit besonderer Berücksichtigung des deutschen Frankenlandes (Spanische Forschungen der Görresgesellschaft, 1. Reihe, Gesammelte Aufsätze zur Kulturgeschichte Spaniens, 31, Münster 1984, S. 25-135)

Ders., Strukturwandel der peregrinatio im Hochmittelalter. Begriff und Komponenten (Rheinisch-westfälische Zeitschrift für Volkskunde 26-27/1981-82, S. 129-151)

Portela Sandoval, F.J., El camino de Santiago, 3 Bände (Madrid 1971)

Porter, A.K., Romanesque Sculpture of the Pilgrimage Roads, 10 Bände (Boston 1923)

Poulin, J.-C., L'idéal de sainteté dans l'Aquitaine carolingienne d'après les sources hagiographiques (750-950) (Québec 1975)

Richard, J., Les relations de pèlerinage au Moyen Age et les motivations de leurs auteurs (Wallfahrt kennt keine Grenzen, München-Zürich 1984, S. 143-154)

Ders., Les récits de voyages et de pèlerinages (Typologie des sources du Moyen Age occidental, 38, Turnhout 1981)

Roussel, R., Les pèlerinages à travers les siècles (Paris 1955, ^{2}1972)

Roux, J., La basilique St-Front. Ses origines et son histoire jusqu'en 1583 (Périgueux 1920)

Saint-Jacques de Compostelle (Les dossiers de l'archéologie 20/1977)

Santiago en España, Europa y América (Publicaciones del Ministerio de Información y Turismo, Madrid 1971)

Sauerländer, W., Omnes perversi sic sunt in tartara mersi. Skulptur als Bildpredigt. Das Weltgerichtstympanon von Sainte-Foy in Conques (Jahrbuch der Akademie der Wissenschaft in Göttingen, 1979, S. 33-47)

Saxer, V., Le culte de Marie Madeleine en Occident des origines à la fin du Moyen Age (Auxerre-Paris 1959)

Schimmelpfennig, B., Die Anfänge des Heiligen Jahres von Santiago de Compostela im Mittelalter (Journal of Medieval History 4/1978, S. 285-303)

Schmugge, L., Die Anfänge des organisierten Pilgerverkehrs im Mittelalter (Quellen und Forschungen aus italienischen Archiven und Bibliotheken 64/1984, S. 1-83)

Ders., Zu den Anfängen des organisierten Pilgerverkehrs und zur Unterbringung und Verpflegung von Pilgern im Mittelalter (Gastfreundschaft, Taverne und Gasthaus im Mittelalter, hg. von C. Peyer/E. Müller-Luckner, 1983, S. 37-60)

Ders., Kirche und Gesellschaft im Hochmittelalter (Jahres- und Tagungsbericht der Görresgesellschaft, 1976, Köln 1977, S. 63-82)

Ders., „Pilgerfahrt macht frei" — Eine These zur Bedeutung des mittelalterlichen Pilgerwesens (Römische Quartalschrift 74/1979, S. 16-31)

Schreiber, G. (Hg.), Wallfahrt und Volkstum in Geschichte und Leben (Düsseldorf 1934)

Schreiner, K., Discrimen veri ac falsi. Ansätze und Formen der Kritik an der Heiligen- und Reliquienverehrung des Mittelalters (Archiv für Kulturgeschichte 48/1966, S. 1-53)

Ders., Zum Wahrheitsverständnis im Heiligen- und Reliquienwesen des Mittelalters (Saeculum 17/1966, S. 131-169)

Secret, J., St-Jacques et les chemins de Compostelle (Paris 1955)

Segl, P., Königtum und Klosterreform in Spanien. Untersuchungen über die Cluniazenserklöster in Kastilien-León vom Beginn des 11. bis zur Mitte des 12. Jahrhunderts (Kallmünz 1974)

Servatius, C., Papst Paschalis II. (Päpste und Papsttum 14, Stuttgart 1979)

Sigal, P.A., L'homme et le miracle dans la France médiévale (XIe-XIIe siècle) (Paris 1985)

Ders., Les marcheurs de Dieu. Pèlerinages et pèlerins au Moyen-Age (Paris 1974)

Ders., Les différents types de pèlerinage au Moyen Age (Wallfahrt kennt keine Grenzen, München-Zürich 1984, S. 76-86)

Silvestre, H., Commerce et vol de reliques au Moyen Age (Revue belge de philologie et d'histoire 30/1952, S. 721-739)

Simon, M. (Hg.), Les pèlerinages. De l'antiquité biblique et classique à l'Occident médiéval (Paris 1973)

Starkie, W.F., Road to Santiago. Pilgrims of St. James (New York 1957)

Stokstad, M., Santiago de Compostela in the Age of the Great Pilgrimages (Norman University of Oklahoma Press 1978)

Sumption, J., Pilgrimage. An Image of Medieval Religion (London 1975)

Tisset, P., L'abbaye de Gellone au diocèse de Lodève des origines au XIIIe siècle (Paris 1933)

Töpfer, B., Reliquienkult und Pilgerbewegung zur Zeit der Klosterreform im burgundisch-aquitanischen Gebiet (Vom Mittelalter zur Neuzeit. Festschrift H. Sproemberg, Berlin 1956, S. 420-439)

Treuille, H., Autour d'une variante du chemin de Saint-Jacques de Toulouse vers le Haut Comminges (Le pèlerinage, Toulouse 1980, S. 99-116)

Turner, V. und E., Image and Pilgrimage in Christian Culture (New York 1978)

Valiña Sampedro, E., El camino de Santiago. Estudio historico-juridico (Madrid 1971)

Vázquez de Parga, L./Lacarra, J.M./Uría Ríu, J., Las peregrinaciones a Santiago de Compostela, 3 Bände (Madrid 1949)

Vogel, C., Le pèlerinage pénitentiel (Pellegrinaggi e culto dei santi in Europa fino alla 1ª crociata. Convegni del centro de studi sulla spiritualità medievale, IV, Todi 1963, S. 39-94)

Vones, L., Die 'Historia Compostellana' und die Kirchenpolitik des nordwestspanischen Raumes 1070-1130. Ein Beitrag zur Geschichte der Beziehungen zwischen Spanien und dem Papsttum zu Beginn des 12. Jahrhunderts (Kölner Historische Abhandlungen 29, Köln-Wien 1980)

Wallfahrt kennt keine Grenzen, hg. von L. Kriss-Rettenbeck und G. Möhler (München-Zürich 1984)

Whitehill, W.M., The Date of the Beginning of the Cathedral of Santiago de Compostela (The Antiquaries Journal 15/1935, S. 336-342)

Ward, B., Miracles and Medieval Mind. Theory, Record and Event. 1000-1215 (London 1982)

Wilckens, L. von, Die Kleidung der Pilger (Wallfahrt kennt keine Grenzen, München-Zürich 1984, S. 174-180)

Wolff, Ph. siehe Labrousse

6. Register der Orts- und Personennamen

Im Register wird bei Personennamen nach Möglichkeit die Regierungszeit, das Todesjahr oder der Belegzeitpunkt in Klammern angegeben.
Ortsnamen, die im Duden, Wörterbuch geographischer Namen (Mann-
heim 1966), in der Brockhaus Enzyklopädie (Wiesbaden [17]1966-1974)
oder auf der Karte (Umschlag) verzeichnet sind, erhalten keine näheren
Erläuterungen zu ihrer Lage. Kirchen und kirchliche Einrichtungen
suche man unter dem Titelheiligen, dessen Haupteintrag in deutscher
Namensform erfolgt. Mit San, Saint oder ähnlich zusammengesetzte
Namen erscheinen unter dem Hauptwort. Für die Lokalisierung der
Orte und Kirchen sei neben der Umschlagkarte noch auf die Abb. 8 und
9 verwiesen, wo die im Register nur pauschal aufgenommenen Stadt-
tore, Altäre, Kirchenportale, Straßen und Plätze in Santiago de Compostela zu finden sind. Für die Seiten 56 ff. wurde kenntlich gemacht,
wenn der Name nur in den Anmerkungen, nicht im Quellentext erscheint. Neben den auf S. 63 genannten gelten folgende weitere Abkürzungen: B.=Bischof, Eb.= Erzbischof, D.=Diözese, frz.=französisch, K.=
Kirche, Kapelle, Kg.= König, Kl.=Kloster, L.=Land, Landschaft, O.=
Ort, P.=Papst, V.=Volk.

178

184

Wolf von Niebelschütz
Die Kinder der Finsternis

Roman. Nachwort von Ilse von Niebelschütz. 552 Seiten. Leinen DM 39,80

»Solche Bücher entstehen auf der Welt nur alle Jahrzehnte einmal und sie wischen Jahrzehnte Mit-Literatur vom Tisch. Die Kinder der Finsternis haben die große und beschwörende Atmosphäre des Mythischen, als Stoff wie als Text, und sind ein Literatur gewordenes Stück Erinnerung an Unser Aller Vorzeit, in die das dichterische Gedächtnis tiefer zurückreicht als alle Dokumente. Vergleichbar im Rang nur dem sonst unvergleichlichen Josephs-Roman Thomas Manns; man kann zurzeit kaum Besseres lesen.« Hans Wollschläger

Diederichs